高等职业教育"十三五"规划教材

道路建筑材料

主　编　鄂雪君　齐文艳
副主编　温春杰　王功伟　包晓英
　　　　包萨拉　吴云艳
参　编　王凤维　霍宇杰　宋晓羽
　　　　鲍建华　袁福海

北京理工大学出版社
BEIJING INSTITUTE OF TECHNOLOGY PRESS

内容提要

本书共分为两篇，第一篇为基础理论部分，共包括五章：第一章为砂石材料，主要包括岩石、集料、矿质混合料的组成设计等内容；第二章为水泥及砂浆，主要包括水泥、砂浆等内容；第三章为钢筋混凝土，主要包括普通水泥混凝土、钢材等内容；第四章为石灰、土和无机结合料稳定材料，主要包括石灰、土、无机结合料稳定材料等内容；第五章为沥青及沥青混合料，主要包括沥青、沥青混合料等内容。第二篇为实训部分，共分为二十四项内容，叙述了常用道路建筑材料基本性能的检测方法，以方便试验课程使用。

本书可作为高职高专院校道路桥梁工程技术等相关专业的教学用书，也可作为从事道路与桥梁工程施工、工程监理、工程管理等工作的一线工程技术人员的参考用书。

版权专有　侵权必究

图书在版编目(CIP)数据

道路建筑材料／鄂雪君，齐文艳主编.—北京：北京理工大学出版社，2019.7（2019.8重印）
ISBN 978-7-5682-2162-7

Ⅰ.①道… Ⅱ.①鄂… ②齐… Ⅲ.①道路工程－建筑材料 Ⅳ.①U414

中国版本图书馆CIP数据核字（2019）第043052号

出版发行／北京理工大学出版社有限责任公司
社　　址／北京市海淀区中关村南大街5号
邮　　编／100081
电　　话／（010）68914775（总编室）
　　　　　（010）82562903（教材售后服务热线）
　　　　　（010）68948351（其他图书服务热线）
网　　址／http://www.bitpress.com.cn
经　　销／全国各地新华书店
印　　刷／河北鸿祥信彩印刷有限公司
开　　本／787毫米×1092毫米　1/16
印　　张／14　　　　　　　　　　　　　　　　责任编辑／李玉昌
字　　数／320千字　　　　　　　　　　　　　　文案编辑／李玉昌
版　　次／2019年7月第1版　2019年8月第2次印刷　责任校对／周瑞红
定　　价／39.00元　　　　　　　　　　　　　　责任印制／边心超

图书出现印装质量问题，请拨打售后服务热线，本社负责调换

前言 FOREWORD

道路建筑材料泛指用于道路和桥梁工程及其附属构造物所使用的各类建筑材料。本书主要讲解了道路建筑材料中的集料、石料、土、石灰、水泥、沥青、无机结合料稳定材料、水泥混凝土、沥青混合料等常用建筑材料。通过本书的学习，学生可以系统地学习道路建筑材料的基本概念、基本性质、技术要求或标准、组成设计、应用等方面的知识，并根据理论知识详细阐述了相对应的试验操作规程，便于今后从事试验检测工作。

本书由兴安职业技术学院鄂雪君、齐文艳担任主编，由兴安职业技术学院温春杰、王功伟、包晓英、包萨拉、吴云艳担任副主编，兴安职业技术学院王凤维、呼和浩特市交通建设工程质量监督站霍宇杰、兴安盟锋达混凝土有限责任公司袁福海和宋晓羽、兴安盟信诺公路工程试验检测咨询有限责任公司鲍建华参与了本书部分章节的编写工作。具体编写分工为：第一章第一节和第二节由齐文艳编写，第一章第三节由温春杰编写，第二章由王功伟编写，第三章第一节和第五章第二节由鄂雪君编写，第三章第二节由吴云艳编写，第四章第一节和第二节由包晓英编写，第四章第三节由王凤维编写，第五章第一节由包萨拉编写；实训部分由鲍建华、霍宇杰、袁福海、宋晓羽合力编写。全书由鄂雪君统稿、定稿。本书编写过程中得到了兴安职业技术学院相关部门的大力支持，在此表示感谢。

限于编者的学识和实践经验，书中有不足之处，恳请读者批评指正！

编 者

目 录 CONTENTS

第一篇　基础理论部分 1

第一章　砂石材料 1

第一节　岩石 1
一、岩石的定义及分类 1
二、岩石的技术性质 1
三、岩石的技术标准 4
四、道路岩石制品 5

第二节　集料 6
一、集料的概念及分类 6
二、集料的技术性质 7

第三节　矿质混合料的组成设计 10
一、矿质混合料的级配理论 10
二、矿质混合料的组成设计方法 11

课后题 15

第二章　水泥及砂浆 18

第一节　水泥 18
一、概述 18
二、硅酸盐水泥的组成及生产工艺 18
三、水泥的技术性质 21
四、水泥的技术标准 22
五、水泥材料的应用 22
六、水泥石的腐蚀及防护 25

第二节　砂浆 27
一、砌筑砂浆 27
二、抹面砂浆 29

课后题 30

第三章　钢筋混凝土 34

第一节　普通水泥混凝土 34
一、概述 34
二、普通混凝土的特点和分类 34
三、普通混凝土的组成材料 35
四、普通混凝土的技术性质 40
五、普通混凝土的配合比设计 47
六、混凝土配合比设计步骤 48
七、普通混凝土配合比设计实例——试设计
　　钢筋混凝土桥T形梁的混凝土配合比 54

第二节　钢材 57
一、钢材的组成和分类 57
二、钢材的技术性质 60
三、钢材的技术要求 63
四、钢材的锈蚀及防护 65

课后题 66

第四章　石灰、土和无机结合料稳定材料 71

第一节　石灰 71
一、石灰的生产及分类 71
二、生石灰的消化与硬化 72
三、石灰的技术性质和技术标准 73
四、石灰的存储及应用 74

第二节　土 75
一、土的组成与结构 75
二、土的物理性质指标 77
三、黏性土的稠度与塑性 80

四、土的击实性 ………………………… 81
　第三节　无机结合料稳定材料 …………… 82
　　一、无机结合料稳定材料的概念、分类和
　　　　特点 …………………………………… 82
　　二、水泥稳定类材料 ……………………… 83
　　三、石灰稳定类材料 ……………………… 87
　　四、综合稳定材料及工业废渣稳定材料 … 90
　课后题 ………………………………………… 92

第五章　沥青及沥青混合料 …………………… 94
　第一节　沥青 ………………………………… 94
　　一、沥青的概念及分类 …………………… 94
　　二、石油沥青分类及结构 ………………… 94
　　三、石油沥青的技术性质 ………………… 97
　　四、石油沥青的技术标准 ………………… 100
　第二节　沥青混合料 ………………………… 102
　　一、沥青混合料的特点和分类 …………… 102
　　二、沥青混合料的组成结构和强度理论 … 103
　　三、沥青混合料使用性能的气候分区 …… 106
　　四、沥青混合料的技术性质 ……………… 107
　　五、沥青混合料的技术标准 ……………… 110
　　六、沥青混合料对组成材料的技术要求 … 110
　　七、沥青混合料的配合比设计 …………… 116
　课后题 ………………………………………… 129

第二篇　实训部分 …………………………… 135

实训一　粗集料及集料混合料筛分
　　　　 试验 ……………………………… 137
　　一、目的与适用范围 ……………………… 137
　　二、仪器设备 ……………………………… 137
　　三、试验准备 ……………………………… 137
　　四、水泥混凝土用粗集料干筛法试验
　　　　步骤 …………………………………… 137
　　五、沥青混合料及基层用粗集料水洗法
　　　　试验步骤 ……………………………… 138

　　六、计算 …………………………………… 138

实训二　粗集料密度及吸水率试验
　　　　（容量瓶法） …………………… 142
　　一、目的与适用范围 ……………………… 142
　　二、仪具与材料 …………………………… 142
　　三、试验准备 ……………………………… 142
　　四、试验步骤 ……………………………… 142
　　五、计算 …………………………………… 143
　　六、精密度或允许差 ……………………… 144

实训三　粗集料堆积密度及空隙率
　　　　 试验 ……………………………… 145
　　一、目的与适用范围 ……………………… 145
　　二、仪具与材料 …………………………… 145
　　三、试验准备 ……………………………… 145
　　四、试验步骤 ……………………………… 145
　　五、计算 …………………………………… 146
　　六、报告 …………………………………… 147

实训四　粗集料针片状颗粒含量试验
　　　　（规准仪法） …………………… 148
　　一、目的与适用范围 ……………………… 148
　　二、仪具与材料 …………………………… 148
　　三、试验准备 ……………………………… 149
　　四、试验步骤 ……………………………… 149
　　五、计算 …………………………………… 149
　　六、试验数据及计算结果 ………………… 150

实训五　粗集料针片状颗粒含量试验
　　　　（游标卡尺法） ………………… 151
　　一、目的与适用范围 ……………………… 151
　　二、仪具与材料 …………………………… 151
　　三、试验步骤 ……………………………… 151
　　四、计算 …………………………………… 151
　　五、报告 …………………………………… 152

实训六 粗集料压碎值试验 ········· 153
 一、目的与适用范围 ············ 153
 二、仪具与材料 ·············· 153
 三、试验准备 ··············· 154
 四、试验步骤 ··············· 154
 五、计算 ················· 154
 六、报告 ················· 155

实训七 粗集料磨耗试验
（洛杉矶法） ················· 156
 一、目的与适用范围 ············ 156
 二、仪具与材料 ·············· 156
 三、试验步骤 ··············· 156
 四、计算 ················· 158
 五、报告 ················· 158

实训八 细集料筛分试验 ··········· 159
 一、目的与适用范围 ············ 159
 二、仪具与材料 ·············· 159
 三、试验准备 ··············· 159
 四、试验步骤 ··············· 159
 五、计算 ················· 160

实训九 细集料表观密度试验
（容量瓶法） ················· 163
 一、目的与适用范围 ············ 163
 二、仪具与材料 ·············· 163
 三、试验准备 ··············· 163
 四、试验步骤 ··············· 163
 五、计算 ················· 163
 六、报告 ················· 164

实训十 细集料堆积密度及紧装密度
试验 ···················· 165
 一、目的与适用范围 ············ 165
 二、仪具与材料 ·············· 165
 三、试验准备 ··············· 165
 四、试验步骤 ··············· 165
 五、计算 ················· 166
 六、报告 ················· 166

实训十一 细集料含水率试验 ········ 167
 一、目的与适用范围 ············ 167
 二、仪具与材料 ·············· 167
 三、试验步骤 ··············· 167
 四、计算 ················· 167
 五、报告 ················· 167

实训十二 水泥取样方法 ··········· 168
 一、目的、适用范围和引用标准 ······· 168
 二、仪器设备 ··············· 168
 三、取样步骤 ··············· 168
 四、样品制备 ··············· 168
 五、样品的包装与贮存 ··········· 168
 六、取样单 ················ 169

实训十三 水泥标准稠度用水量、凝结
时间、安定性检验方法 ······ 170
 一、目的与适用范围 ············ 170
 二、仪具与材料 ·············· 170
 三、试验步骤 ··············· 170

实训十四 水泥胶砂强度试验 ········· 175
 一、目的、适用范围 ············ 175
 二、仪器设备 ··············· 175
 三、试验准备 ··············· 176
 四、试验步骤 ··············· 176

实训十五 水泥混凝土拌合物的拌合与
现场取样方法 ············· 180
 一、目的和适用范围 ············ 180
 二、仪具与材料 ·············· 180

三、拌和步骤 …………………………… 180

**实训十六　水泥混凝土拌合物稠度试验
　　　　　（坍落度仪法）** ………… 182
　　一、目的、适用范围和引用标准 … 182
　　二、仪器设备 …………………………… 182
　　三、试验步骤 …………………………… 182
　　四、试验结果 …………………………… 183

**实训十七　水泥混凝土立方体抗压强度
　　　　　试验** ………………………… 184
　　一、目的、适用范围和引用标准 … 184
　　二、仪器设备 …………………………… 184
　　三、试件制备和养护 …………………… 184
　　四、试验步骤 …………………………… 184
　　五、试验结果 …………………………… 185
　　六、填写试验记录表 …………………… 185

实训十八　沥青取样法 …………… 186
　　一、目的与适用范围 …………………… 186
　　二、仪具与材料 ………………………… 186
　　三、方法与步骤 ………………………… 186

实训十九　沥青试样准备方法 … 189
　　一、目的与适用范围 …………………… 189
　　二、仪具与材料 ………………………… 189
　　三、方法与步骤 ………………………… 189

实训二十　沥青针入度试验 …… 191
　　一、目的与适用范围 …………………… 191
　　二、仪具与材料 ………………………… 191
　　三、方法与步骤 ………………………… 192
　　四、计算 ………………………………… 192
　　五、允许误差 …………………………… 193

实训二十一　沥青软化点试验 … 194
　　一、目的与适用范围 …………………… 194
　　二、仪具与材料技术要求 ……………… 194
　　三、试验步骤 …………………………… 194
　　四、报告 ………………………………… 195
　　五、允许误差 …………………………… 195

实训二十二　沥青延度试验 …… 196
　　一、目的与适用范围 …………………… 196
　　二、仪具与材料技术要求 ……………… 196
　　三、试验步骤 …………………………… 196
　　四、报告 ………………………………… 197
　　五、允许误差 …………………………… 197

实训二十三　沥青混合料试件制作 …… 199
　　一、目的与适用范围 …………………… 199
　　二、仪具与材料技术要求 ……………… 199
　　三、准备工作 …………………………… 200
　　四、拌制沥青混合料 …………………… 201
　　五、成型方法 …………………………… 201

**实训二十四　沥青混合料马歇尔稳定度
　　　　　　试验** ……………………… 203
　　一、目的与适用范围 …………………… 203
　　二、仪具与材料技术要求 ……………… 203
　　三、标准马歇尔试验方法 ……………… 204
　　四、浸水马歇尔试验方法 ……………… 204
　　五、真空饱水马歇尔试验方法 ………… 205
　　六、计算 ………………………………… 205
　　七、报告 ………………………………… 206

附录　术语 …………………………… **207**

参考文献 ……………………………… **214**

第一篇 基础理论部分

第一章 砂石材料

第一节 岩　石

一、岩石的定义及分类

(一)岩石的定义

岩石是地壳发展到一定阶段,因不同地质作用而形成的由一种或多种矿物组成,且在成分和结构上具有一定规律的集合体,它是构成地壳及地幔的主要物质,也是构成地壳的最基本单位。

(二)岩石的分类

1. 岩浆岩(火成岩)

岩浆岩(火成岩)是由高温熔融的岩浆在地表或地下冷凝所形成的岩石。

2. 沉积岩(水成岩)

沉积岩(水成岩)是在地表条件下由风化作用、生物作用和火山作用的产物,经水、空气和冰川等外力的搬运、沉积和成岩固结而形成的岩石。

3. 变质岩

变质岩是地壳中原有的岩石在地质运动过程中受到高温、高压的作用,在固态下发生矿物成分、结构构造和化学成分变化形成的新岩石。

二、岩石的技术性质

(一)物理性质

岩石的物理性质包括物理常数(密度、孔隙度等)、吸水性(吸水率和饱水率)和抗冻性。

1. 物理常数

物理常数是岩石矿物组成结构状态的反映。岩石的内部组成结构主要是由矿质实体和孔隙所组成的。各部分质量与体积的关系如图 1-1-1 所示。

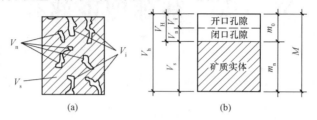

图 1-1-1　石料组成部分的质量与体积的关系示意
(a)石料结构剖面图；(b)石料的体积与质量的关系

(1)真实密度。真实密度是指岩石在规定条件下，烘干石料矿质实体单位真实体积(不包括孔隙体积)的质量，按照式(1-1-1)计算。

$$\rho_t = \frac{m_s}{V_s} \tag{1-1-1}$$

式中　ρ_t——石料的真实密度(g/cm^3)；
　　　m_s——石料矿质实体的质量(g)；
　　　V_s——石料矿质实体的体积(cm^3)。

(2)毛体积密度。毛体积密度是指在规定条件下，烘干石料矿质实体包括孔隙(闭口、开口孔隙)体积在内的单位毛体积的质量，按照式(1-1-2)计算。

$$\rho_k = \frac{m_s}{V_s + V_n + V_i} \tag{1-1-2}$$

式中　ρ_k——石料的毛体积密度(g/cm^3)；
　　　m_s——石料矿质实体的质量(g)；
　　　V_s——石料矿质实体的体积(cm^3)；
　　　V_n——石料矿质实体中闭口孔隙的体积(cm^3)；
　　　V_i——石料矿质实体中开口孔隙的体积(cm^3)。

(3)表观密度。表观密度是指在规定条件下，烘干石料矿质实体包括闭口孔隙在内的单位表观体积的质量，按照式(1-1-3)计算。

$$\rho_a = \frac{m_s}{V_s + V_n} \tag{1-1-3}$$

式中　ρ_a——石料的表观密度(g/cm^3)；
　　　m_s——石料矿质实体的质量(g)；
　　　V_s——石料矿质实体的体积(cm^3)；
　　　V_n——石料矿质实体中闭口孔隙的体积(cm^3)。

(4)孔隙率。孔隙率是指石料孔隙体积占石料总体积(包括开口孔隙和闭口孔隙的体积)的百分率，按照式(1-1-4)计算。

$$n = \frac{V_n + V_i}{V_k} \quad (1\text{-}1\text{-}4)$$

式中　n——石料的孔隙率(%)；

　　　V_n——石料矿质实体中闭口孔隙的体积(cm^3)；

　　　V_i——石料矿质实体中开口孔隙的体积(cm^3)；

　　　V_k——石料的毛体积(含矿质实体、开口孔隙和闭口孔隙的体积)(cm^3)。

将式(1-1-1)和式(1-1-3)代入式(1-1-4)可得式(1-1-5)，即采用石料的真实密度和毛体积密度计算其孔隙率。

$$n = \left(1 - \frac{\rho_k}{\rho_t}\right) \times 100\% \quad (1\text{-}1\text{-}5)$$

式中　n——石料的孔隙率(%)；

　　　ρ_t——石料的真实密度(g/cm^3)；

　　　ρ_k——石料的毛体积密度(g/cm^3)。

2. 吸水性

吸水性是指石料吸水能力的大小。这一性质用吸水率和饱水率两种形式表示。前者是指在常温、常压条件下石料最大吸水质量是干燥试样质量的百分率；而后者是在一定真空条件下石料最大吸水质量是干燥试样质量的百分率。显然，后者往往要大于前者。两者可采用式(1-1-6)计算：

$$w_k = \frac{m_2 - m_1}{m_1} \times 100\% \quad (1\text{-}1\text{-}6)$$

式中　w_k——石料试样的吸水率或饱水率(%)；

　　　m_1——烘至恒重时的试样质量(g)；

　　　m_2——吸水(或饱水)至恒重时的试样质量(g)。

3. 耐水性

岩石的耐水性以软化系数表示，岩石中含有较多的黏土或易溶物质时，软化系数则较小，其耐水性较差。

4. 抗冻性

抗冻性是采用岩石在饱和状态下能经受的冻融循环次数来表示。根据能够经受的冻融循环次数，可将岩石分为5、10、15、25、50、100、200等强度等级。

(二)力学性质

1. 抗压强度

以单轴加荷的方法对规定形状的石料试样以标准方式进行抗压试验所得出的结果即为石料的抗压强度。其强度等级为 MU100、MU80、MU60、MU50、MU40、MU30、MU20、MU15、MU10。强度结果按照式(1-1-7)计算。

$$R = \frac{P}{A} \quad (1\text{-}1\text{-}7)$$

式中　R——石料的抗压强度(MPa)；

P——试验时石料试件破坏时的极限荷载(N)；

A——石料试件的受力截面面积(mm^2)。

石料的抗压强度受多种因素的影响，如矿物组成、结构与其孔隙构造，以及石料试件的尺寸和吸水率等。如果石料结构疏松及孔隙率较大，其质点之间的联系较弱，有效面积较小，故强度值较低；试件尺寸较小时，由于高度低，承压板与试件端面之间的摩擦较大，使得试件内应力分布极不均匀，试验结果的真实性受到影响；当岩石的孔隙裂隙较大、含较多亲水矿物或较多可溶矿物时，饱水时的抗压强度会有明显的降低。

2. 耐磨性

耐磨性是指岩石在使用条件下抵抗摩擦、边缘剪切以及冲击等复杂作用的性质。用磨耗率表示。

砂石材料磨耗率是指其抵抗撞击、边缘剪力和摩擦等联合作用的能力。石料的磨耗率常采用洛杉矶磨耗试验进行测定。经过规定的搁板式磨耗试验机试验后，石料的磨耗率用式(1-1-8)计算。

$$Q_{磨} = \frac{m_1 - m_2}{m_1} \times 100 \quad (1\text{-}1\text{-}8)$$

式中　$Q_{磨}$——石料的磨耗率(%)；

　　　m_1——装入试验机圆筒中的石料试样质量(g)；

　　　m_2——试验后洗净烘干的筛上试样质量(g)。

实践中还存在另一种磨耗试验——狄法尔磨耗试验，由于该试验耗时较长，且对石料的考验程度不如搁板式磨耗试验机试验，目前已较少采用。

三、岩石的技术标准

(一)岩石的技术分级

(1)岩浆岩类：酸性岩、中性岩、基性岩、超基性岩。

(2)石灰岩类：矿物成分为方解石，层理构造，具有可溶性。

(3)砂岩和片岩类：成分为石英、长石、白云母等。

(4)砾石类：矿物成分为石英，粒径大于2 mm。

(二)岩石的技术标准

在实际工程中所采用的石料必须满足一定的技术要求，该要求就是石料的技术标准。

技术标准指定思路是：首先根据石料所属岩石类型，将石料分成岩浆岩、石灰岩、砂岩或片麻岩以及砾岩四大类；再依据石料的抗压强度的高低和磨耗率的大小将每种类型岩石划分为Ⅰ级、Ⅱ级、Ⅲ级和Ⅳ级四个等级。

其中：Ⅰ级——最坚强的岩石；Ⅱ级——坚强的岩石；Ⅲ级——中等强度岩石；Ⅳ级——较软的岩石。

公路工程岩石技术性质见表1-1-1。

表 1-1-1　公路工程岩石技术性质

岩石类别	岩石品种	技术等级	技术标准		
			饱水极限抗压强度/MPa	磨耗率(洛杉矶法)/%	磨耗率(狄法尔法)/%
岩浆岩类	花岗岩	1	>120	<25	<4
	玄武岩	2	100~300	25~30	4~5
	安山岩	3	80~100	30~45	5~7
	辉绿岩	4	—	45~60	7~10
石灰岩类	石灰岩	1	>100	<30	<6
		2	60~100	30~35	6~8
		3	60~80	36~60	6~12
	白云岩	4	30~60	50~60	12~30
砂岩与片麻岩类	石英岩	1	>100	<30	<6
	砂岩	2	80~100	30~35	6~7
	片麻岩	3	60~80	35~46	7~10
	石英片麻岩	4	30~60	46~60	10~15
砾岩		1	<30	<6	
		2		20~30	6~7
		3		30~50	7~12
		4		50~60	12~20

四、道路岩石制品

(一)道路建筑用岩石制品

道路建筑用岩石制品根据所用石料形状、尺寸及修琢程度一般分为方块石、条石、拳石等。在低等级道路工程中，也有用锥形块石等作各种路面的基层。

1. 铺砌用方块石

方块石近似于正立方体，上下面互相平行，底面积不小于顶面积的 3/4。方块石顶面凹凸以平板紧靠时，其间隙不大于 5 mm；当顶面边缘以尺寸紧靠时，其间隙也不大于 5 mm。

2. 铺砌用条石

由劈砍并经粗琢加工而成的形状近似长方六面体，上下面平行，表面平整的块石称为条石，主要用于铺砌高等级道路路面面层，特别是履带车等通行的道路。条石表面平整，以石面紧靠平板时，其间隙不大于 10 mm；条石边缘的四个边紧靠平板时，其间隙一般也不大于 10 mm。

3. 铺砌拳石

形状近似棱柱体，顶面呈四边形或多边形的粗打石料称为铺砌拳石。铺砌拳石顶面与底面应平行，底面不得呈尖楔状，底面投影应在顶面轮廓之内，侧边不得有显著尖锐凸出。

4. 锥形块石

由片石进行加工而成的具有平底面形似截头锥形的粗打石料称为锥形块石。其底部平面面积不小于 100 cm²，顶部尺寸不限，但不可为尖形，高与底面积之比不得相差过大，同时不得呈斜锥形。

(二)桥梁建筑用岩石制品

工程中使用的天然石材常加工成块状、板状或破碎成碎石。石砌体中的石料应选用无明显风化的天然石材。

1. 料石

料石是由人工或机械开采出较规则的六面体石块，经人工略加修整而成。其是用来在铺砌时相互合缝的石料。按料石表面加工的平整程度分为细料石、半细料石、粗料石和毛料石。

(1)细料石和半细料石。细料石是通过细加工，外表规则，叠砌面凹入深度不大于 10 mm，截面的宽度和高度不小于 200 mm，且不小于长度的 0.25 的石料；半细料石的规格尺寸与细料石相同，但叠砌面凹入深度不大于 15 mm。细料石和半细料石主要作为镶面石料使用。

(2)粗料石。粗料石是由岩层或大块石料开劈并经粗略修凿而成，外形应方正，呈六面体，厚度为 200~300 mm，宽度为厚度的 1.0~1.5 倍，长度为厚度的 2.5~4.0 倍，表面凹陷深度不大于 20 mm。粗料石的抗压强度要求视用途而定，当用作桥墩破冰体镶面时，不应低于 60 MPa；当用于桥墩分水体镶面时，不应低于 40 MPa，用于其他砌体镶面时，应不低于砌体内部石料的强度。

(3)毛料石。毛料石的外形大致方正，一般不加工或稍加修整，高度不小于 200 mm，叠砌面凹入深度不应大于 25 mm，抗压强度不得低于 30 MPa。毛料石可用于桥墩台的镶面工程，涵洞的拱圈与帽石，隧道衬砌的边墙，也可用作高大的或受力较大的桥墩台的填腹材料等。

2. 毛石

岩石经爆破后得到的不规则石块，中部厚度大于 200 mm。根据其外形不同，毛石可分为乱毛石(片石)和平毛石(块石)两种。前者是形状不规则的石块；后者是具有两个大致平行面的石块。一般要求每块毛石中部厚度不小于 15 cm，长度为 30~40 cm，质量为 15~30 kg。用于主体工程的毛石，其抗压强度不应小于 30 MPa，用于附属工程则不应小于 20 MPa。

毛石多用于砌筑基础、挡土墙、钢筋混凝土沟渠，也可用来干砌或浆砌护坡，浇筑片石混凝土，砌筑桥墩与桥台、涵洞的边墙、端墙和翼墙等结构物。

第二节　集　　料

一、集料的概念及分类

(一)概念

笼统地说集料就是粒状石质材料，在混合料中起骨架或填充作用的粒料。

(二)分类

1. 总分类

集料包括天然砂、人工砂、卵石、碎石，另有工业冶金矿渣。

2. 根据集料形成的过程不同分类

集料可分为卵石(又称砾石)和碎石。碎石是指经开采并按一定尺寸加工而成的有棱角的岩石颗粒；卵石是指岩石经自然风化、水流搬运和堆积而成的，粒径为2～60 mm 的岩石颗粒。

3. 根据粒径大小的不同分类

集料可分为细集料和粗集料。

(1)细集料：在混凝土中，粒径小于 4.75 mm 的天然砂、人工砂。在沥青混合料中，粒径小于 2.36 mm 的天然砂、人工砂和石屑。

1)天然砂是由自然风化、水流冲刷、堆积形成的粒径小于 4.75 mm 的岩石颗粒，按生存环境可分为河砂、海砂和山砂等。河砂表面圆滑、洁净、质地坚硬，产地广泛，是配制混凝土的理想材料；海砂质地坚硬，但夹有贝壳碎片及可溶性盐类等有害杂质；山砂颗粒表面粗糙有棱角，含泥量和有机质含量高，坚固性差。

2)人工砂是经过人为加工处理得到的符合规格要求的细集料，通常是指在岩石加工过程中采取真空抽吸等方法除去大部分土和细粉，或将石屑水洗得到的洁净的细集料。人工砂的特点是富有棱角，比较洁净，但细粉、片状颗粒较多，成本高。

机制砂是由碎石及卵石经制砂机反复破碎加工至粒径小于 2.36 mm 的人工砂。

3)石屑是采石场加工碎石时通过最小筛孔的筛下部分。

4)混合砂是由天然砂、人工砂、机制砂或石屑等按一定比例混合形成的细集料。

(2)粗集料：在混凝土中，粒径大于 4.75 mm 的碎石、卵石和破碎卵石；在沥青混合料中，粒径大于 2.36 mm 的碎石、破碎卵石、筛选卵石和矿渣。

二、集料的技术性质

(一)物理性质

1. 密度

密度是指在一定条件下测量的单位体积的质量。

(1)真实密度。真实密度是指粗集料在规定条件下单位真实体积的质量，按照式(1-1-9)计算。

$$\rho_t = \frac{m_s}{V_s} \qquad (1\text{-}1\text{-}9)$$

式中 ρ_t——集料的真实密度(g/cm³)；

m_s——集料的矿质实体质量(g)；

V_s——集料的矿质实体体积(cm³)。

(2)表观密度。表观密度是指在规定条件下，单位表观体积的质量，按照式(1-1-10)计算。

$$\rho_a = \frac{m_s}{V_s + V_n} \tag{1-1-10}$$

式中 ρ_a——集料的表观密度（g/cm³）；

m_s——集料的矿质实体质量（g）；

V_s——集料的矿质实体体积（cm³）；

V_n——集料的矿质实体中闭口孔隙体积（cm³）。

(3)毛体积密度。毛体积密度是指材料在规定条件下，单位毛体积（包括矿质实体、闭口孔隙和开口孔隙）的质量，按照式(1-1-11)计算。

$$\rho_b = \frac{m_s}{V_s + V_n + V_i} \tag{1-1-11}$$

式中 ρ_b——集料的毛体积密度（g/cm³）；

V_s，V_n，V_i——集料的矿质实体、闭口孔隙和开口孔隙的体积（cm³）；

m_s——集料的矿质实体质量（g）。

(4)表干密度。表干密度是指单位体积（包括矿质实体、闭口孔隙和开口孔隙）物质颗粒的饱和面干质量，又称饱和面干密度。表干相对密度是指表干密度与同温度水的密度的比值，按照式(1-1-12)计算。

$$\rho_s = \frac{m_s + V_i \cdot \rho_w}{V_s + V_n + V_i} \tag{1-1-12}$$

式中 ρ_s——细集料表干密度（g/cm³）；

m_s——矿质实体质量（g）；

(5)堆积密度。堆积密度是指粗集料[包括矿质实体、颗粒空隙（颗粒之间的）和孔隙（开口和闭口孔隙）]在内的单位体积的质量，按照式(1-1-13)计算。

根据集料所处的状态不同可分为自然堆积状态、振实状态和捣实状态下的堆积密度。

$$\rho = \frac{m}{V} \tag{1-1-13}$$

式中 ρ——集料的堆积密度（g/cm³）；

V——容器的体积（cm³）；

m——填满容器的集料质量（g）。

(6)空隙率。空隙率是指集料颗粒之间空隙体积占集料总体积的百分率，按照式(1-1-14)计算。

$$n = \left(1 - \frac{\rho}{\rho_a}\right) \times 100\% \tag{1-1-14}$$

式中 n——水泥混凝土用集料的空隙率（%）；

ρ_a——集料的表观密度（g/cm³）；

ρ——集料的堆积密度（g/cm³）。

2. 含水率

含水率是指集料所含水分与集料烘干后的质量之比，按照式(1-1-15)计算。

$$w = \frac{m_1 - m_0}{m_0} \times 100\% \tag{1-1-15}$$

式中 w——集料的含水率(%);

m_1——集料烘干前的质量(g);

m_0——集料烘干后的质量(g)。

3. 级配

级配是指集料中各种粒径颗粒的搭配比例或分布情况。级配对水泥混凝土及沥青混合料的强度、稳定性及施工和易性有着显著的影响。

粗集料中各种粒径颗粒在集料中所占的比例采用标准筛筛分试验确定。

标准筛孔径的尺寸为 75 mm、63 mm、53 mm、37.5 mm、31.5 mm、26.5 mm、19 mm、16 mm、13.2 mm、9.5 mm、4.75 mm、2.36 mm、1.18 mm、0.6 mm、0.3 mm、0.15 mm、0.075 mm。

分计筛余百分率是指各筛上的筛余量占集料总质量的百分率。

累计筛余百分率是指该筛上的分计筛余百分率与大于该筛上的分计筛余百分率的总和。

质量通过百分率是指集料中小于该筛的颗粒质量占总质量的百分率。

(二)力学性质

粗集料的力学性质主要有压碎性和磨耗性。另外,路面抗滑表层用粗集料还必须具备一定的抗磨耗、抗磨光和抗冲击能力。

1. 压碎值

压碎值是指集料抵抗压碎的能力,以压碎试验后小于规定粒径的集料质量表示。

压碎值是集料强度的相对指标,用来测定集料的品质,评价其在公路工程中的适用性。

2. 磨耗值

磨耗值是指粗集料抵抗磨耗作用的能力。其测定方法为洛杉矶法、狄法尔法、道瑞法。

3. 磨光值

磨光值是指粗集料抵抗轮胎磨光作用的能力,即粗集料被磨光后用摆式仪测得的摩擦系数。

在公路上,经过一段时间的车辆荷载后,路面向汽车提供抗滑能力以粗集料为主,所以,对路面面层用粗集料,以检测其磨损后的摩擦系数。粗集料磨光值越高,表示其在车轮作用后的抗滑性越好。

4. 冲击值

冲击值是指粗集料抵抗多次重复荷载作用的性能。

粗集料冲击值试验用以测定路面用粗集料抗冲击的性能,以击碎后粒径小于 2.36 mm 部分的质量分数表示。该值越大,说明抵抗冲击荷载的能力越差。

【例 1-1-1】 工地现有砂 500 g,筛分试验后的筛分结果见表 1-1-2。试计算该砂的细度模数,并评价其粗细程度。

表 1-1-2　砂的筛分结果表

筛孔尺寸/mm	9.5	4.75	2.36	1.18	0.6	0.3	0.15	底盘
筛余量/g	0	12.5	63.4	110.5	147.6	102.8	45.1	18.1

【解】　按题所给筛分结果计算见表 1-1-3。

表 1-1-3　砂的筛分计算表

方孔筛筛孔尺寸/mm	9.5	4.75	2.36	1.18	0.6	0.3	0.15	底盘
筛余量/g	0	12.5	63.4	110.5	147.6	102.8	45.1	18.1
分计筛余百分率/%	0	2.5	12.7	22.1	29.5	20.6	9.0	3.6
累计筛余百分率/%	0	2.5	15.2	37.3	66.8	87.4	96.4	100
质量通过百分率/%	100	97.5	84.8	62.7	33.2	12.6	3.6	0

根据式(1-1-16)计算细度模数：

$$M_x = \frac{(A_2+A_3+A_4+A_5+A_6)-5A_1}{100-A_1} \tag{1-1-16}$$

$= [(96.4+87.4+66.8+37.3+15.2)-5\times 2.5]/(100-2.5) = 2.98$

由于细度模数为 2.98，在 2.3~3.0 范围内，所以，此砂为中砂。

细度模数虽能表示砂的粗细程度，但不能完全反映出砂的颗粒级配情况，因为相同细度模数的砂可能有不同的颗粒级配。因此，要全面表征砂的颗粒性质，必须同时使用细度模数和级配两个指标。

第三节　矿质混合料的组成设计

道路与桥梁用砂石材料，大多数是以矿质混合料的形式与各种结合料（如水泥或沥青等）组成混合料使用。欲使水泥混凝土和沥青混合料具备优良的路用性能，除各种矿质集料的技术性质应符合技术要求外，矿质混合料还必须满足最小空隙率和最大摩擦力的基本要求。

(1)最小空隙率。不同粒径的各级矿质集料按一定比例搭配，使其组成一种具有最大密实度（即最小空隙率）的矿质混合料。

(2)最大摩擦力。各级矿质集料在进行比例搭配时，应使各级集料紧密排列，形成一个多级空间骨架结构，且具有最大的摩擦力。

一、矿质混合料的级配理论

各种不同粒径的集料，按照一定比例搭配，以达到最大密实度和最大摩擦力的要求，可以采用以下两类级配。

1. 连续级配

连续级配是采用标准套筛对某一混合料进行筛分试验，所得级配曲线平顺圆滑，具有连续性。这种由大到小、逐级粒径均有,且按比例互相搭配组成的矿质混合料,称为连续级配混合料。

2. 间断级配

间断级配是在矿质混合料中剔除其一个分级或几个分级而形成一种不连续的混合料,这种混合料称为间断级配混合料。

连续级配和间断级配曲线比较如图 1-1-2 所示。

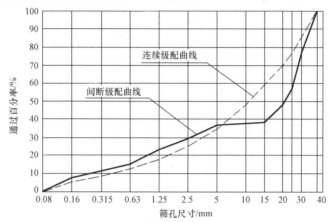

图 1-1-2　连续级配和间断级配曲线比较

二、矿质混合料的组成设计方法

天然的或人工轧制的单一集料的级配一般很难完全符合某一合适级配范围的要求,因此,必须采用几种集料按照一定比例进行搭配才能达到级配范围的要求,这就需要对矿质混合料进行配合组成设计。确定矿质混合料配合比的方法很多,但一般主要采用试算法和图解法。

无论采用哪种方法,首先必须具备以下两项已知条件:

(1)各种集料的筛分结果;

(2)技术规范(或理论级配)要求的矿质混合料的级配范围。

(一)试算法

1. 基本原理

试算法适用于 2~3 种集料组成的混合料,是最简单的一种方法。此方法的基本原理为:现有几种矿质集料,欲配制成某一种符合一定级配要求的矿质混合料,在决定各组成集料在混合料中的比例时,先假定混合料中某种粒径的颗粒是由某一种对这一粒径占优势的集料组成,而其他各种集料中不含有此粒径。这样,即可根据各个主要粒径去试算各种集料在混合料中的大致比例,再经过校核调整,最终获得满足混合料级配要求的各集料的配合比例。例如,现有 A、B、C 三种集料,欲配制成某一级配要求的混合料 M。确定这三种集料在混合料 M 中的配合比例(即配合比),按题意作下列两点假设:

(1)设 X、Y、Z 为 A、B、C 三种集料组成矿质混合料 M 的配合比例,则

$$X+Y+Z=100 \tag{1-1-17}$$

（2）设混合料 M 中某一级粒径（i）要求的含量为 $a_{M_{(i)}}$，A、B、C 三种集料在原来级配中此粒径（i）颗粒的含量分别为 $a_{A_{(i)}}$、$a_{B_{(i)}}$、$a_{C_{(i)}}$，则

$$a_{A_{(i)}} \cdot X + a_{B_{(i)}} \cdot Y + a_{C_{(i)}} \cdot Z = 100 \tag{1-1-18}$$

2. 计算步骤

（1）由假设（1），混合料 M 中某一级粒径（i）主要由 A 集料所提供（即 A 集料占优势），而忽略其他集料在此粒径的含量，这样，即可计算出 A 料在混合料中的用量比例。按假设（1）得 $a_{B_{(i)}} = a_{C_{(i)}} = 0$，代入式（1-1-18），得 $a_{A_{(i)}} \cdot X = a_{M_{(i)}}$，即

$$X = \frac{a_{M_{(i)}}}{a_{A_{(i)}}} \times 100 \tag{1-1-19}$$

（2）由假设（2），混合料 M 中某级粒径（j）由 C 集料占优势，同理可计算出 C 料在混合料中的用量比例。按假设（2）得 $a_{C_{(j)}} \cdot Z = a_{M_{(j)}}$，即

$$Z = \frac{a_{M_{(j)}}}{a_{C_{(j)}}} \times 100 \tag{1-1-20}$$

由式（1-1-17）可计算出 B 料在混合料中的用量比例，即

$$Y = 100 - (X + Z) \tag{1-1-21}$$

（3）校核。按上述步骤即可计算 A、B、C 三种集料组成矿质混合料的配合比 X、Y、Z。经校核如不在要求的级配范围内，应调整配合比重新计算和复核。

【**例 1-1-2**】现有碎石、砂和矿粉三种集料，经筛分试验，各集料的分计筛余百分率见表 1-1-4，并列出按推荐要求设计的混合料级配范围，试计算碎石、砂和矿粉三种集料在要求级配混合料中的用量比例。

表 1-1-4　原有集料的分计筛余和混合料要求的级配范围

筛孔尺寸 d_i/mm	碎石分计筛余 $a_{A_{(i)}}$/%	砂分计筛余 $a_{B_{(i)}}$/%	矿粉分计筛余 $a_{C_{(i)}}$/%	矿质混合料要求级配范围 通过百分率/%
13.2	0.8	—	—	100
4.75	60.0	—	—	63～78
2.36	23.5	10.5	—	40～63
1.18	14.4	22.1	—	30～53
0.6	1.3	19.4	4.0	22～45
0.3	—	36.0	4.0	15～35
0.15	—	7.0	5.5	12～30
0.075	—	3.0	3.2	10～25
<0.075	—	2.0	83.3	—

【**解**】

（1）先将矿质混合料要求级配范围的通过百分率换算为分计筛余百分率，计算结果列于表 1-1-5 中，并设碎石、砂、矿粉的配合比为 X、Y、Z。

（2）由表 1-1-4 可知，碎石中 4.75 mm 粒径颗粒含量占优势，假设混合料中 4.75 mm 的粒径全部由碎石提供，$a_{B_{(4.75)}}=a_{C_{(4.75)}}=0$，由式(1-1-19)可得碎石在矿质混合料中的用量比例：

$$X=\frac{a_{M(4.75)}}{a_{A(4.75)}}\times100=\frac{29.5}{60.0}\times100=49(\%)$$

表 1-1-5　原有集料和要求级配范围的分计筛余

筛孔尺寸 d_i /mm	碎石分计筛余 $a_{A_{(i)}}$/%	砂分计筛余 $a_{B_{(i)}}$/%	矿粉分计筛余 $a_{C_{(i)}}$/%	要求级配范围通过率中值 $P_{(i)}$/%	要求级配范围累计筛余中值 $A_{(i)}$/%	要求级配范围分计筛余中值 $a_{M_{(i)}}$/%
13.2	0.8	—	—	100	—	—
4.75	60.0	—	—	70.5	29.5	29.5
2.36	23.5	10.5	—	51.5	48.5	19.0
1.18	14.4	22.1	—	41.5	58.5	10.0
0.6	1.3	19.4	4.0	33.5	66.5	8.0
0.3	—	36.0	4.0	25.0	75.0	8.5
0.15	—	7.0	5.5	21.0	79.0	4.0
0.075	—	3.0	3.2	17.5	82.5	3.5
<0.075	—	2.0	83.3	—	100.0	17.5

（3）同理，由表 1-1-4 可知，矿粉中 <0.075 mm 粒径颗粒含量占优势，忽略碎石和砂中此粒径颗粒的含量，即 $a_{A(<0.075)}=a_{B(<0.075)}=0$，则由式(1-1-20)可得矿粉在矿质混合料中的用量比例：

$$Z=\frac{a_{M(<0.075)}}{a_{C(<0.075)}}\times100=\frac{17.5}{83.3}\times100=21(\%)$$

（4）由式(1-1-21)可得砂在矿质混合料中的用量比例：

$$Y=100-(X+Z)=100-(49+21)=30(\%)$$

（5）校核。以试算所得配合比 $X=49\%$，$Y=30\%$，$Z=21\%$，按表 1-1-6 进行校核。

表 1-1-6　矿质混合料配合组成计算校核

筛孔尺寸 d_i/mm	碎石 原来级配分计筛余 $a_{A_{(i)}}$/%	碎石 用量比例 X/%	碎石 占混合料百分率 $a_{A_{(i)}}X$/%	砂 原来级配分计筛余 $a_{B_{(i)}}$/%	砂 用量比例 Y/%	砂 占混合料百分率 $a_{B_{(i)}}Y$/%	矿粉 原来级配分计筛余 $a_{C_{(i)}}$/%	矿粉 用量比例 Z/%	矿粉 占混合料百分率 $a_{C_{(i)}}Z$/%	矿质混合料 分计筛余 $a_{M_{(i)}}$/%	矿质混合料 累计筛余 $A_{M_{(i)}}$/%	矿质混合料 通过率 $P_{M_{(i)}}$/%	要求级配范围通过率/%
13.2	0.8	49	0.4	—	30	—	—	21	—	0.4	0.4	99.6	100
4.75	60		29.4	—		—	—		—	29.4	29.8	70.2	63~78
2.36	23.5		11.5	10.5		3.2	—		—	14.7	44.5	55.5	40~63
1.18	14.4		7.1	22.1		6.6	—		—	13.7	58.2	41.8	30~53

续表

筛孔尺寸 d_i/mm	碎石			砂			矿粉			矿质混合料			要求级配范围通过率/%
	原来级配分计筛余 $a_{A(i)}$/%	用量比例 X/%	占混合料百分率 $a_{A(i)}X$/%	原来级配分计筛余 $a_{B(i)}$/%	用量比例 Y/%	占混合料百分率 $a_{B(i)}Y$/%	原来级配分计筛余 $a_{C(i)}$/%	用量比例 Z/%	占混合料百分率 $a_{C(i)}Z$/%	分计筛余 $a_{M(i)}$/%	累计筛余 $a_{M(i)}$/%	通过率 $P_{M(i)}$/%	
0.6	1.3	49	0.6	19.4	30	5.8	4	21	0.8	7.2	65.4	34.6	22~45
0.3	—		—	36		10.8	4		0.8	11.6	77	23	15~35
0.15	—		—	7		2.1	5.5		1.2	3.3	80.3	19.7	12~30
0.075				3		0.9	3.2		0.7	1.6	81.9	18.1	10~25
<0.075				2		0.6	83.3		17.5	18.1	100	—	—
校核	$S=100$		$S=49$	$S=100$		$S=30$	$S=100$		$S=21$	$S=100$			

根据校核结果,查看是否符合级配范围要求。若不符合级配范围,应调整配合比再进行试算,经几次调整,逐步接近,直至达到要求。如经计算确实不能符合级配要求,应调整或增加集料品种。

(二)图解法

我国现行规范推荐采用的图解法为修正平衡面积法。由 3 种以上的多种集料进行组配时,采用此方法进行设计十分方便。修正平衡面积法的设计步骤如下。

1. 绘制级配曲线图

(1)计算要求级配范围通过率的中值,作为设计依据。

(2)根据级配范围中值,确定相应的横坐标的位置。先绘制一个长方形图框,通常,纵坐标通过百分率取 10 cm,横坐标筛孔尺寸取 15 cm。连接对角线 OO'(图 1-1-3)作为合成级配的中值。纵坐标按算术坐标,标出通过百分率(0~100%)。根据合成级配中值要求的各筛孔通过百分率,从纵坐标引平行线与对角线相交,再从交点作垂线与横坐标相交,其交点即为级配范围中值所对应的各筛孔尺寸(mm)的位置。

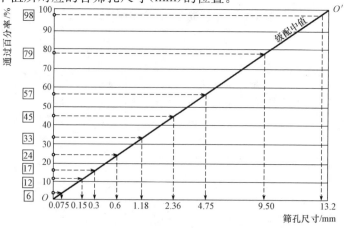

图 1-1-3 图解法用级配曲线坐标图

(3)在坐标图上绘制各种集料的级配曲线(图1-1-4)。

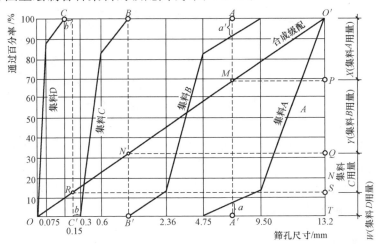

图1-1-4 组成集料级配曲线和要求

2. 确定各种集料的用量比例

从级配曲线图(图1-1-4)上的最粗集料开始,依次分析两种相邻集料的级配曲线,直至最细集料。在分析过程中,两种相邻集料的级配曲线可能出现以下三种情况:

(1)两相邻级配曲线重叠。如集料 A 级配曲线下部与集料 B 级配曲线上部重叠,此时,应进行等分,即在两级配曲线相重叠的部分引一条使 $a=a'$ 的垂线 AA',再通过垂线 AA' 与对角线 OO' 的交点 M 作一水平线,交纵坐标于 P 点。OP 即为集料 A 的用量比例。

(2)两相邻级配曲线相接。如集料 B 的级配曲线末端与集料 C 的级配曲线首端正好在同一条垂直线上,此时,应进行连分。即将集料 B 级配曲线的末端与集料 C 级配曲线的首端相连,即为垂线 BB',再通过垂线 BB' 与对角线 OO' 的交点 N 作一水平线交纵坐标于 Q 点。PQ 即为集料 B 的用量比例。

(3)两相邻级配曲线相离。如集料 C 级配曲线的末端与集料 D 级配曲线的首端相离一段距离,此时,应进行平分。即作一条垂线 CC' 平分相离的距离(即 $b=b'$),再通过垂线 CC' 与对角线 OO' 的交点 R 作一水平线交纵坐标于 S 点。QS 即为集料 C 的用量比例。

剩余部分 ST 即为集料 D 的用量比例。

3. 校核

按图解法所得各种集料的用量比例校核计算合成级配是否符合要求,如超出级配范围要求,则应调整各集料的比例,直至符合要求为止。

课后题

一、填空题

1. _____ 是构成地壳的最基本单位。

2. 岩石按地质成因可分为_____、_____、_____三大类。

3. 地壳表面以_____为主，它们约占大陆面积的75%。

4. 岩石的耐水性以_____表示。

5. 岩石的吸水性是在规定条件下吸水的能力，采用_____表示。

6. 集料是指在混合料中起_____或_____作用的粒料。

7. 工程上按照集料粒径的大小和所起的作用，将集料分为_____和_____两类。

8. 在混凝土中，粒径小于4.75 mm的天然砂、人工砂为_____；粒径大于4.75 mm的碎石、卵石、破碎卵石为_____。

9. 天然砂按生存环境分为_____、_____、_____等。

10. 粗集料的力学性质主要有_____和_____。

二、选择题

1. 材料在水中吸收水分的性质称为(　　)。
   A. 吸水性　　　　B. 吸湿性　　　　C. 耐水性　　　　D. 渗透性

2. 石料的抗压强度是以标准试件在(　　)状态下，单轴受压的极限抗压强度来表示的。
   A. 干燥　　　　　B. 饱水　　　　　C. 潮湿　　　　　D. 湿润

3. 级配良好的砂通常由(　　)组成。
   A. 较多的粗颗粒、适当的中颗粒、较少的细颗粒
   B. 较多的中颗粒、适当的粗颗粒、较少的细颗粒
   C. 较多的细颗粒、适当的中颗粒、较少的粗颗粒
   D. 各三分之一细颗粒、中颗粒、粗颗粒

4. (　　)是指颗粒尺寸由大到小连续分级，其中每一级石子都占适当的比例。
   A. 最大粒径　　　B. 间断级配　　　C. 连续级配　　　D. 单粒级

5. 混凝土中细集料最常用的是(　　)。
   A. 山砂　　　　　B. 海砂　　　　　C. 河砂　　　　　D. 人工砂

6. 两种砂子的细度模数相同时，它们的级配(　　)。
   A. 一定相同　　　B. 一定不同　　　C. 不一定相同　　D. 以上均不对

7. 石子的公称粒径通常比最大粒径(　　)。
   A. 小一个粒级　　　　　　　　　　B. 大一个粒级
   C. 相等　　　　　　　　　　　　　D. 无关系

8. 集料的最大粒径是指集料(　　)%通过的最小标准筛筛孔尺寸。
   A. 90　　　　　　B. 100　　　　　C. 95　　　　　　D. 85

9. 粗集料在混合料中起(　　)作用。
   A. 骨架　　　　　B. 填充　　　　　C. 堆积　　　　　D. 分散

10. 细度模数为3.0～2.3的砂属于(　　)。
    A. 粗砂　　　　　B. 中砂　　　　　C. 细砂　　　　　D. 特细砂

11. 级配是集料大小颗粒的搭配情况，它是影响集料(　　)的重要指标。
    A. 粒径　　　　　B. 压碎值　　　　C. 粒级　　　　　D. 空隙率

12. 普通混凝土用砂的细度模数范围一般在(　　)，以其中的中砂为宜。
    A. 3.7～3.1　　　B. 3.0～2.3　　　C. 2.2～1.6　　　D. 3.7～1.6
13. 集料中小于该筛的颗粒质量占总质量的百分率为(　　)。
    A. 分计筛余百分率　　　　　B. 累计筛余百分率
    C. 通过百分率　　　　　　　D. 细度模数
14. 为保证混凝土强度，粗集料强度用(　　)指标控制。
    A. 压碎值　　　B. 磨光值　　　C. 冲击值　　　D. 磨耗率

三、名词解释题
1. 石屑
2. 空隙率
3. 级配
4. 分计筛余百分率
5. 累计筛余百分率

四、判断对错题
1. 两种砂子的细度模数相同，它们的级配不一定相同。　　　　　　　(　　)
2. 集料的筛分试验的筛子是圆孔筛。　　　　　　　　　　　　　　　(　　)
3. 细度模数是评价细集料粗细程度的指标。　　　　　　　　　　　　(　　)
4. 不同级配的集料可以有相同的细度模数。　　　　　　　　　　　　(　　)
5. 集料的磨耗值越高，表示集料的耐磨性越好。　　　　　　　　　　(　　)
6. 细集料在混凝土结构中起骨架作用。　　　　　　　　　　　　　　(　　)

五、简答题
1. 岩石的技术性质有哪些？
2. 集料的技术性质有哪些？

第二章 水泥及砂浆

第一节 水　　泥

一、概述

(一)水泥的概念

水泥是指加水拌和成塑性浆后,能胶结砂、石等适当材料并能在空气和水中硬化的粉状水硬性胶凝材料。

(二)水泥的分类

水泥的品种很多,可从不同的角度进行分类。

1. 按化学成分分类

按化学成分可将水泥分为硅酸盐水泥、铝酸盐水泥、硫铝酸盐水泥、氟铝酸盐水泥等。

2. 按用途分类

按用途可将水泥分为通用水泥、专用水泥、特种水泥。

(1)通用水泥包括硅酸盐水泥、普通硅酸盐水泥、矿渣硅酸盐水泥、粉煤灰水泥、火山灰水泥等。

(2)专用水泥包括中、低热水泥,道路水泥,砌筑水泥等。

(3)特种水泥包括快硬硅酸盐水泥、抗硫酸盐水泥、膨胀水泥等。

目前,我国在道路和桥梁工程中常用的是通用硅酸盐水泥,其中以硅酸盐水泥和普通硅酸盐水泥为主。通用硅酸盐水泥是以硅酸盐水泥熟料和适量的石膏及规定的混合材料制成的水硬性胶凝材料。

通用硅酸盐水泥按混合材料的品种和掺量分为硅酸盐水泥、普通硅酸盐水泥、矿渣硅酸盐水泥、火山灰质硅酸盐水泥、粉煤灰硅酸盐水泥和复合硅酸盐水泥。本单元以硅酸盐水泥为例进行详细介绍。

硅酸盐水泥在国外又称为波特兰水泥,在我国的定义为凡是由硅酸盐水泥熟料,掺和0~5%的石灰石或者是粒化高炉矿渣,再添加适量的石膏,研磨成细粉状的水硬性胶凝材料,称为硅酸盐水泥。

二、硅酸盐水泥的组成及生产工艺

(一)硅酸盐水泥的生产过程

硅酸盐水泥的生产原料主要是石灰质原料和黏土质原料。石灰质原料(如石灰石、白垩、石灰质凝灰岩等)主要提供氧化钙,黏土质原料(如黏土、黏土质页岩、黄土等)主要提供 SiO_2、Al_2O_3、Fe_2O_3。有时两种原料化学组成不能满足要求,还要加入少量的校正原料(如黄铁矿渣等)进行调整。

硅酸盐水泥的生产工艺概括起来为"两磨一烧",即生料的磨细、生料煅烧和熟料的磨细三个过程,如图 1-2-1 所示。

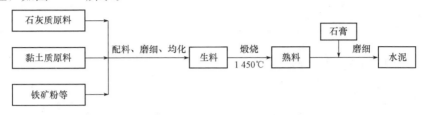

图 1-2-1 水泥的生产工艺流程图

(1)生料的磨细:将各种原料按适当的比例配合,在粉磨机中磨细成生料。

(2)生料的煅烧:将制备好的生料入窑,煅烧至 1 450 ℃左右,生料中的 CaO、SiO_2、Al_2O_3、Fe_2O_3 经过复杂的化学反应,生成以硅酸钙为主要成分的硅酸盐水泥熟料。

(3)熟料的磨细:为调节水泥的凝结速度,在硅酸盐水泥熟料中加入质量约为 3% 的石膏共同磨细,即为硅酸盐水泥。

(二)硅酸盐水泥熟料的矿物组成和特性

硅酸盐水泥熟料主要由四种矿物组成,其矿物组成和特征见表 1-2-1。

(1)硅酸三钙。硅酸三钙的化学成分为 $3CaO·SiO_2$,其简写为 C_3S。它是硅酸盐水泥熟料中最主要的矿物成分,占水泥熟料总量的 35%～65%。硅酸三钙遇水后能够很快与水产生水化反应,并产生较多的水化热。它对促进水泥的凝结硬化,特别是对水泥 3～7 d 内的早期强度以及后期强度都起主要作用。

(2)硅酸二钙。硅酸二钙的化学成分为 $2CaO·SiO_2$,其简写为 C_2S,占水泥熟料总量的 10%～40%。硅酸二钙遇水后反应较慢,水化热也较低。它不影响水泥的凝结,对水泥的后期强度起主要作用。

(3)铝酸三钙。铝酸三钙的化学成分为 $3CaO·Al_2O_3$,其简写为 C_3A,占水泥熟料总量的 7%～15%。铝酸三钙遇水后反应极快,产生的热量大而且很集中。铝酸三钙对水泥的凝结起主导作用,但其水化产物强度较低,主要对水泥的早期强度起主要作用。

(4)铁铝酸四钙。铁铝酸四钙的化学成分为 $4CaO·Al_2O_3·Fe_2O_3$,简称 C_4AF,占水泥熟料总量的 10%～18%。铁铝酸四钙遇水时水化反应也很快,水化热较低,水化产物的强度不高,对水泥石的抗压强度作用不大,主要对抗折强度作用较大。

表 1-2-1 硅酸盐水泥熟料主要矿物组成和特征

性能指标	熟料矿物			
	C_3S	C_2S	C_3A	C_4AF
水化速率	快	慢	最快	快,仅次于 C_3A
凝结硬化速率	快	慢	快	快

续表

性能指标		熟料矿物			
		C_3S	C_2S	C_3A	C_4AF
放热量		多	少	最多	中
强度	早期	高	低	低	低
	后期	高	高	低	低

(三)硅酸盐水泥的水化、凝结硬化

1. 硅酸盐水泥的水化

水泥和水拌和→表面的熟料矿物立刻与水发生化学反应→各组分开始逐渐溶解→放出一定热量→固相体积也逐渐增加。其反应式如下：

(1)硅酸三钙。

$$2(3CaO \cdot SiO_2) + 6H_2O \longrightarrow 3CaO \cdot 2SiO_2 \cdot 3H_2O + 3Ca(OH)_2$$
　　硅酸三钙　　　　　　　　水化硅酸钙　　　　　氢氧化钙

(2)硅酸二钙。

$$2(2CaO \cdot SiO_2) + 4H_2O \longrightarrow 3CaO \cdot 2SiO_2 \cdot 3H_2O + Ca(OH)_2$$
　　硅酸二钙　　　　　　　　水化硅酸钙　　　　　氢氧化钙

(3)铝酸三钙。

$$3CaO \cdot Al_2O_3 + 6H_2O \longrightarrow 3CaO \cdot Al_2O_3 \cdot 6H_2O$$
　　铝酸三钙　　　　　　　水化铝酸三钙

$$3CaO \cdot Al_2O_3 \cdot 6H_2O + CaSO_4 \longrightarrow 3CaO \cdot Al_2O_3 \cdot 3CaSO_4 \cdot 31H_2O \text{ 或 } 3CaO \cdot$$
　　水化铝酸钙　　　　　石膏　　　　水化硫铝酸钙或单硫型水化硫铝酸钙
$Al_2O_3 \cdot CaSO_4 \cdot 12H_2O$

(4)铁铝酸四钙。

$$4CaO \cdot Al_2O_3 \cdot Fe_2O_3 + 7H_2O \longrightarrow 3CaO \cdot Al_2O_3 \cdot 6H_2O + CaO \cdot Fe_2O_3 \cdot H_2O$$
　　铁铝酸四钙　　　　　　　　　　水化铝酸三钙　　　　　水化铁酸钙

水化反应为放热反应，其放出的热量称为水化热。硅酸盐水泥水化反应时的水化热较大，放热的周期也较长，但大部分(50%以上)热量是在3d以内，特别是在水泥浆发生凝结、硬化的初期放出。

2. 硅酸盐水泥的凝结硬化

水泥的凝结硬化过程是很复杂的物理化学过程，下面将作简单介绍。

(1)水泥加水拌和后，未水化的水泥颗粒分散在水中，成为水泥浆体。

(2)水泥表面开始与水发生化学反应，逐渐形成水化物膜层。

(3)随着水泥颗粒不断水化，凝胶体膜层不断增厚而破裂，并继续扩展，在水泥颗粒之间形成网状结构，水泥浆体逐渐变稠，黏度不断增高，失去塑性，这就是水泥的凝结过程。

(4)随着水化的不断进行，水化产物不断生成并填充颗粒之间空隙，毛细孔越来越少，使结构更加密实，水泥浆体逐渐产生强度而进入硬化阶段。

三、水泥的技术性质

(一)化学性质

控制水泥中有害化学成分的含量,为了保证水泥的使用质量,要求其不超过一定的限量。若超过最大允许限量,即意味着对水泥性能和质量产生有害或潜在的影响。

1. 氧化镁含量

氧化镁是水泥中的有害物质,在水泥熟料中,常混有少量未与其他矿物结合的游离氧化镁,它水化为氢氧化镁的速度很慢,常在水泥硬化以后才开始水化,产生体积膨胀,会导致水泥石结构产生裂缝甚至破坏。一般水泥中氧化镁的含量不得超过5%。

2. 三氧化硫含量

水泥中的三氧化硫主要是在生产时为调节凝结时间加入石膏而产生的。水泥中的三氧化硫含量过多时,水泥的性能会变差,甚至引起硬化后水泥石体积膨胀,导致结构破坏。因此,在水泥生产过程中必须严格控制水泥中三氧化硫含量,一般不得超过3.5%。

3. 烧失量

烧失量是指水泥在灼烧后质量的损失率。普通硅酸盐水泥烧失量一般不大于5%,硅酸盐水泥P·Ⅰ与P·Ⅱ的烧失量分别不大于3%和3.5%。

4. 不溶物含量

不溶物是指经盐酸处理后的残渣,再以氢氧化钠溶液处理,经盐酸中和过滤后所得的残渣经高温灼烧所剩的物质。不溶物含量高对水泥质量有不良影响。不溶物的含量,在Ⅰ型水泥中不得超过0.75%;在Ⅱ型水泥中不得超过1.5%。

5. 氯离子含量

水泥中氯离子的来源可分为来自生产水泥和拌制混凝土所用原材料及其过程中氯化物的引进和外界氯化物的侵入两种途径。对前一种根据水泥的用途,对氯化物的含量和污染可严格控制;而后一种则与水泥组分、工程质量、环境中氯化物的污染程度等因素有关,较难严格避免。

(三)物理力学性质

1. 细度

细度是指水泥颗粒的粗细程度。

水泥越细,凝结速度越快,早期强度越高。但过细则易与空气中的水分及二氧化碳发生反应而降低活性,并且硬化时收缩也较大,导致成本提高,不宜长期储存。因此,水泥的细度应适当,硅酸盐水泥的比表面积应大于300 m^2/kg。

通用硅酸盐水泥

水泥细度表示方法有筛析法、比表面积法。

2. 水泥净浆的标准稠度

试杆沉入净浆并距离底板6 mm±1 mm的水泥净浆作为标准稠度的水泥净浆。

标准稠度用水量的测定方法有标准法、试锥法。

3. 凝结时间

凝结时间可分为初凝时间和终凝时间。初凝时间是指从水泥全部加入水中到水泥浆体开始失去塑性的时间；终凝时间是指从水泥全部加入水泥浆体完全失去塑性的时间。

水泥的初凝时间不宜过早，以便在施工时有足够的时间完成混凝土的搅拌、运输、浇捣和砌筑等操作；水泥的终凝时间不宜过迟，以免拖延施工工期。《通用硅酸盐水泥》(GB 175—2007)规定：硅酸盐水泥初凝时间不得早于45 min，终凝时间不得迟于6.5 h。

4. 体积安定性

体积安定性是指水泥在凝结硬化过程中体积变化的均匀性。

安定性不良的水泥，在浆体硬化过程中或硬化后产生不均匀的体积膨胀，并引起开裂。

安定性不良的原因：熟料中含有过量的游离氧化钙、游离氧化镁或掺入的石膏过多。体积安定性不合格的水泥不能用于工程中。

5. 强度

强度是指在外力作用下抵抗破坏的能力。

水泥强度是表征水泥力学性能的重要指标。水泥强度必须按《水泥胶砂强度检验方法(ISO法)》(GB/T 17671—1999)的规定制作试块，养护并测定其抗压和抗折值，该值是评定水泥等级的依据。

四、水泥的技术标准

硅酸盐水泥各强度等级水泥的各龄期强度应符合表1-2-2规定的数值。

表1-2-2　硅酸盐水泥的强度要求　　　　　　　　　　　　MPa

品种	强度等级	抗压强度		抗折强度	
		3 d	28 d	3 d	28 d
硅酸盐水泥	42.5	≥17.0	≥42.5	≥3.5	≥6.5
	42.5R	≥22.0		≥4.0	
	52.5	≥23.0	≥52.5	≥4.0	≥7.0
	52.5R	≥27.0		≥5.0	
	62.5	≥28.0	≥62.5	≥5.0	≥8.0
	62.5R	≥32.0		≥5.5	
注：R—早强型。					

其他类水泥的强度等级分类：32.5、32.5R、42.5、42.5R、52.5、52.5R。

五、水泥材料的应用

(一)硅酸盐水泥的特性

1. 硅酸盐水泥强度高

硅酸盐水泥的特性与一般水泥相比，最显著的特性是凝结快，凝结快预示着硬化快，硬化快意味着硅酸盐水泥的早期强度增长率比一般水泥大，强度比一般水泥高。

2. 硅酸盐水泥水化热高

由于硅酸盐水泥熟料中含有丰富的 C_3S 和 C_3A，C_3S 和 C_3A 可以使硅酸盐水泥在早期释放大量的热量，加快硅酸盐水泥的放热速度，提高硅酸盐水泥的早期强度。

3. 硅酸盐水泥干缩小

根据试验得出硅酸盐水泥密度大，这是因为硅酸盐水泥在硬化的过程中，可以生成大量的水化硅酸钙凝胶体，这种水化硅酸钙凝胶体可以使水泥胶结密实，使水分不容易进入硅酸盐内部，这样硅酸盐水泥内部游离的水分比较少，所以，硅酸盐水泥不会因为干燥产生干缩裂纹。

4. 硅酸盐水泥碱度高

由于硅酸盐水泥含有石灰石，石灰石不可能全部反应完，而石灰石在受潮后就会呈碱性，这就决定硅酸盐水泥在硬化后显示强碱性，呈碱性的硅酸盐水泥使埋于其中的钢筋表面生成一层灰色钝化膜，这种灰色钝化膜可使得钢筋在几十年内不生锈。

5. 硅酸盐水泥抗冻性好

硅酸盐水泥采用合理的配合比和充分养护后，可得到密实度较高、具有足够强度的水泥石，因此，其抗冻性较好。

6. 硅酸盐水泥耐腐蚀性差

硅酸盐水泥石中的氢氧化钙与水化铝酸钙较多，耐软水及化学腐蚀性差。不宜用于受流动软水和压力水作用的工程，也不宜用于受海水及其他侵蚀性介质接触得多工程。

7. 硅酸盐水泥耐热性差

水泥石中的一些水化产物在高温下会脱水或分解，使水泥石的强度下降以致破坏。当温度为 100 ℃～250 ℃时，由于额外的水化作用及脱水后凝胶与部分氢氧化钙的结晶对水泥石的密实作用，水泥石的强度并不降低。但当温度在 250 ℃～300 ℃时会产生脱水，强度开始降低，当温度达到 700 ℃～1 000 ℃时，水化产物分解，水泥石的结构几乎完全破坏。因此，硅酸盐水泥不适用于耐热、高温要求的混凝土工程。

8. 硅酸盐水泥抗碳化性好

水泥石中 $Ca(OH)_2$ 与空气中的 CO_2 反应生成 $CaCO_3$ 的过程称为碳化。碳化会使水泥石内部碱度降低，产生微裂纹，对钢筋混凝土还会导致钢筋锈蚀。由于硅酸盐水泥水化后，水泥石中含有较多的氢氧化钙，因此抗碳化性好。

9. 硅酸盐水泥耐磨性好

硅酸盐水泥强度高，耐磨性好，且干缩小，可用于路面与机场跑道等混凝土工程。

(二)硅酸盐水泥应用

1. 硅酸盐水泥强度高的应用

硅酸盐水泥最显著的特性是凝结快，凝结快预示着硬化快，硬化快意味着硅酸盐水泥的早期强度增长率比一般水泥大，强度比一般水泥高。所以，硅酸盐水泥特别适合于早期强度要求高的水泥混凝土工程。

2. 硅酸盐水泥水化热高的应用

虽然硅酸盐水泥熟料中含有丰富的 C_3S 和 C_3A，C_3S 和 C_3A 可以使硅酸盐水泥在早期释放大量的热量，加快硅酸盐水泥的放热速度，提高硅酸盐水泥的早期强度。但是对于大体积混凝土工程，硅酸盐混凝土的高放热量不利于热量的迅速排散，对于混凝土工程是不利的。在没有可靠的降温散热措施的前提下，硅酸盐水泥不推荐用于大体积的混凝土工程。

3. 硅酸盐水泥干缩小的应用

硅酸盐水泥在硬化的过程中，可以生成大量的水化硅酸钙凝胶体，这种水化硅酸钙凝胶体可以使水泥胶结密实，使水分难以进入硅酸盐内部，这样，硅酸盐水泥内部游离的水分比较少，因此，硅酸盐水泥不会因为干燥产生干缩裂纹，所以，硅酸盐水泥多用于环境干燥的混凝土工程。

4. 硅酸盐水泥碱度高的应用

硅酸盐水泥在硬化后呈强碱性，使埋在硅酸盐水泥中的钢筋表面生成一层灰色钝化膜，这种灰色钝化膜可以使钢筋在几十年内不生锈。硅酸盐水泥的强碱性和高密度，可以有效地保护内在的钢筋，特别适用于钢筋利用率高的钢筋混凝土结构。

5. 硅酸盐水泥抗冻性好的应用

硅酸盐水泥在硬化的过程中，可以生成大量的水化硅酸钙凝胶体，这种水化硅酸钙凝胶体可以使水泥胶结密实，所以，硅酸盐水泥拌合物硬化后密度比较大，不容易发生泌水，水不容易进入水泥内部，不能停留在硅酸盐水泥覆盖的范围内，这种特性使得硅酸盐水泥特别适用于反复冻融的严寒地区的混凝土工程。

（三）其他五种水泥的特性和应用

其他五种水泥的特性和应用见表 1-2-3。

表 1-2-3 五种常用水泥的成分、特性和适用范围

	硅酸盐水泥	普通水泥	矿渣水泥	火山灰水泥	粉煤灰水泥
成分	水泥熟料及少量石膏	在硅酸盐水泥中掺活性混合材料15%以下或非活性混合材料10%以下	在硅酸盐水泥中掺入20%~70%的粒化高炉矿渣	在硅酸盐水泥中掺入20%~50%火山灰质混合材料	在硅酸盐水泥中掺入20%~40%粉煤灰
特性	早期强度高；水化热较大；抗冻性较好；耐蚀性较差；干缩较小	与硅酸盐水泥基本相同	早期强度低，后期强度增长较快；水化热较低；耐蚀性较强；抗渗性好；抗冻性差；干缩性较大	早期强度低；后期强度增长较快；水化热较低；耐蚀性较强；抗冻性差；干缩性大	早期强度低；后期强度增长较快；水化热较低；耐蚀性较强；抗冻性差；干缩性小；抗裂性较高

续表

	硅酸盐水泥	普通水泥	矿渣水泥	火山灰水泥	粉煤灰水泥
成分	水泥熟料及少量石膏	在硅酸盐水泥中掺活性混合材料15%以下或非活性混合材料10%以下	在硅酸盐水泥中掺入20%~70%的粒化高炉矿渣	在硅酸盐水泥中掺入20%~50%火山灰质混合材料	在硅酸盐水泥中掺入20%~40%粉煤灰
适用范围	一般土建工程中钢筋混凝土结构；受反复冻融的结构；配制高强混凝土	与硅酸盐水泥基本相同	高温车间和有耐热耐火要求的混凝土结构；大体积混凝土结构；蒸汽养护的构件；有抗硫酸盐侵蚀要求的工程	地下、水中的大体积混凝土结构和有抗渗要求的混凝土结构；有抗硫酸盐侵蚀要求的工程	地上、地下及水中的大体积混凝土构件；抗裂性要求较高的构件；有抗硫酸盐侵蚀要求的工程
不适用范围	大体积混凝土结构；受化学及海水侵蚀的工程	与硅酸盐水泥基本相同	早期强度要求高的工程；有抗冻要求的混凝土工程	处在干燥环境中的混凝土工程；其他同矿渣水泥	有抗碳化要求的工程；其他同矿渣水泥

六、水泥石的腐蚀及防护

(一)水泥石腐蚀的概念

在正常环境中，用硅酸盐类水泥配制的混凝土中水泥石强度将不断增大，但在某些环境中，水泥石的强度反而降低，甚至引起混凝土结构的破坏，这种现象称为水泥石的腐蚀。

(二)水泥石腐蚀的类型

1. 溶析性侵蚀(淡水侵蚀)

软水是指工业冷凝水、蒸馏水、天然的雨水以及含重碳酸盐很少的河水及湖水。

(1)静水中，$Ca(OH)_2$ 至饱和使溶出停止，作用仅限于表面。

(2)流水、压力水中，$Ca(OH)_2$ 被带走，侵蚀不断深入内部，使水泥石孔隙增大，强度下降至全部崩溃。

(3)含重碳酸盐的硬水中产生的反应如下

$$Ca(OH)_2 + Ca(HCO_3)_2 \longrightarrow CaCO_3 + 2H_2O$$

生成的 $CaCO_3$ 积聚于水泥石空隙，形成密实保护层，阻止外界水入侵和内部 $Ca(OH)_2$ 析出。

2. 硫酸盐侵蚀

硫酸盐侵蚀是当海水、沼泽水、工业污水等中含有碱性硫酸盐(如 Na_2SO_4、K_2SO_4 等)时，水泥石还会受到侵蚀作用。

以硫酸钠为例，硫酸钠与水泥石中的氢氧化钙作用，生成硫酸钙

$$Ca(OH)_2 + Na_2SO_4 \longrightarrow CaSO_4 + 2NaOH$$

硫酸钙也与水泥石中的固态水化铝酸钙作用，生成高硫型水化硫铝酸钙晶体（水泥杆菌）。

$$4CaO \cdot Al_2O_3 \cdot 12H_2O + 3CaSO_4 + 20H_2O \longrightarrow 3CaO \cdot Al_2O_3 \cdot 3CaSO_4 \cdot 31H_2O + Ca(OH)_2$$

影响：高硫型水化硫铝酸钙结合着大量结晶水，其体积膨胀为原来水化铝酸钙体积的2.5倍。此反应是在固相中进行的，因此，在水泥石中产生很大的内应力，使水泥石开裂、强度降低并造成破坏。

3. 镁盐侵蚀

海水、地下水中常含有大量镁盐，如硫酸镁（$MgSO_4$）和氯化镁（$MgCl_2$）。它们与水泥石中的氢氧化钙反应，生成易溶于水的新化合物。

$$MgSO_4 + Ca(OH)_2 + 2H_2O \longrightarrow CaSO_4 \cdot 2H_2O + Mg(OH)_2$$

$$3CaO \cdot Al_2O_3 \cdot 6H_2O + 3(CaSO_4 \cdot 2H_2O) + 19H_2O \longrightarrow 3CaO \cdot Al_2O_3 \cdot 3CaSO_4 \cdot 31H_2O$$

$$MgCl_2 + Ca(OH)_2 \longrightarrow CaCl_2 + Mg(OH)_2$$

反应的结果是：氢氧化镁[$Mg(OH)_2$]松软而无胶凝能力，二水硫酸钙（$CaSO_4 \cdot 2H_2O$）又将引起硫酸盐的破坏作用，氯化钙（$CaCl_2$）易溶解于水。

以上反应均能使水泥石强度降低或破坏，因此，硫酸镁对水泥石起着双重腐蚀作用。

4. 碳酸侵蚀

在工业污水、地下水中常溶解有较多的二氧化碳，二氧化碳与水泥石中的氢氧化钙发生反应生成碳酸钙，继续与含碳酸的水作用变成易溶于水的碳酸氢钙[$Ca(HCO_3)_2$]。同时，由于碳酸氢钙的溶解使 $Ca(OH)_2$ 浓度降低，导致水泥石中其他产物的分解，而使水泥石结构破坏。其反应方程式如下：

开始：$Ca(OH)_2 + CO_2 + H_2O \longrightarrow CaCO_3 + 2H_2O$

然后：$CaCO_3 + CO_2 + H_2O \longrightarrow Ca(HCO_3)_2$

由碳酸钙转变为碳酸氢钙的反应是可逆的，只有当水中所含的碳酸超过平衡浓度（溶液中的pH<7）时，则上式反应向右进行，形成碳酸腐蚀。

(三) 水泥石腐蚀的防护

根据以上分析可知，引起水泥石腐蚀的主要内因是水泥石中含有相当数量的氢氧化钙以及一定数量的水化铝酸钙（C_3A 的水化产物）。水泥石中的各种孔隙及孔隙通道使得外界侵蚀性介质易于侵入。所以，为防止或减轻水泥石的腐蚀，通常可采用下列措施：

(1) 根据腐蚀环境特点，合理选用水泥品种。可以选用水化产物中 $Ca(OH)_2$ 含量少的水泥，以降低氢氧化钙溶失对水泥石的危害；选用 C_3A 含量低的水泥，降低硫酸盐类的腐蚀作用。

(2) 提高水泥石的密实程度，降低水泥石的孔隙率。

(3) 可以在水泥混凝土表面敷设一层耐腐蚀性强且不透水的保护层（通常可采用耐酸石料、耐酸陶瓷、玻璃、塑料或沥青等），以杜绝或减少腐蚀介质渗入水泥石内部。

第二节 砂　　浆

砂浆是由无机胶凝材料、细集料、掺合料、水以及根据性能确定的各种组分按适当比例配合、拌制而成，在工程中起黏结、衬垫和传力作用。工程上，砂浆可分为砌筑砂浆与抹面砂浆。

一、砌筑砂浆

(一)组成材料

(1)水泥：选用通用硅酸盐水泥或砌筑水泥。
(2)掺合料：提高砂浆和易性。
(3)砂：宜选用中砂，其中毛石砌体宜选用粗砂，且过 4.75 mm 的筛孔。
(4)水：与混凝土用水相同。
(5)外加剂：改善砂浆性能，节约结合料的用量。
(6)保水增稠材料：改善砂浆可操作性及保水性。

(二)技术性能

1. 新拌砂浆的技术性质

新拌砂浆的技术性质主要指和易性。和易性是指在搅拌运输和施工过程中不易产生分层、析水现象，并且易于在粗糙的砖、石等表面上铺成均匀的薄层的综合性能。通常用流动性和保水性两项指标表示。

(1)流动性(稠度)。流动性是指砂浆在自重或外力作用下是否易于流动的性能。砂浆流动性实质上反映了砂浆的稠度。流动性的大小以砂浆稠度测定仪的圆锥体沉入砂浆中深度的毫米数来表示，称为稠度(沉入度)。

砂浆流动性的选择与基底材料种类、施工条件以及天气情况等有关。对于多孔吸水的砌体材料和干热的天气，则要求砂浆的流动性大一些；相反，对于密实不吸水的砌体材料和湿冷的天气，要求砂浆的流动性小一些。

(2)保水性。砂浆的保水性是指新拌砂浆保存水分的能力，也表示砂浆中各组成材料是否易分离的性能。新拌砂浆在存放、运输和使用过程中，都必须保持其水分不致很快流失，才能便于施工操作且保证工程质量。如果砂浆保水性不好，在施工过程中很容易泌水、分层、离析或水分易被基面所吸收，砂浆变得干稠，使施工困难，同时影响胶凝材料的正常水化硬化，降低砂浆本身强度以及与基层的黏结强度。因此，砂浆要具有良好的保水性。一般来说，砂浆内胶凝材料充足，尤其是掺加了石灰膏和黏土膏等掺合料后，砂浆的保水性较好，砂浆中掺入加气剂、微沫剂、塑化剂等也能改善砂浆的保水性和流动性。但是砌筑砂浆的保水性并非越高越好，对于不吸水基层的砌筑砂浆，保水性太高会使得砂浆内部水分早期无法蒸发释放，从而不利于砂浆强度的增长，并且增大了砂浆的干缩裂缝，降低了整个砌体的整体性。

砂浆的保水性用分层度表示。分层度的测定是将已测定稠度的砂浆装入分层度筒内(分层度筒内径为 150 mm，分为上下两节，上节高度为 200 mm，下节高度为 100 mm)，轻轻敲击筒周围 1~2 下，刮去多余的砂浆并抹平。静置 30 min 后，去掉上部 200 mm 砂浆，取出剩余 100 mm 砂浆倒出在搅拌锅中拌 2 min 再测稠度，前后两次测得的稠度差值即为砂浆的分层度(以 mm 计)。砂浆合理的分层度应控制在 10~30 mm，分层度大于 30 mm 的砂浆容易离析、泌水、分层或水分流失过快，不便于施工，分层度小于 10 mm 的砂浆硬化后容易产生干缩裂缝。

(3)凝结时间。与混凝土类似，砂浆的凝结时间不能过短也不能过长。凝结时间采用贯入阻力法进行测试，从拌和开始到贯入阻力为 0.5 MPa 时所需的时间为砂浆凝结时间值。具体试验方法如下：将制备好的砂浆(砂浆稠度为 100±10 mm)装入砂浆容器中，抹平后在室温 20 ℃±2 ℃下保存，从成型后 2 h 开始测定砂浆的贯入阻力(贯入试针渗入砂浆内部 25 mm 时所受的阻力)，直到贯入阻力达到 0.7 MPa 时为止。并根据记录时间和相应的贯入阻力值绘图从而得到砂浆的凝结时间。

2. 硬化后砂浆的技术性质

(1)抗压强度与强度等级。砂浆强度等级是以 70.7 mm×70.7 mm×70.7 mm 的 6 个立方体试块，按标准条件养护至 28 d 的抗压强度代表值确定。根据《砌筑砂浆配合比设计规程》(JGJ/T 98—2010)的规定，砂浆强度等级分为 M5、M7.5、M10、M15、M20、M25、M30 共 7 个等级。砂浆的实际强度除与水泥的强度和用量有关外，还与基底材料的吸水性有关，因此，其强度可分为下列两种情况：

1)不吸水基层材料：影响砂浆强度的因素与混凝土基本相同，主要取决于水泥强度和水胶比，即砂浆的强度与水泥强度和胶水比成正比关系。

2)吸水性基层材料：砂浆强度主要取决于水泥强度和水泥用量，而与水胶比无关。

(2)黏结性。由于砖、石、砌块等材料是靠砂浆黏结成一个坚固整体并传递荷载的，因此，要求砂浆与基材之间应有一定的黏结强度。两者黏结得越牢，则整个砌体的整体性、强度、耐久性及抗震性能越好。

一般砂浆抗压强度越高，则其与基材的黏结强度越高。另外，砂浆的黏结强度与基层材料的表面状态、清洁程度、湿润状况以及施工养护等条件有很大关系。同时，还与砂浆的胶凝材料种类有很大关系，加入聚合物可使砂浆的黏结性大为提高。

实际上，针对砌体这个整体来说，砂浆的黏结性较砂浆的抗压强度更为重要。但考虑到我国的实际情况，以及抗压强度相对来说容易测定，因此，将砂浆抗压强度作为必检项目和配合比设计的依据。

(3)变形性。砌筑砂浆在承受荷载或在温度变化时，会产生变形。如果变形过大或不均匀容易使砌体的整体性下降，产生沉陷或裂缝，影响到整个砌体的质量。抹面砂浆在空气中也容易产生收缩等变形，变形过大也会使面层产生裂纹或剥离等质量问题。因此要求砂浆具有较小的变形性。

砂浆变形性的影响因素很多，如胶凝材料的种类和用量、用水量、细集料的种类、级配和质量以及外部环境条件等。

(三)砌筑砂浆配合比的确定

(1)现场配置水泥混合砂浆配合比计算步骤。

1)计算砂浆试配强度按式(1-2-1)计算:

$$f_{m,0}=kf_2 \tag{1-2-1}$$

式中　$f_{m,0}$——砂浆的试配强度(MPa),精确至 0.01 MPa;

　　　f_2——砂浆强度等级值(MPa),精确至 0.01 MPa;

　　　k——系数。

2)计算每立方米砂浆中的水泥用量见式(1-2-2):

$$Q_C=\frac{1\,000(f_{m,0}-\beta)}{\alpha \cdot f_{ce}} \tag{1-2-2}$$

式中　Q_C——每立方米砂浆的水泥用量(kg),精确至 1 kg;

　　　$f_{m,0}$——砂浆的试配强度(MPa),精确至 0.1 MPa;

　　　f_{ce}——水泥实测强度(MPa),精确至 0.1 MPa;

　　　α,β——砂浆的特征系数,其中$\alpha=3.03$,$\beta=-15.09$。

3)计算每立方米砂浆中石灰膏用量见式(1-2-3):

$$Q_D=Q_A-Q_C \tag{1-2-3}$$

式中　Q_D——每立方米砂浆的石灰膏用量(kg),精确至 1 kg;

　　　Q_C——每立方米砂浆的水泥用量(kg),精确至 1 kg;

　　　Q_A——每立方米砂浆中水泥和石灰膏的总量(kg),精确至 1 kg。

4)确定每立方米砂浆中的砂用量,应以干燥状态的堆积密度作为计算值。

5)按砂浆稠度选择每立方米砂浆用水量。

(2)现场配置水泥砂浆的试配按规定选用。

(3)现场配置水泥粉煤灰砂浆的试配按规定选用。

(4)预拌砌筑砂浆的试配要求。

1)在确定湿拌砌筑砂浆稠度时,应考虑砂浆在运输和储存过程中的稠度损失。

2)湿拌砌筑砂浆应根据凝结时间要求确定外加剂掺量。

3)干混砌筑砂浆应明确拌制时的加水量范围。

4)预拌砌筑砂浆生产前应进行试配。

5)预拌砌筑砂浆中可掺入保水增稠材料和外加剂等,掺量应经试配后确定。

(5)砌筑砂浆配合比的调整与确定。

二、抹面砂浆

凡涂抹在建筑物或建筑构件表面的砂浆,统称为抹面砂浆。根据抹面砂浆功能的不同,可将抹面砂浆分为普通抹面砂浆、装饰砂浆和具有某些特殊功能的抹面砂浆(如防水砂浆、绝热砂浆、吸声砂浆和耐酸砂浆等)。对抹面砂浆要求具有良好的和易性,容易抹成均匀平整的薄层,便于施工。还应有较高的粘结力,砂浆层应能与底面黏结牢固,长期不致开裂或脱落。处于潮湿环境或易受外力作用部位(如地面和墙裙等),还应具有较高的耐水性和强度。

根据其功能不同,抹面砂浆一般可分为普通抹面砂浆和特殊用途砂浆(具有防水、耐酸、绝热、吸声及装饰等用途的砂浆)。常用的普通抹面砂浆有水泥砂浆、石灰砂浆、水泥石灰混合砂浆、麻刀石灰砂浆(简称麻刀灰)、纸筋石灰砂浆(纸筋灰)等。

抹面砂浆应与基面牢固地黏合,因此,要求砂浆应具有良好的和易性及较高的粘结力。

抹面砂浆常分两层或三层进行施工:

(1)底层砂浆的作用是使砂浆与基层能牢固地黏结,应有良好的保水性。

(2)中层主要是为了找平,有时可省去不做。

课后题

一、填空题

1. 通用水泥六大品种有_____、_____、_____、_____、_____、_____。
2. 生产硅酸盐水泥熟料的原料主要有_____和_____两大类。
3. 硅酸盐水泥的生产工艺可概括为_____。
4. 水泥的凝结时间可分为_____和_____。
5. 按早期强度的大小可将水泥分为_____和_____。
6. 水泥石腐蚀的类型有_____、_____、_____、_____。
7. 砂浆是由_____、_____、_____、_____以及根据性能确定的各种组分按适当比例配合、拌制而成,在工程中起黏结、衬垫和传力作用。
8. 砂浆按其用途可分为_____和_____。
9. 砌筑砂浆可分为_____和_____。
10. 新拌砂浆的和易性包括_____和_____两方面。
11. 硬化后的砂浆应具有足够的_____、_____和_____。
12. 砂浆的流动性用_____表示,砂浆的稠度采用_____测定。
13. 砂浆的保水性用_____表示。
14. 按使用要求不同,抹面砂浆又分为_____和_____。
15. 抹面砂浆一般分底层、中层和面层三层进行施工,其中底层起着_____的作用,中层起着_____的作用,面层起着_____的作用。

二、选择题

1. 砌筑砂浆宜采用(　　)强度等级的水泥。
   A. 低　　　　　　B. 中低　　　　　　C. 中高　　　　　　D. 高
2. 测定砂浆强度用的标准试件尺寸是(　　)。
   A. 70.7 mm×70.7 mm×70.7 mm　　　　B. 100 mm×100 mm×100 mm
   C. 150 mm×150 mm×150 mm　　　　　D. 200 mm×200 mm×200 mm
3. 在抹面砂浆中掺入纤维材料可以改善砂浆的(　　)。
   A. 抗压强度　　　　　　　　　　　　B. 抗拉强度

C. 保水性　　　　　　　　　　　　D. 分层度

4. 抹面砂浆底层主要起（　　）作用。
   A. 黏结　　　　　　　　　　　　B. 找平
   C. 装饰与保护　　　　　　　　　D. 修复

5. 水泥熟料中水化速度最快，水化热最大的是（　　）。
   A. C_3S　　　B. C_2S　　　C. C_3A　　　D. C_4AF

6. 水泥使用前，必须检查其技术性能，（　　）不合格，即为废品
   A. 强度　　　B. 细度　　　C. 安定性　　　D. 终凝时间

7. 体积安定性不良的水泥，（　　）使用。
   A. 不准　　　　　　　　　　　　B. 降低强度等级
   C. 掺入新鲜水泥　　　　　　　　D. 制砂浆

8. 通用水泥的储存期不宜过长，一般不超过（　　）。
   A. 一年　　　B. 六个月　　　C. 一个月　　　D. 三个月

9. 硅酸盐水泥硬化形成水泥石，长期处于有硫酸盐的环境水中，将导致膨胀开裂，这是由于反应生成了（　　）所致。
   A. 二水硫酸钙　　B. 硫酸钠　　C. 硫酸镁　　　D. 钙矾石

10. 硅酸盐水泥的初凝时间不得早于（　　）min。
    A. 50　　　B. 45　　　C. 60　　　D. 130

11. 硅酸盐水泥主要强度组成的成分是（　　）。
    A. 硅酸三钙＋硅酸二钙　　　　　B. 硅酸三钙＋铝酸三钙
    C. 硅酸二钙＋铝酸三钙　　　　　D. 硅酸三钙＋铁铝酸四钙

12. 目前主要采用（　　）筛析试验方法检测水泥的细度。
    A. 手筛　　　B. 水筛　　　C. 干筛　　　D. 负压筛

13. 现行规程规定，采用维卡仪测定水泥标准稠度用水量，以试杆距底板的距离为（　　）作为水泥净浆达到标准稠度的判定标准。
    A. 3 mm±1 mm　　　　　　　　B. 4 mm±1 mm
    C. 5 mm±1 mm　　　　　　　　D. 6 mm±1 mm

14. 水泥现行技术标准规定硅酸盐水泥的初凝时间不得早于（　　）。
    A. 45 min　　　B. 30 min　　　C. 1 h　　　D. 1.5 h

15. 42.5R为早强型水泥，其特点是（　　）d的强度较42.5级普通型水泥高。
    A. 3　　　B. 7　　　C. 14　　　D. 28

16. 生产水泥需要加入石膏以调节水泥的凝结速度，石膏的用量必须严格控制，否则过量的石膏会造成水泥的（　　）现象。
    A. 安定性不良　　　　　　　　　B. 凝结速度加快
    C. 凝结速度减慢　　　　　　　　D. 强度降低

17. 现行试验规程采用（　　）法进行水泥胶砂强度试验。
    A. 雷氏夹　　　B. 维卡仪　　　C. 沸煮　　　D. ISO

18. 确定水泥终凝时间是为了保证（　　）。

A. 混凝土搅拌 　　　　　　　B. 混凝土运输
C. 混凝土浇筑 　　　　　　　D. 施工进度

19. 硬化后混凝土中的水泥水化产物被淡水溶解并带走的侵蚀现象是（　　）。
A. 溶析性侵蚀 　　　　　　　B. 硫酸盐侵蚀
C. 镁盐侵蚀 　　　　　　　　D. 碳酸盐侵蚀

三、名词解释题

1. 通用硅酸盐水泥
2. 水泥的初凝时间
3. 水泥的终凝时间
4. 水泥体积安定性

四、判断对错题

1. 分层度越小，砂浆的保水性越差。　　　　　　　　　　　　　　　　（　）
2. 砂浆的和易性内容与混凝土的完全相同。　　　　　　　　　　　　　（　）
3. 混合砂浆的强度比水泥砂浆的强度大。　　　　　　　　　　　　　　（　）
4. 在水泥中，石膏加入的量越多越好。　　　　　　　　　　　　　　　（　）
5. 体积安定性不好的水泥，可降低强度等级使用。　　　　　　　　　　（　）
6. 水泥不仅能在空气中硬化，并且能在水中硬化。　　　　　　　　　　（　）
7. 因为水泥是水硬性胶凝材料，故运输和储存时不怕受潮和雨淋。　　　（　）
8. 生产水泥时加入石膏是为了提高水泥早期强度。　　　　　　　　　　（　）
9. 硅酸盐水泥细度越细越好。　　　　　　　　　　　　　　　　　　　（　）
10. 硅酸盐水泥的水化热大，不能用于大体积混凝土施工。　　　　　　　（　）
11. 普通水泥的细度不合格时，水泥为废品。　　　　　　　　　　　　　（　）
12. 提高水泥石的密实度，可以提高抗腐蚀能力。　　　　　　　　　　　（　）
13. 硅酸盐水泥最低强度等级为22.5。　　　　　　　　　　　　　　　　（　）
14. 水泥体积安定性的标准测定方法为试饼法。　　　　　　　　　　　　（　）
15. 水泥体积安定性的标准测定方法为雷氏夹法。　　　　　　　　　　　（　）
16. 用沸煮法可以全面检验硅酸盐水泥的体积安定性是否良好。　　　　　（　）
17. 水泥的强度是在外力作用下破坏的能力。　　　　　　　　　　　　　（　）
18. 水泥是一种无机胶凝材料。　　　　　　　　　　　　　　　　　　　（　）
19. 水泥体积安定性不良会造成工程质量事故。　　　　　　　　　　　　（　）

五、简答题

1. 对硅酸盐水泥熟料进行磨细时，为什么要加入石膏？掺入过多的石膏会引起什么结果？
2. 影响硅酸盐水泥硬化速度的因素有哪些？
3. 矿渣水泥与普通水泥相比有哪些特点？
4. 何谓水泥的体积安定性？影响水泥安定性的原因是什么？
5. 什么是水泥的标准稠度用水量？测定它有何用途？
6. 何谓水泥的初凝和终凝时间？规定水泥凝结时间对施工有何意义？

7. 某混凝土结构危桥，轻轻敲击便会有混凝土碎成渣状或块状落下，试分析造成这种现象的原因。

8. 活性混合材料与非活性混合材料掺入硅酸盐水泥熟料中各自起到什么作用？

9. 掺活性混合材料的硅酸盐水泥具有哪些共同的特点？

10. 一条受硫酸盐污染的河流两岸，需修建水泥混凝土泊岸，为减少河水腐蚀影响，可采取的措施有哪些？

11. 砂浆强度试件与混凝土强度试件有何不同？

12. 为什么工地上砌筑工程一般多采用混合砂浆？

六、计算题

1. 已测得普通硅酸盐水泥的 7 d 的抗折、抗压强度均达到 52.5 级水泥的指标，现有经试验测得 28 d 的破坏荷重见下表。

试件编号	Ⅰ		Ⅱ		Ⅲ	
	Ⅰ－1	Ⅰ－2	Ⅱ－1	Ⅱ－2	Ⅲ－1	Ⅲ－2
抗折破坏荷重/N	62		65		80	
抗压破坏荷重/kN	131	133	132	139	138	136

试评定该水泥强度等级(规范要求：28 d 的 $R_{折}=1.5F_{折}L/b^3$，为 7.0 MPa，$R_{压}=F_{压}/A$，为 52.5 MPa)。

2. 某早强型硅酸盐水泥的 28 d 胶砂抗压强度试验结果如下：$R_1=44.4$ MPa，$R_2=45.3$ MPa，$R_3=46.8$ MPa，$R_4=45.6$ MPa，$R_5=32.5$ MPa，$R_6=47.8$ MPa，试确定该水泥 28 d 抗压强度测定值。

3. 某单位购买一批 42.5 级普通水泥，因存放期超过了三个月，需试验室重新检验强度等级。已测得该水泥试件 7 d 的抗折、抗压强度，均符合 42.5 级规定的指标，又测得 28 d 的抗折、抗压破坏荷载见下表，求该水泥实际强度等级是多少？

编号	抗折破坏荷载/kN	抗压破坏荷载/kN	编号	抗折破坏荷载/kN	抗压破坏荷载/kN	编号	抗折破坏荷载/kN	抗压破坏荷载/kN
Ⅰ	2.80	75 79	Ⅱ	2.78	72 73	Ⅲ	2.76	76 64

(规范要求：普通水泥 42.5 级，28 d 的 $R_{折}=1.5F_{折}L/b^3$，为 6.5 MPa，$R_{压}=F_{压}/A$，为 42.5 MPa)。

第三章 钢筋混凝土

第一节 普通水泥混凝土

一、概述

钢筋混凝土是指通过在水泥混凝土中加入钢筋与之共同工作来改善混凝土力学性质的一种复合材料。

普通混凝土是以水泥和水组成的水泥浆体为黏结介质,将分散其间的不同粒径的粗、细集料胶结起来,在一定条件下硬化成为具有一定力学性能的一种人工石材,即通称的水泥混凝土。

在水泥混凝土中,砂石集料起到骨架、填充和体积稳定作用;水泥浆在混凝土凝结硬化前起到填充、包裹、润滑作用,混凝土凝结硬化后起胶结作用。

二、普通混凝土的特点和分类

(一)普通混凝土的特点

水泥混凝土因其原材料来源丰富、施工方便、抗压强度高,耐久性好,易于浇筑成型等优点,成为土木建筑工程中应用最广泛的结构工程材料之一,普通混凝土铺筑的路面结构具有强度高、刚度大、能够承受重型车辆、使用寿命较长等优点。普通混凝土的主要缺点是自重大、抗拉强度低,韧性低,收缩变形较大,抗裂性及抗冲击能力差等。

(二)普通混凝土的分类

1. 按干密度分类

(1)普通混凝土。采用天然砂石为集料配制的混凝土,通常干密度为 $2\,000 \sim 2\,800$ kg/m^3。

(2)轻混凝土。为减轻结构自重而采用各种轻集料配制的混凝土,干密度小于 $2\,800$ kg/m^3。

(3)重混凝土。为屏蔽各种射线的辐射而采用各种高密度集料配制的混凝土,干密度大于 $2\,800$ kg/m^3。

2. 按强度等级分类

(1)低强度混凝土:抗压强度小于 30 MPa。

(2)中强度混凝土:抗压强度为 $30 \sim 60$ MPa。

(3)高强度混凝土：抗压强度大于或等于 60 MPa。

(4)超高强度混凝土：抗压强度在 100 MPa 以上。

3. 按稠度分类

(1)干硬性混凝土：坍落度小于 10 mm，且须用维勃时间(s)表示其稠度的混凝土。

(2)塑性混凝土：坍落度为 10~90 mm 的混凝土。

(3)流动性混凝土：坍落度为 100~150 mm 的混凝土。

(4)大流动性混凝土：坍落度不小于 160 mm 的混凝土。

三、普通混凝土的组成材料

普通混凝土的技术性能主要由原材料的性质及其相对含量决定。

(一)水泥

公路桥涵工程采用的水泥应符合《通用硅酸盐水泥》(GB 175—2007)的规定，水泥的品种和强度等级应通过混凝土配合比试验选定，且其特性应不会对混凝土的强度、耐久性和工作性能产生不利影响。

1. 水泥品种的选择

水泥品种的选择应根据混凝土工程的特点、使用环境、施工条件和气候且考虑当地生产的水泥品种情况等因素确定。在实际工程中普遍应用的是硅酸盐水泥、普通硅酸盐水泥等六大通用硅酸盐水泥，其选用应根据各通用水泥的性能特点选用。

2. 水泥强度等级的选择

水泥强度等级的选择应与要求配制的混凝土强度等级相适应。如果水泥强度等级选用过高，会使混凝土中水泥用量偏小，影响混凝土的工作性和耐久性；如果水泥强度等级选用过低，则会使混凝土中水泥用量太多，不经济，而且还会降低混凝土的某些技术品质，如收缩率增大等。

工程实践表明，C40 以下的混凝土，一般选用强度等级为 32.5 级的水泥；C40~C60 的混凝土一般选用 42.5 级的水泥，当采用高效减水剂等增强措施时，也可选用 32.5 级水泥；C60 以上的高强度混凝土，宜选用 42.5 级或更高强度等级的水泥。

(二)细集料

混凝土用细集料一般应采用粒径小于 4.75 mm 的级配良好、质地坚硬、颗粒洁净的河砂，也可使用其他天然砂或人工砂；不宜采用海砂，不得不采用时应经冲洗处理。

普通混凝土用细集料的主要技术性质如下。

1. 细集料的颗粒级配和细度模数

优质的普通混凝土具有较小的空隙率并且比表面积也不大，从而达到所配制的混凝土具有适宜的工作性和硬化后具有较高强度、耐久性，同时又节约水泥的目的。细集料的分区及颗粒级配见表 1-3-1。

表 1-3-1　细集料的分区及颗粒级配范围

筛孔尺寸/mm		级配区		
		Ⅰ区	Ⅱ区	Ⅲ区
9.5		0	0	0
4.75		10～0	10～0	10～0
2.36		35～5	25～0	10～0
1.18		65～35	50～10	25～0
0.6		85～71	70～41	40～16
0.3		95～80	92～70	85～55
0.15	天然砂	100～90	100～90	100～90
	人工砂	100～85	100～80	100～75

水泥混凝土用细集料的级配按 0.6 mm 筛上累计筛余百分率划分为 3 个级配区，细集料的级配应符合表 1-3-1 中任何一个级配区所规定的级配范围。级配范围曲线如图 1-3-1 所示。

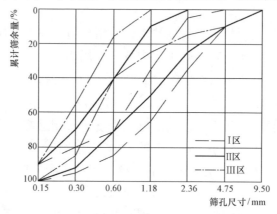

图 1-3-1　水泥混凝土用天然砂级配范围曲线

混凝土用砂按细度模数可分为粗砂(3.1～3.7)、中砂(2.3～3.0)和细砂(1.6～2.2)。细度模数主要反映全部颗粒的粗细程度，但不完全反映颗粒的级配情况，因此，混凝土配制时应同时考虑砂的细度模数和级配情况。

2. 细集料的含泥量、泥块含量和石粉含量

混凝土用细集料的含泥量是天然砂中粒径小于 0.075 mm 的尘屑、淤泥和黏土的颗粒含量；石粉含量是人工砂中粒径小于 0.075 mm 的颗粒含量；泥块含量是细集料中原粒径大于 1.18 mm，经水洗、手捏后可破碎成小于 0.6 mm 的颗粒含量。

这些细微颗粒或者在集料表面形成包裹层，妨碍集料与水泥石的黏附，或者以松散的颗粒存在，大大地增加了集料的表面积，因而增加了混凝土的需水量，特别是黏土颗粒，其体积不稳定，干燥时收缩，潮湿时膨胀，对混凝土有很大的破坏作用。细集料的含泥量、泥块含量和石粉含量应符合表 1-3-2、表 1-3-3 的要求。

表 1-3-2　天然砂的含泥量、泥块含量

项目	指标		
	Ⅰ类	Ⅱ类	Ⅲ类
含泥量(按质量计)/%	<1.0	<3.0	<5.0
泥块含量(按质量计)/%	0	<1.0	<2.0

表 1-3-3　人工砂的泥块含量和石粉含量

项目			指标		
			Ⅰ类	Ⅱ类	Ⅲ类
人工砂	亚甲蓝试验	MB值<1.40 或合格　石粉含量/%	<3.0	<5.0	<7.0
		泥块含量/%	0	<1.0	<2.0
		MB值≥1.40 或不合格　石粉含量/%	<1.0	<3.0	<5.0
		泥块含量/%	0	<1.0	<2.0

3. 细集料的有害物质含量

细集料中不应混有草根、树叶、树枝、煤块和炉渣等杂物。集料中含有的妨碍水泥水化或能降低集料与水泥石的黏附，以及能与水泥水化产物产生不良化学反应的各种物质称为有害物质。细集料中常含有的有害物质主要有云母、轻物质、有机质、硫化物、硫酸盐和氯化物。其含量应符合表 1-3-4 的要求。

表 1-3-4　细集料的有害物质含量

项目	指标		
	Ⅰ类	Ⅱ类	Ⅲ类
云母(质量)(%，小于)	1	2	2
轻物质(质量)(%，小于)	1	1	1
有机物(比色法)	合格	合格	合格
硫化物及硫酸盐(SO_3 质量%)	0.5	0.5	0.5
氯化物(Cl^- 质量)(%，小于)	0.01	0.02	0.06

必要时对坚固性、有害物质含量、氯离子含量及碱活性等指标进行检验。检验方法应符合现行行业标准《公路工程集料试验规程》(JTG E42—2005)的规定。

(三)粗集料

粗集料宜采用质地坚硬、洁净、级配合理、粒形良好、吸水率小的碎石和卵石。
普通混凝土用粗集料的主要技术要求如下。

1. 强度和坚固性

粗集料在混凝土中起骨架作用，必须具有足够的强度和坚固性。混凝土的强度等级与粗集料的技术等级之间存在以下关系：强度等级大于 C60 的混凝土宜采用Ⅰ类粗集料；强

度等级为 C30～C60 的混凝土宜采用Ⅱ类粗集料；强度等级小于 C30 的混凝土宜采用Ⅲ类粗集料。碎石或卵石的坚固性是指集料在气候、环境变化或其他物理因素作用下，抵抗碎裂的能力。为保证混凝土的耐久性，用作混凝土的集料应具有足够的坚固性，以抵抗冻融和自然因素的风化作用。

2. 最大粒径和颗粒级配

集料粒径越大，比表面积越小，空隙率也减小。因此，所需的水泥浆或砂浆数量也会随之减少，可以节省水泥，降低成本，并改善混凝土的性能。所以，在结构截面允许的条件下，尽量选用较大粒径的集料，混凝土用粗集料的最大粒径不宜超过结构截面最小边尺寸的 1/4，且不得超过钢筋最小净距的 3/4；在两层或多层密布钢筋结构中，最大粒径不宜超过钢筋最小净距的 1/2，同时不得超过 75 mm。混凝土实心板的粗集料最大粒径不宜超过板厚的 1/3 且不得超过 37.5 mm。泵送混凝土中粗集料的最大粒径，除应符合上述规定外，对碎石不宜超过输送管径的 1/3；对卵石不宜超过输送管径的 1/2.5。

普通混凝土用粗集料应具有良好的颗粒级配，以减小空隙率，从而达到所配制的混凝土有适宜的工作性和硬化后较高的强度和耐久性，同时又节省水泥的目的。粗集料宜根据混凝土的最大粒径采用连续两级配和连续多级配，不宜采用单粒级配或间断级配配制；必须使用时应通过试验验证。粗集料的级配范围应符合表 1-3-5 的规定。

表 1-3-5　粗集料的级配范围表

级配情况	公称粒径/mm	筛孔尺寸(方孔筛)/mm										
		2.36	4.75	9.5	16	19	26.5	31.5	37.5	53	63	75	90
连续粒级	5～10	95～100	80～100	0～15	0								
	5～16	95～100	85～100	30～60	0～10	0							
	5～20	95～100	90～100	40～80	—	0～10	0						
	5～25	95～100	90～100	—	30～70	—	0～5	0					
	5～31.5	95～100	90～100	70～90	—	15～45	—	0～5	0				
	5～40		95～100	70～90	—	30～65	—	—	0～5	0			
单粒级	10～20		95～100	85～100	—	0～15	—	0					
	16～31.5		95～100	—	85～100	—	—	0～10	0				
	20～40		—	95～100	—	80～100	—	—	0～10	0			
	31.5～63			—	95～100	—	—	75～100	45～75	—	0～10	0	
	40～80			—	—	95～100	—	—	70～100	—	30～60	0～10	0

3. 粗集料的颗粒形状和表面特征

粗集料的颗粒形状以近似立方体或球状体为佳，应尽量减少针片状颗粒含量。

集料的表面特征主要是指集料的表面粗糙程度及孔隙特征等。碎石表面粗糙且棱角多，与水泥石黏结比较牢固。卵石表面圆润光滑，与水泥石黏结比较差，但混凝土拌合物的工作性较好。

粗集料的压碎值、坚固性、针片状颗粒含量、含泥量和泥块含量应符合表 1-3-6 的规定。

表 1-3-6　粗集料的压碎值、坚固性、针片状颗粒含量、含泥量和泥块含量

项目	指标		
	Ⅰ类	Ⅱ类	Ⅲ类
碎石压碎值(按质量计)(%，小于)	10.0	20.0	20.0
卵石压碎值(按质量计)(%，小于)	12.0	16.0	16.0
5次硫酸钠循环试验后质量损失/%	5.0	8.0	12.0
针片状颗粒含量(按质量计)/%	5.0	15.0	25.0
含泥量(按质量计)/%	0.5	1.0	1.5
泥块含量(按质量计)/%	0.0	0.5	0.7

4. 有害杂质

粗集料不应混有草根、树叶、树枝、煤块和炉渣等杂物。粗集料有害物质含量应符合表 1-3-7 的规定。

表 1-3-7　粗集料有害物质含量

项目	指标		
	Ⅰ类	Ⅱ类	Ⅲ类
有机质含量(比色法)	合格	合格	合格
硫化物及硫酸盐(SO_3)含量(按质量计)/%	<0.5	<1.0	<1.0

(四)拌和用水

根据《混凝土用水标准》(JGJ 63—2006)的规定，凡符合国家标准的生活饮用水、清洁天然水等均可用于拌制混凝土。海水、地下水经适当处理的工业废水也可用于拌制混凝土，但应按规定对有机质、氯化物、硫酸盐等进行相关检验，合格后方可使用。混凝土拌和用水水质应符合表 1-3-8 的规定。

表 1-3-8　混凝土拌和用水水质要求

项目	素混凝土	钢筋混凝土	预应力混凝土
pH 值	≥4.5	≥4.5	≥5.0
不溶物/(mg·L^{-1})	≤5 000	≤2 000	≤2 000
可溶物/(mg·L^{-1})	≤10 000	≤5 000	≤2 000
Cl^-/(mg·L^{-1})	≤3 500	≤1 000	≤500
SO_4^{2-}/(mg·L^{-1})	≤2 700	≤2 000	≤600
碱含量/(mg·L^{-1})	≤1 500	≤1 500	≤1 500

(五)外加剂

公路桥涵工程使用的外加剂，与水泥、矿物掺合料之间应具有良好的相容性。所采用的外加剂，应是经过具备相关资质的检测机构检验并附有检验合格证明的产品，且其质量应符合现行国家标准《混凝土外加剂》(GB 8076—2008)的规定。外加剂使用前应进行复验，

满足要求后方可用于工程中。外加剂的品种和掺量应根据使用要求、施工条件、混凝土原材料的变化等通过试验确定。

混凝土外加剂品种繁多,通常每种外加剂具有一种或多种功能。其主要功能分类见表 1-3-9。

表 1-3-9　外加剂分类

外加剂功能	外加剂类型
改善混凝土拌合物流变性能	减水剂、引气剂、泵送剂、保水剂等
调节混凝土凝结时间、硬化速度	缓凝剂、早强剂、速凝剂
调节混凝土含气量	引气剂、加气剂、泡沫剂、消泡剂
改善混凝土耐久性	引气剂、阻锈剂、防水剂、抗渗剂等
为混凝土提高特殊性能	膨胀剂、防冻剂、着色剂、碱-集料反应抑制剂等

下面介绍几种常用的外加剂。

1. 减水剂

减水剂是在混凝土坍落度基本相同的情况下,能减少混凝土拌和用水的外加剂。在保持混凝土用水量和水泥用量不变的条件下,减水剂可增大混凝土的流变性,且不影响混凝土的强度。在保持混凝土工作性和水泥用量不变的条件下,减水剂可以减少用水量,提高混凝土的强度和耐久性。在保持混凝土工作性和强度不变的条件下,减水剂可节约水泥用量。

2. 引气剂

引气剂是掺入混凝土时经搅拌引入的大量分布均匀的微小(孔径为 0.01~2 mm)稳定气泡,能改善混凝土拌合物的工作性和抗冻性。对于新拌的混凝土,由于气泡的存在可改善混凝土的工作性、减少泌水和离析。对于硬化后的混凝土,由于气泡彼此隔离,切断毛细孔通道,使水分不易渗入且缓冲水分结冰膨胀的作用,因而能提高混凝土的抗冻性、抗渗性和抗蚀性,但由于气泡的存在,混凝土强度有些降低。

3. 早强剂

早强剂是能提高混凝土的早期强度,并对混凝土的后期强度无明显影响的外加剂。混凝土中掺入早强剂,可缩短混凝土的凝结时间,提高早期强度。早强剂常用于混凝土的快速低温施工,但掺加了氯化钙、氯化钠等氯盐的早强剂,会加速钢筋的锈蚀。

(六)掺合料

在混凝土拌合物中,为了节约水泥,改善混凝土性能加入的具有一定细度的天然或者人造的矿物粉体材料称为混凝土掺合料,简称掺合料。混凝土中需要掺用粉煤灰、磨细矿渣、硅灰等掺合料时,其掺入量应在使用前通过试验确定。

四、普通混凝土的技术性质

普通混凝土在尚未凝结硬化之前,称为新拌混凝土或混凝土拌合物。普通混凝土的技术性能包括硬化之前新拌混凝土的工作性和硬化后混凝土的力学性质、变形和耐久性。

(一)新拌混凝土的工作性(和易性)

1. 新拌混凝土工作性(和易性)的概念

新拌混凝土的工作性又称和易性,是指混凝土拌合物易于施工操作(拌和、运输、浇筑和振捣)且成型后质量均匀密实的性能。其包括流动性、可塑性、稳定性和易密性,即优质的混凝土拌合物应具有在自重或机械振捣作用下能产生流动,并均匀密实地填满模板的流动性;不为外力作用产生脆断的可塑性;不产生分层、泌水的稳定性;易于振捣密致的密实性。

2. 新拌混凝土工作性(和易性)的测定方法

混凝土拌合物的和易性是一项复杂的综合技术指标,目前国际上还没有一种能够全面表征混凝土拌合物工作性的测定方法,通常通过测定拌合物的流动性,再辅以直观观察和经验加以综合评定。按现行行业标准《公路工程水泥及水泥混凝土试验规程》(JTG E30—2005)规定,混凝土拌合物的稠度试验方法主要有坍落度仪法和维勃仪法两种。

(1)坍落度仪法。坍落度仪法适用于集料公称最大粒径不大于 31.5 mm、坍落度大于 10 mm 的混凝土拌合物稠度测定。该方法是将混凝土拌合物分三层装入标准圆锥筒内,每层装入的高度稍大于筒高的 1/3,用捣棒在每一层截面上均匀地捣插 25 次,装满刮平后垂直提取坍落度筒,将坍落度筒与混合料排放在平板上,测量筒高与坍落后混凝土试体最高点之间的高差(mm),如图 1-3-2 所示,即为新拌混凝土的坍落度。

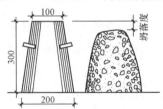

图 1-3-2 新拌混凝土坍落度的测定

(2)维勃仪法。维勃仪法适用于集料公称最大粒径不大于 31.5 mm、维勃时间为 5~30 s 的干稠性混凝土拌合物稠度测定。该方法是将坍落度筒放在直径为 40 mm、高度为 200 mm 的圆筒中,圆筒安装在专用的振动台上,按坍落度试验的方法将新拌混凝土装入坍落度筒内后再提起坍落度筒,并在新拌混凝土顶上放置一个透明圆盘。开动振动台并记录时间,从开始振动至透明圆盘底面被水泥浆布满的瞬间所经历的时间,即为新拌混凝土的维勃稠度值,以 s 计。

3. 影响新拌混凝土工作性(和易性)的主要因素

影响混凝土拌合物工作性的主要因素有内因和外因。内因是组成材料的质量及其用量;外因是环境条件(温度、湿度和风速)与搅拌时间等。

(1)浆集比。浆集比是指单位水泥浆用量与单位砂石集料用量之比。混凝土拌合物中的水泥浆在凝结硬化前,除填充集料之间的空隙外,还应包裹在集料表面并略有富余,使拌合物具有一定的流动性,在凝结硬化之后要赋予混凝土黏结强度。当水胶比一定时,浆集比越大即水泥浆越多,混凝土流动性越大;但浆集比不宜太大,否则易产生流浆现象,导致黏聚性下降；但浆集比也不宜过小，否则因集料之间缺少润滑层与黏结体，拌合物易发生崩塌现象。因此，在满足拌合物工作性、强度和耐久性要求的前提下，应尽量采用合理的浆集比。

(2)水泥浆的稠度即水胶比的影响。在固定用水量的条件下，水胶比小，水泥浆变稠，使拌合物流动性小；水胶比大，水泥浆变稀，使拌合物流动性大，但易流浆、离析，甚至影响强度。因此要求制备混凝土时应合理选择水胶比。

(3)单位用水量。影响混凝土拌合物工作性的决定因素是单位用水量。增加单位用水量，流动性增大，但硬化后混凝土会产生较大的空隙，从而降低混凝土的强度和耐久性；单位用水量过多，易产生泌水分层离析，从而影响混凝土的工作性。

(4)砂率。砂率是指混凝土中砂的质量占砂石总质量的百分率。砂率过大，集料的空隙率和总表面积增大，在水泥浆用量一定的条件下，拌合物流动性小；砂率过小，集料的总表面积减小，但砂浆量不足，不能起到润滑作用，流动性降低，影响拌合物的黏聚性和保水性。

(5)水泥的品种和集料的性质。水泥的品种、细度、矿物组成、混合材料的掺量都会影响混凝土拌合物的工作性。通常，硅酸盐水泥制成的混凝土拌合物比矿渣硅酸盐水泥、火山灰质硅酸盐水泥制成的拌合物工作性好；矿渣硅酸盐水泥制成的混凝土流动性大，但黏聚性差，易产生泌水、离析等现象；火山灰质硅酸盐水泥流动性小，但黏聚性最好。

提高水泥的细度可改善混凝土拌合物的黏聚性和保水性，减少离析和泌水现象，但流动性会降低。

一般情况下，级配好的集料，流动性较大，黏聚性和保水性较好；表面光滑的集料，总表面积减小，其流动性较大；集料棱角较少，则流动性较大。

(6)外加剂。在混凝土拌合物中加入少量的外加剂，可在不增加用水量和水泥用量的情况下，有效地改善其工作性，同时可以提高混凝土的强度和耐久性。

(7)环境条件与搅拌时间。环境温度越高、湿度越小、风速越大，水分蒸发越快；温度高还将加速水泥的水化的水化反应，加速拌合物流动性的损失。随着拌合物搅拌后时间的增长，一部分水分逐渐被集料吸收，另一部分水分蒸发，还有一部分水分参与水化反应被消耗，因而，混凝土拌合物的流动性随着时间的延长而逐渐减低。

在现场试验与施工过程中都应考虑上述因素的影响。

4. 新拌混凝土工作性(和易性)的选择

公路桥涵用混凝土拌合物的工作性，应根据有关公路桥涵施工技术规范选择，表1-3-10可供工程施工中选用。

表1-3-10 公路桥涵用混凝土拌合物的坍落度

项次	结构种类	坍落度/mm
1	桥涵基础、墩台、挡土墙及大型制块等便于灌注捣实的结构	0～20
2	上列桥涵墩台等工程中较不便施工处	10～30
3	普通配筋的钢筋混凝土结构，如钢筋混凝土板、梁、柱等	30～50
4	配筋较密、断面较小钢筋混凝土结构	50～70
5	配筋特密、断面高而狭小及不便灌注捣实的特殊结构部位	70～90

5. 改善新拌混凝土工作性(和易性)的主要措施

(1)当混凝土流动性小于设计要求时,为保证混凝土的强度和耐久性,不能单独加水,必须保持水胶比不变,增加水泥浆用量。

(2)当坍落度大于设计要求时,可在保持砂率不变的前提下,增加砂石用量。

(3)改善集料级配,既可增强混凝土的流动性,也能改善其黏聚性和保水性。

(4)尽可能选用最优砂率。当黏聚性不足时,可适当增大砂率。

(5)掺加各种外加剂,如减水剂、引气剂等均能提高混凝土的工作性,同时提高强度和耐久性且节约水泥。

6. 新拌混凝土的凝结时间

混凝土的凝结时间可分为初凝和终凝。初凝是指混凝土加水至失去塑性所经历的时间,也即表示施工操作的时间极限;终凝是指混凝土加水到产生强度所经历的时间。终凝与初凝的时间差越短越好。

混凝土凝结时间的测定通常采用贯入阻力法。当贯入阻力为 3.5 MPa 时称为混凝土初凝,这时混凝土在振动作用下不再呈现塑性;当贯入阻力为 28 MPa 时称为混凝土终凝,这时混凝土立方体抗压强度约为 0.7 MPa。

(二)硬化后混凝土的强度

混凝土强度主要有立方体抗压强度、轴心抗压强度、劈裂抗拉强度和抗折强度等。其中,常用的指标有立方体抗压强度和抗折强度。

1. 抗压强度

(1)立方体抗压强度标准值和强度等级。混凝土的抗压强度是指其标准试件在压力作用下直到破坏的单位面积所能承受的最大应力。常作为评定混凝土质量的指标,并作为确定强度等级的依据。

1)立方体抗压强度。按照标准的制作方法制成边长为 150 mm 的正立方体试件,在标准养护条件(温度为 20 ℃±2 ℃,相对湿度为 95% 以上)下,养护至 28 d 龄期,按照标准的测定方法测定其抗压强度值,称为"混凝土立方体试件抗压强度"(简称"立方抗压强度"以 f_{cu} 表示),以 MPa 计。可按式(1-3-1)计算。

$$f_{cu}=\frac{F}{A} \tag{1-3-1}$$

式中 f_{cu}——混凝土立方体抗压强度(MPa);

F——极限荷载(N);

A——时间受压面积(mm^2)。

2)立方体抗压强度标准值。按照标准方法制作和养护的边长为 150 mm 的立方体试件,在 28 d 龄期,用标准试验方法测定的抗压强度总体分布中的一个值,强度低于该值的百分率不超过 5%(即具有 95% 保证率的抗压强度),以 MPa 计。

3)强度等级。混凝土强度等级是根据立方体抗压强度标准值来确定的。它的表示方法是用"C"和"立方体抗压强度标准值"两项内容表示,如"C30"即表示混凝土立方体抗压强度

标准值 $f_{cu,k}=30$ MPa。

现行行业标准《公路钢筋混凝土及预应力混凝土桥涵设计规范》(JTG 3362—2018)规定，普通混凝土主要有C25、C30、C35、C40、C45、C50、C55、C60、C65、C70、C75、C80十二个强度等级。

(2)轴心抗压强度。轴心抗压强度采用150 mm×150 mm×300 mm的棱柱体或ϕ150 mm×300 mm的圆柱体作为标准试件，如有必要，也可采用非标准尺寸的棱柱体试件，但其高宽比(h/a)应为2～3。在钢筋混凝土结构计算中，计算轴心受压构件时，都采用混凝土的轴心抗压强度f_{cp}作为设计依据。f_{cp}比同截面的f_{cu}小，而且h/a越大，f_{cp}越小。在立方体抗压强度为10～55 MPa范围内时，$f_{cp} \approx (0.70 \sim 0.80)f_{cu}$。混凝土的轴心抗压强度可按式(1-3-2)计算。

$$f_{cp}=\frac{F}{A} \tag{1-3-2}$$

式中　f_{cp}——混凝土立方体抗压强度(MPa)；

　　　F——极限荷载(N)；

　　　A——时间受压面积(mm^2)。

2. 抗折强度

道路路面或机场路面用水泥混凝土，以抗折强度(或称抗弯拉强度)为主要强度指标，抗压强度为参考强度指标。

道路水泥混凝土抗折强度是以标准制作方法制成150 mm×150 mm×550 mm的棱柱体试件，在标准养护条件(温度为20 ℃±2 ℃，相对湿度为95%以上)下，养护至28 d龄期，按三分点加荷方式测定其抗折强度值。

(三)影响混凝土强度的因素

影响混凝土强度的因素主要有原材料的质量(水泥强度和集料品种)、材料的组成(水胶比、集浆比、集料级配)、施工方法(拌和、运输、浇筑、振捣、养护)和试验条件(龄期、试件形状与尺寸、试验方法、温度和湿度)等。

1. 水泥的强度和水胶比

在配合比相同的情况下，水泥强度越高，制成的混凝土强度也越高；当用同一种水泥时，混凝土强度主要取决于水胶比的大小，水胶比越小，水泥混凝土强度越高；但是如果水胶比太小，混凝土拌合物会过于干硬，出现捣实成型困难，形成较多的孔洞导致混凝土强度下降。理论上水泥水化所需水胶比约为0.23，但在拌制混凝土拌合物时，为了获得必要的流动性，通常采用较大的水胶比(加入较多的水)，从而导致混凝土硬化后，多余的水留在混凝土中形成水泡或蒸发后形成气孔，降低混凝土的密实度和强度。

2. 集料的品种、质量和数量

集料强度过低、有害物质含量过高会降低混凝土的强度；通常情况下，碎石拌制的混凝土强度高于卵石拌制的混凝土，但若保持流动性相等，水泥用量相等时，由于卵石混凝土用水比碎石混凝土用水少，即水胶比略少，两者强度相差并不大；集料形状以接近立方体形状或球形最佳，且表面粗糙、多棱角的碎石与水泥石黏结较好。

3. 养护温度和湿度

混凝土拌合物浇筑、振捣之后，必须保持适当的温度和湿度，使水泥充分水化，保证混凝土强度不断提高。混凝土在潮湿条件下养护强度高，在干燥条件下养护强度低。混凝土在干燥条件下经过几个月后放入水中养护，强度仍会不断增长，时间越长强度越高；在湿度相同的养护条件下，低温养护强度发展慢，当温度降至零度时，混凝土中的水大部分结冰，水泥几乎不再发生水化反应，混凝土强度不仅停止增长，遭遇严寒时还会引起混凝土崩溃。

4. 龄期

龄期是指混凝土在正常养护条件下所经历的时间。在正常的养护条件下，混凝土的抗压强度随龄期的增加而不断发展，在 7~14 d 内强度发展较快，之后逐渐减慢，28 d 后强度发展更慢。由于水泥水化的原因，混凝土的强度发展可持续数十年。

当采用普通水泥拌制的、中等强度等级的混凝土，在标准养护条件下，混凝土的抗压强度与其龄期的对数成正比。

5. 试验条件

在相同材料组成、制备试件和养护条件下制成的混凝土试件，其力学强度取决于试验条件。如试件形状与尺寸、试件湿度、试件温度、支撑条件和加载方式等。

(四)提高混凝土强度的措施

(1)采用高强度水泥和早强型水泥。

(2)降低水胶比和浆集比以提高混凝土的密实度。

(3)采用蒸汽养护和蒸压养护以提高混凝土的早期强度。蒸汽养护是使浇筑好的混凝土构件经 1~3 h 预养后，在 90% 以上相对湿度、60 ℃ 以上温度的常压蒸汽中养护，以加速混凝土强度的发展。蒸压养护是将浇筑好的混凝土构件静置 8~10 h，放入蒸压釜内，通入高压(≥8 个大气压)、高温(≥175 ℃)饱和蒸汽进掺外加剂和掺合料，采用机械搅拌和振捣。

(五)硬化后混凝土的变形

硬化后混凝土的变形，包括非荷载作用下的化学收缩、干湿变形(湿胀干缩)和温度变形(热胀冷缩)等，以及荷载作用下的弹-塑性变形和徐变(蠕变)。

1. 非荷载作用下的变形

(1)化学收缩。由于水泥水化产物的体积小于反应前水泥和水的总体积，从而使混凝土出现体积收缩。这种由于水泥水化和凝结硬化而产生的自身体积减缩，称为化学收缩。这种收缩随龄期增长而增加，40 d 以后渐趋稳定，化学收缩是不能恢复的，一般对结构没有影响。

(2)干湿变形。因混凝土内部水分蒸发引起的体积变形，称为干燥收缩。混凝土吸湿或吸水引起的膨胀，称为湿胀。在混凝土凝结硬化初期，如空气过于干燥或风速大、蒸发快，可导致混凝土塑性收缩裂缝。在混凝土凝结硬化以后，当收缩值过大，收缩应力超过混凝土极限抗拉强度时，可导致混凝土干缩裂缝。因此，混凝土的干燥收缩在实际工程中必须十分重视。

混凝土的干缩主要由水泥石产生,因此,尽量降低水泥用量、减小水胶比是减少混凝土干缩的关键。另外,调节集料级配、增大粗集料的粒径、适当选择水泥品种、采用振动捣实和早期养护等也可减少混凝土的干缩。

(3)温度变形。混凝土具有热胀冷缩的性能,对大体积及大面积混凝土工程极为不利。因为混凝土是不良导体,水泥水化初期放出的大量热量难以散发,浇筑后大体积混凝土内部温度远远高于外部,温差有时高达 50 ℃~70 ℃。这将使内部混凝土产生显著的体积膨胀,而外部混凝土却随气温降低而冷却收缩。内部膨胀和外部收缩相互制约,将产生很多应力,当外部混凝土所受拉应力一旦超过混凝土当时的极限抗拉强度就将产生裂缝。混凝土的温度膨胀系数大约为 10×10^{-6} m/(m·℃),即温度每升高或降低 1 ℃,长度为 1 m 的混凝土将产生 0.01 mm 的膨胀或收缩变形。因此,对于大体积混凝土工程,应设法降低混凝土的发热量,如采用低热水泥,减少水泥用量,采用人工降温等措施。对于纵长的钢筋混凝土结构物,每隔一段长度设置伸缩缝,在结构物内配制温度钢筋。

2. 荷载作用下的变形

(1)弹塑性变形与弹性模量。材料在外力作用下产生变形,当取消外力后,能完全恢复到原形状的性质称为弹性;这种不能恢复的变形,称为塑性变形。

混凝土是一种弹-塑性体,在持续荷载作用下会产生可以恢复的弹性变形和不可恢复的塑性变形,当卸载后,其变形并未恢复到原点。

(2)徐变。混凝土在持续荷载作用下,随时间增长的变形称为徐变,也称为蠕变。混凝土的徐变在早期增长很快,然后逐渐减慢,一般要 2~3 年才可能趋于稳定。当混凝土卸载后,一部分变形瞬时恢复,还有一部分要若干天才能逐渐恢复,称为徐变恢复,剩下不可恢复部分称为残余变形。

(六)硬化后混凝土的耐久性

混凝土的耐久性是指在正常设计、施工、使用和维护条件下,混凝土在设计使用期内具有抗冻、防治钢筋腐蚀和抗渗的能力。

道路与桥梁用混凝土长期遭受风霜雨雪的侵蚀,对耐久性的要求首要为抗冻性;其次,对于道路混凝土,因受车辆轮胎的作用,还要求具有一定的耐磨性;桥梁墩台混凝土要求具有对海水、污水的耐蚀性;隧道混凝土要求具有对气体的耐蚀性;另外,近年来碱-集料反应,导致高速公路及桥梁结构的破坏,也应引起人们的关注。

1. 抗冻性

混凝土的抗冻性是指混凝土在饱水状态下遭受冰冻时,抵抗冻融循环作用而不破坏的能力,用抗冻等级表示,抗冻等级分为 D25、D50、D100、D150、D200、D250 和 D300 七个等级。

2. 耐磨性

耐磨性是路面和桥梁用混凝土的重要性能之一。作为高等级路面的水泥混凝土,必须具有抵抗车辆轮胎磨耗和磨光的性能,大型桥梁的墩台混凝土要具有抵抗湍流空蚀的能力。

3. 碱-集料反应

水泥混凝土中水泥的碱(Na_2O 和 K_2O)含量较高时与某些碱活性集料(SiO_2)发生反应,

在集料表面产生碱-硅酸凝胶,这种凝胶吸水膨胀,会使包裹集料的水泥石膨胀、开裂,甚至破坏,这种化学反应称为碱-集料反应。这种反应会导致高速公路路面或大型桥梁墩台开裂和破坏,并且会不断发展下去,维修困难。含有这种碱活性矿物的集料称为碱活性集料(简称碱集料)。

现行行业标准《公路桥涵施工技术规范》(JTG/T F50—2011)中规定,每立方米混凝土的总含碱量,对一般桥涵不宜大于 3.0 kg/m^3,对特大桥、大桥和重要桥梁不宜大于 1.8 kg/m^3,当混凝土结构处于受严重侵蚀的环境中时,不得使用有碱活性反应的集料。

碱-集料反应有两种类型:碱-硅反应是指碱与集料中活性二氧化硅反应;碱-碳酸盐反应是指碱与集料中活性碳酸盐反应。

碱-集料反应必须具备三个条件,即混凝土中的集料具有活性;混凝土中含有一定量的可溶性碱;有一定湿度。

影响混凝土耐久性的因素很多,主要是材料本身的性质以及混凝土密实度、强度等。提高混凝土耐久性的措施有:合理选用水泥品种;合理选用水胶比和胶凝材料用量;对最大水胶比和最小水泥用量加以控制;合理选用材料的质量,改善集料的级配;掺入减水剂、引气剂;施工中加强搅拌、振捣、养护,严格控制施工质量。

五、普通混凝土的配合比设计

(一)混凝土配合比设计的基本资料

(1)混凝土设计强度等级。
(2)工程特性(工程所处环境、结构断面、钢筋最小净距等)。
(3)耐久性要求(如抗冻性、抗侵蚀、耐磨和碱-集料反应等)。
(4)水泥品种和强度等级。
(5)砂石的种类、石子最大粒径和密度等。
(6)施工方法等。

普通混凝土配合比设计规程

(二)混凝土配合比表示方法

(1)单位用量表示法:以 1 m^3 混凝土中各组成材料的实际用量表示。例如,水泥:细集料:粗集料:水=343 kg:613 kg:1 251 kg:185 kg。

(2)相对用量表示法:以各组成材料用量之比表示。以水泥质量为1,并按水泥:细集料:粗集料,水胶比的顺序表示,例如,水泥:细集料:粗集料=1:2.20:4.51,水胶比 $W/B=0.56$。

(三)混凝土配合比设计应满足的基本要求

1. 满足结构物设计强度的要求

无论是混凝土路面还是桥梁,在设计时都会对不同的结构部位提出不同的设计强度要求。为了保证结构物的可靠性,采用一个比设计强度高的配制强度,才能满足设计强度的要求。但是配制强度的高低一定要适宜,定得太低则结构物不安全,定得太高又会造成浪费。

2. 满足施工工作性的要求

按照结构物断面尺寸和形状、配筋的疏密、施工方法及设备等合理确定混凝土拌合物的工作性。

3. 满足环境耐久性的要求

根据结构物所处的环境条件,如严寒地区的路面、桥梁墩台所处的水位升降范围等,为保证结构的耐久性,在设计水泥混凝土的配合比时,应考虑允许的最大水胶比和最小水泥用量。

4. 满足经济性的要求

在满足混凝土设计强度、工作性和耐久性的前提下,设计配合比时要尽量降低高价材料的用量,节约水泥,合理使用当地材料和工业废料(如粉煤灰),以降低成本。

(四)混凝土配合比设计的三参数

由水泥、水、细集料和粗集料组成的普通混凝土配合比设计中有水胶比、砂率和单位用水量三个重要的参数。

1. 水胶比

水、水泥和矿物掺合料组成的浆体,在混凝土配合比设计中起着决定作用。在水、水泥和矿物掺合料性质一定的条件下,浆体的性能决定于水与胶凝材料的比例,即水胶比。

2. 砂率

砂率是指砂的质量占砂石质量的百分比,实质上表征砂与石之间的相对含量。在砂、石性质固定的条件下,砂与石之间的用量比例将影响混凝土的工作性。

3. 单位用水量

单位用水量是指1立方米混凝土拌合物中水的用量(kg)。在水胶比固定的条件下,用水量如果确定,则胶凝材料用量也随之确定,集料的总用量也能确定。

(五)混凝土配合比设计的基本原理

1. 绝对体积法

假定混凝土拌合物的体积等于各组成材料绝对体积与混凝土拌合物所含空气体积之和。

2. 假定表观密度法

先假定混凝土的表观密度为一定值,混凝土拌合物各组成材料的单位用量之和即为其表观密度。

3. 查表法

根据大量试验结果进行整理,将各种配合比列成表,使用时根据相应条件查表,选取适当的配合比。因为它是直接从工程实际中总结的结果,在工程中应用较广泛。

六、混凝土配合比设计步骤

(一)初步配合比的计算

1. 确定混凝土的配制强度 $f_{cu,0}$

当混凝土的设计强度等级小于C60时,确定混凝土的配制强度,首先应根据设计要求的混凝土强度等级和施工单位质量管理水平,然后按《普通混凝土配合比设计规程》(JGJ 55—2011)的规定,根据式(1-3-3)计算

$$f_{cu,0} \geqslant f_{cu,k} + 1.645\sigma \tag{1-3-3}$$

式中 $f_{cu,0}$——混凝土配制强度(MPa);
$f_{cu,k}$——混凝土立方体抗压强度标准值(MPa);
σ——混凝土强度标准差(MPa)。

混凝土强度标准差可根据近期(1~3个月)的同一品种和同一强度混凝土的强度资料求得,其试件组数不应少于30组。对于强度等级不大于C30的混凝土,若强度标准差计算值小于3.0 MPa,则计算配制强度时的标准差取3.0 MPa 混凝土 σ 可按表1-3-11取值。

表1-3-11 混凝土强度标准差 σ

混凝土强度等级	<C20	C20~C35	>C35
σ/MPa	4.0	5.0	6.0

2. 确定水胶比

当混凝土强度等级不大于C60时,混凝土水胶比按式(1-3-4)计算。

$$\frac{W}{B} = \frac{\alpha_a \cdot f_b}{f_{cu,0} + \alpha_a \cdot \alpha_b \cdot f_b} \tag{1-3-4}$$

式中 α_a,α_b——回归系数,可按表1-3-12选用。

表1-3-12 回归系数 α_a 和 α_b 选用表

粗集料品种	α_a	α_b
碎石	0.53	0.20
卵石	0.49	0.13

按式(1-3-4)计算所得的水胶比,是按强度要求计算得到的结果。在确定采用的水胶比时,还应根据混凝土所处的环境条件,参考《公路桥涵施工技术规范》(JTG/T F50—2011)要求的允许最大水胶比(表1-3-13)进行校核,从中选择较小者。

表1-3-13 混凝土的最大水胶比、最小水泥用量和最大氯离子含量

环境类别	环境条件	最大水胶比	最小水泥用量/(kg·m⁻³)	最大氯离子含量/%
Ⅰ	温暖或寒冷地区的大气环境、与无侵蚀的水或土接触的环境	0.55	275	0.30
Ⅱ	严寒地区的大气环境、使用除冰盐环境、滨海环境	0.50	300	0.15
Ⅲ	海水环境	0.45	300	0.10
Ⅳ	受侵蚀性物质影响的环境	0.40	325	0.10

3. 确定每立方混凝土的用水量(m_{w0})和外加剂用量(m_{ma0})

(1)干硬性和塑性混凝土用水量的确定。

1)水胶比为 0.40~0.80,根据粗集料的品种、最大粒径及施工所要求的混凝土拌合物稠度,查表 1-3-14、表 1-3-15 选取 1 m³ 混凝土的用水量。

表 1-3-14 干硬性混凝土的用水量

拌合物稠度		卵石最大粒径/mm			碎石最大粒径/mm		
项目	指标	10.0	20.0	40.0	16.0	20.0	40.0
维勃稠度/s	16~20	175	160	145	180	170	155
	11~15	180	165	150	185	175	160
	5~10	185	170	155	190	180	165

表 1-3-15 塑性混凝土的用水量

拌合物稠度		卵石最大粒径/mm				碎石最大粒径/mm			
项目	指标	10.0	20.0	31.5	40.0	16.0	20.0	31.5	40.0
坍落度/mm	10~30	190	170	160	150	200	185	175	165
	35~50	200	180	170	160	210	195	185	175
	55~70	210	190	180	170	220	205	195	185
	75~90	215	195	185	175	230	215	205	195

2)水胶比小于 0.40 的混凝土以及采用特殊成型工艺的混凝土用水量应通过试验确定。

(2)流动性和大流动性混凝土的用水量宜按下列步骤计算:

1)以表 1-3-15 中坍落度 90 mm 的用水量为基础,按坍落度每增大 20 mm,用水量增加 5 kg,计算出未掺外加剂时混凝土的用水量。

2)掺外加剂时的混凝土用水量按式(1-3-5)计算。

$$m_{w0} = m'_{w0}(1-\beta) \tag{1-3-5}$$

式中 m_{w0}——每立方米混凝土的用水量(kg/m³);

m'_{w0}——未掺外加剂时,每立方米混凝土的用水量(kg/m³);

β——外加剂的减水率,应经试验确定(%)。

每立方米混凝土中外加剂用量应按式(1-3-6)计算。

$$m_{a0} = m_{b0} \cdot \beta_a \tag{1-3-6}$$

式中 m_{a0}——每立方米混凝土的外加剂用量(kg/m³);

m_{b0}——每立方米混凝土的胶凝材料用量(kg/m³);

β_a——外加剂掺量,应经试验确定。

4. 计算单位胶凝材料、矿物掺合料和水泥用量

每立方米混凝土的胶凝材料用量 m_{b0} 应按式(1-3-7)计算。

$$m_{b0} = m_{w0} \frac{B}{W} \tag{1-3-7}$$

每立方米混凝土的矿物掺合料用量应按式(1-3-8)计算。

$$m_{f0} = m_{b0} \cdot \beta_f \tag{1-3-8}$$

式中 m_{f0}——每立方米混凝土中矿物掺合料用量（kg/m³）；

β_f——矿物掺合料掺量（%）。

为保证混凝土的耐久性，由式(1-3-8)计算求得的 m_{b0} 还应满足表 1-3-16 规定的最小水泥用量，如计算所得的水泥用量小于规定的最小水泥用量时，应取规定的最小水泥用量值。

表 1-3-16 满足混凝土耐久性要求的最小水泥用量

环境条件		最小水泥用量/kg		
		素混凝土	钢筋混凝土	预应力混凝土
干燥环境		200	260	300
潮湿环境	无冻害	225	280	300
	有冻害	250	280	300
有冻害和除冰剂的潮湿环境		300	300	300

注：配制 C15 及以下等级的混凝土，可不受本表限制。

5. 确定砂率（β_s）

(1)坍落度小于 10 mm 的混凝土，其砂率应经试验确定。

(2)坍落度为 10～60 mm 的混凝土，其砂率可根据粗集料的品种最大公称粒径及水胶比按表 1-3-17 选用。

(3)坍落度大于 60 mm 的混凝土砂率，可经试验确定，也可在表 1-3-17 的基础上，按坍落度每增加 20 mm，砂率增加 1% 的幅度予以调整。

表 1-3-17 混凝土的砂率   %

水胶比(W/B)	卵石最大粒径/mm			碎石最大粒径/mm		
	10.0	20.0	40.0	16.0	20.0	40.0
0.40	26～32	25～31	24～30	30～35	29～34	27～32
0.50	30～35	29～34	28～33	33～38	32～37	30～35
0.60	33～38	32～37	31～36	36～41	35～40	33～38
0.70	36～41	35～40	34～39	39～44	38～43	36～41

注：1. 本表数值是中砂砂率，对细砂或粗砂应相应地减小或增大砂率。

2. 对坍落度大于 60 mm 的混凝土，砂率可经试验确定，也可在上表的基础上按坍落度每增大 20 mm，砂率增大 1% 进行调整。

3. 坍落度小于 10 mm 的混凝土，其砂率由试验确定。

(4)计算法按式(1-3-9)计算。

$$\beta_s = \frac{m_s}{m_s + m_g} \cdot \alpha \tag{1-3-9}$$

式中 α——拨开系数。机械拌和取 1.1～1.2；人工拌和取 1.2～1.4。

6. 计算每立方米混凝土粗、细集料的用量

计算每立方米混凝土粗、细集料的用量可用质量法或体积法求得。质量法比较简单，不需要各组成材料的密度资料，从施工单位已积累的由当地常用材料所组成的混凝土假定表观密度资料中，便可得到准确的结果。

(1)质量法。质量法又称假定表观密度法，该法是先假定混凝土的表观密度为一定值，则混凝土拌合物各组成材料的单位用量之和即为其表观密度。在砂率已知的条件下，粗、细集料单位用量可按式(1-3-10)计算。

$$m_{c0}+m_{f0}+m_{w0}+m_{s0}+m_{g0}=m_{cp}$$

$$\beta_s=\frac{m_{s0}}{m_{s0}+m_{g0}}\times100\%$$
(1-3-10)

式中　m_{c0}，m_{f0}，m_{w0}，m_{s0}，m_{g0}——每立方米混凝土水泥、矿物掺合料、水、细集料和粗集料的用量(kg)；

β_s——混凝土砂率(%)；

m_{cp}——每立方米混凝土拌合物的既定质量，其值可根据施工单位积累的经验确定(kg)。当缺乏资料时，可根据集料的表观密度、粒径及混凝土强度等级参考表1-3-18选定。

表 1-3-18　混凝土拌合物的湿表观密度参考表

混凝土强度等级	C7.5～C15	C20～C35	>C40
假定湿表观密度	2 300～2 350	2 350～2 400	2 450

(2)体积法。体积法又称绝对体积法，该法是假定混凝土拌合物的体积等于各组成材料绝对体积与混凝土拌合物所含空气体积之和。在砂率已知的条件下，粗、细集料单位用量可按式(1-3-11)计算。

$$\frac{m_{c0}}{\rho_c}+\frac{m_{f0}}{\rho_f}+\frac{m_{s0}}{\rho_s}+\frac{m_{g0}}{\rho_g}+\frac{m_{w0}}{\rho_w}+0.01\alpha=1$$
(1-3-11)

$$\beta_s=\frac{m_{s0}}{m_{s0}+m_{g0}}\times100\%$$

式中　ρ_c——水泥密度(kg/m³)，可按现行国家标准《水泥密度测定方法》(GB/T 208—2014)测定；

ρ_f——矿物掺合料密度(kg/m³)，可按现行国家标准《水泥密度测定方法》(GB/T 208—2014)测定；

ρ_w——水的密度(kg/m³)，可取 1 000 kg/m³；

ρ_s，ρ_g——细集料和粗集料的表观密度(kg/m³)，可按现行行业标准《普通混凝土用砂、石质量及检验方法标准》(JGJ 52—2006)测定；

α——混凝土的含气量百分数，在不使用引气剂或引气型外加剂时，α取值为1。

根据以上公式可计算出单位砂、石用量 m_{g0}、m_{s0}。

通过以上六个步骤进行计算，可将水泥、矿物掺合料、水、细集料和粗集料的用量全部求出，得到混凝土的初步配合比，而以上各项计算多数是利用经验公式或经验资料获得，因此，不一定能够完全符合具体的工程实际要求，所以，应对配合比进行试配、调整与确定。

(二)试配、调整提出基准配合比

1. 试配

试配混凝土所用的各种原材料，要与实际工程使用的材料相同，粗、细集料的称量以干燥状态为基准；混凝土搅拌方法宜与生产时相同，粗集料最大公称粒径≤31.5 mm时，搅拌机最小拌合物数量为 20 L；粗集料最大公称粒径为 40 mm 时，搅拌机最小拌合物数量为 25 L。

2. 校核工作性，确定基准配合比

按初步配合比计算试配所需的材料用量，配制混凝土拌合物，测定混凝土拌合物的性能。当试拌得出的拌合物坍落度或维勃稠度不能满足要求或黏聚性和保水性不好时应进行调整。调整的基本原则是：在水胶比不变的条件下相应调整水泥浆的用量或砂率，如出现黏聚性和保水性不良，可适当提高砂率；每次调整后再试拌，直到符合要求为止。此时，工作性满足要求的配合比称为基准配合比。当试拌、调整工作完成后，应测出混凝土拌合物的实际表观密度。

3. 检验强度，确定试验室配合比

(1)制作试件、检验强度。工作性满足要求的基准配合比，混凝土的强度不一定符合要求，所以应对混凝土强度进行检验。混凝土强度进行检验时至少采用三个不同的配合比，其中一个是基准配合比，另外两个配合比的水胶比在基准配合比的基础上分别增减 0.05，用水量应与基准配合比相同，砂率可分别增减 1%；制作混凝土强度试件时，应检验其余两个配合比混凝土拌合物的工作性和实际表观密度，并以此结构作为相应配合比的混凝土拌合物性能。

为检验混凝土强度，每个配合比至少应做一组试件，在标准条件下养护至 28 d 或按照设计强度要求时间测定其抗压强度；也可同时多制作几组试件，按早期数据推定混凝土强度，但最终应满足标准养护 28 d 或设计规定龄期的要求强度。根据试验得出的混凝土强度，绘制强度和水胶比的现行关系图或插值法确定略大于配制强度对应的水胶比。

(2)确定试验室配合比。

1)根据强度检验结果修正后定出混凝土配合比，计算出混凝土的"计算湿表观密度"(ρ'_{cp})，即式(1-3-12)。

$$\rho'_{cp} = \rho_{cb} + \rho_{wb} + \rho_{sb} + \rho_{gb} \tag{1-3-12}$$

2)根据实测拌合物湿表观密度修正配合比：强度复核之后的配合比，还应根据拌合物的表观密度实测值 ρ_{cp} 进行修正，以确定混凝土中各种组成材料的用量。将混凝土的实测表观密度(ρ_{cp})除以"计算湿表观密度"(ρ'_{cp})得出"校正系数"(δ)，即式(1-3-13)。

$$\delta = \frac{\rho_{cp}}{m_{cb} + m_{sb} + m_{gb} + m_{wb}} = \frac{\rho_{cp}}{\rho'_{cp}} \tag{1-3-13}$$

3)当混凝土拌合物的表观密度实测值与计算值之差的绝对值不超过表观密度值的 2%

时，按以上原则确定的配合比即为试验室配合比；当二者之差超过表观密度计算值的2%时，应按配合比中各项材料用量乘以校正系数δ，得到最终确定的试验室配合比设计值，即式(1-3-14)。

$$\begin{aligned} m'_{cb} &= m_{cb} \cdot \delta \\ m'_{sb} &= m_{sb} \cdot \delta \\ m'_{gb} &= m_{gb} \cdot \delta \\ m'_{wb} &= m_{wb} \cdot \delta \end{aligned} \tag{1-3-14}$$

配合比调整后，应测定混凝土拌合物水溶性氯离子含量，并对设计要求的混凝土耐久性进行试验，符合设计规定的氯离子含量和耐久性要求的配合比为试验室配合比。

4. 确定施工配合比

设计配合比是以干燥状态集料为基准，而工地存放的砂、石都含有一定的水分。所以，现场材料的实际称量应按工地砂、石的含水情况进行修正，修正后的配合比为施工配合比。根据砂、石的实际含水率，将试验室配合比换算为施工配合比。

假定现场砂、石的含水率分别为$a\%$和$b\%$，则施工配合比中1 m³混凝土的水泥、细集料、粗集料和水的用量分别采用下列各式计算：

$$\begin{aligned} m_c &= m'_{cb} \\ m_s &= m'_{sb}(1+a\%) \\ m_g &= m'_{gb}(1+b\%) \\ m_w &= m'_{wb} - (m'_{sb} \cdot a\% + m'_{gb} \cdot b\%) \end{aligned}$$

5. 遇有下列情况之一时，应重新进行配合比设计

(1)对混凝土性能有特殊要求时。

(2)外加剂或矿物掺合料品种质量有显著变化时。

(3)该配合比的混凝土生产间断半年以上时。

七、普通混凝土配合比设计实例——试设计钢筋混凝土桥T形梁的混凝土配合比

(1)原始资料。

1)混凝土强度等级为C35，无强度历史统计资料，要求混凝土拌合物的坍落度为30~50 mm，桥梁所在地属寒冷地区。

2)组成材料：可供应强度等级为42.5的普通硅酸盐水泥，实测28 d胶砂强度48.8 MPa，密度为3.1 g/cm³，砂为中砂，表观密度为2.65 g/cm³，碎石最大粒径为31.5 mm，表观密度为2.70 g/cm³。

(2)设计要求。

1)计算出初步配合比。

2)按初步配合比试拌，调整后得出试验室配合比和施工配合比。

(3)设计步骤。

1)确定混凝土的配制强度$f_{cu,0}$：已知混凝土强度等级为C35，无强度历史统计资料，查表得出混凝土标准差为5.0 MPa。则混凝土配制强度为

$$f_{cu,0}=f_{cu,k}+1.645\sigma=35+1.645\times 5.0=43.2(\text{MPa})$$

2)确定初步水胶比：根据工程使用原材料通过试验确定集料回归系数：$\alpha_a=0.53$，$\alpha_b=0.20$。则混凝土水胶比为

$$\frac{W}{B}=\frac{\alpha_a\cdot f_b}{f_{cu,0}+\alpha_a\cdot\alpha_b\cdot f_b}=\frac{0.53\times 48.8}{43.2+0.53\times 0.20\times 48.8}=0.53$$

根据混凝土所处的桥梁所在地寒冷地区环境条件和耐久性要求，允许最大水胶比为0.55，从两者中选择较小者即0.53。

3)确定单位用水量：根据粗集料的品种为碎石、最大粒径为31.5 mm及施工要求的混凝土拌合物稠度坍落度为30～50 mm，其用水量为185 kg/m³。

4)计算单位水泥用量：按配置强度要求计算单位水泥用量。

$$m_{c0}=m_{w0}\frac{B}{W}=\frac{185}{0.53}=349(\text{kg/m}^3)$$

按耐久性校核单位水泥用量：根据混凝土所处的桥梁所在地寒冷地区环境条件，查表1-3-13得最小水泥用量应不低于275 kg/m³，符合耐久性要求。

5)砂率的选定：根据粗集料的品种为碎石、最大粒径为31.5 mm及水胶比为0.53，查表1-3-17选取砂率为0.34。

6)计算粗、细集料单位用量：

①质量法：查表1-3-18得每立方米混凝土拌合物的湿表观密度为2 400 kg/m³。粗、细集料单位用量可按下式计算：

$$349+185+m_{s0}+m_{g0}=2\ 400$$

$$\frac{m_{s0}}{m_{s0}+m_{g0}}=0.34$$

解得：$m_{s0}=634$ kg/m³，$m_{g0}=1\ 232$ kg/m³。

按质量法计算的初步配合比为 $m_{c0}:m_{s0}:m_{g0}:m_{w0}=349:634:1\ 232:185$，即 $1:1.82:3.53$，$W/B=0.53$。

②体积法：非引气型混凝土 $\alpha=1$，粗、细集料单位用量可按下式计算：

$$\frac{349}{3.1}+\frac{185}{1.0}+\frac{m_{s0}}{2.65}+\frac{m_{g0}}{2.70}+0.01\times 1=1$$

$$\frac{m_{s0}}{m_{s0}+m_{g0}}=0.34$$

解得：$m_{s0}=632$ kg/m³，$m_{g0}=1\ 226$ kg/m³。

按体积法计算得初步配合比为 $m_{c0}:m_{s0}:m_{g0}:m_{w0}=349:632:1\ 226:185$，即 $1:1.81:3.51:W/B=0.53$。

(4)调整提出基准配合比。

1)试配材料用量。按体积法计算得初步配合比试配20 L，则各种材料用量为

水泥：$349\times 0.02=6.98$(kg)

砂：$632\times 0.02=12.64$(kg)

碎石：$1\ 226\times 0.02=24.52$(kg)

水：$185\times 0.02=3.7$(kg)

2)校核工作性,确定基准配合比。按试配材料用量拌制混凝土拌合物,测其坍落度为 10 mm,不能满足题中施工工作性的要求,为此保持水胶比不变,增加 5%水泥浆后,测其坍落度为 40 mm,黏聚性和保水性也能满足要求,此时混凝土拌合物的材料用量为

水泥:$6.98\times(1+5\%)=7.33(\text{kg})$

砂:12.64 kg

碎石:24.52 kg

水:$3.7\times(1+5\%)=3.89(\text{kg})$

3)提出基准配合比。混凝土基准配合比为 $m_{ca}:m_{wa}:m_{sa}:m_{ga}=7.33:3.89:12.64:24.52$,即 $1:1.72:3.35$,$W/B=0.53$。

(5)检验强度,确定试验室配合比。

1)制作试件,检验强度。混凝土强度进行检验时采用三个不同的水胶比。其中一个为 0.53,另两个水胶比则分别为 0.48 和 0.58,用水量与基准配合比相同。检验混凝土拌合物的工作性满足要求。为检验混凝土强度,每个配合比至少制作一组(3块)试件,在标准条件下养护至 28 d 测定其抗压强度,分别为 43.5 MPa、48.7 MPa 和 39.8 MPa。根据试验结果,绘制出的混凝土强度与其相应的水胶比关系如图 1-3-3 所示。由图 1-3-3 确定,与混凝土强度 43.2 MPa 对应的水胶比为 0.53。

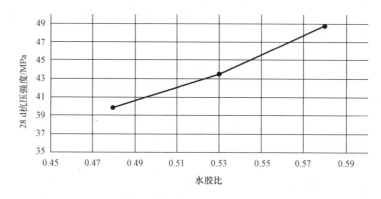

图 1-3-3 混凝土 28 d 抗压强度与水胶比的关系

2)确定试验室配合比。按强度检验结果修正配合比,各种材料用量为

水泥:$349\times(1+5\%)=366(\text{kg})$

砂:632 kg

碎石:1 226 kg

水:$185\times(1+5\%)=194(\text{kg})$

计算拌合物的表观密度:$\rho_{c,c}=366+194+632+1\,226=2\,418(\text{kg/m}^3)$

实测拌合物的表观密度:$\rho_{c,t}=2\,400\text{ kg/m}^3$

修正系数:$\delta=2\,418/2\,400=1.01$

因为混凝土拌合物的表观密度实测值与表观密度计算值之差的绝对值没有超过表观密度计算值的2%(为0.74),则不进行修正,按以上原则确定的配合比即为试验室配合比。为此,1 m³ 混凝土中各原材料用量试验室配合比为

$m'_{cb}=m_{cb}=366 \text{ kg/m}^3$

$m'_{sb}=m_{sb}=632 \text{ kg/m}^3$

$m'_{gb}=m_{gb}=1\ 226 \text{ kg/m}^3$

$m'_{wb}=m_{wb}=194 \text{ kg/m}^3$

试验室配合比为 $m'_{cb}:m'_{sb}:m'_{gb}:m'_{wb}=366:632:1\ 226:194$，即 $1:1.73:3.35$，$W/B=0.53$。

(6)施工配合比。根据施工现场实测砂含水率为 3.5%，石含水率为 1.0%，则各种材料用量为

水泥：366 kg/m^3

砂：$632\times(1+3.5\%)=654(\text{kg/m}^3)$

碎石：$1\ 226\times(1+1.0\%)=1\ 238(\text{kg/m}^3)$

水：$194-(632\times3.5\%+1\ 226\times1.0\%)=160(\text{kg/m}^3)$

因此，施工配合比为 $m_c:m_w:m_s:m_g=366:160:654:1\ 238$，即 $1:1.79:3.38$，$W/B=0.44$。

第二节 钢 材

一、钢材的组成和分类

(一)钢材的组成

1. 碳

碳是决定钢材性能的主要元素。随着含碳量的增加，钢的强度和硬度提高，塑性和韧性下降。但当含碳量大于 1.0% 时，由于钢材变脆，强度反而下降。

2. 锰

锰可以明显提高钢材的强度和硬度，还能与钢中的硫结合减轻硫的有害作用、消除钢的热脆性、改善加工性能；但锰含量过高，会降低钢材的塑性、韧性和可焊性。一般锰含量为 0.25%~0.80%。

3. 硅

硅是钢材中的主加合金元素。少量的硅可以提高钢材的强度、弹性、硬度，对韧性和塑性影响不大；但硅含量增大(>0.1%)会显著降低钢材的塑性和韧性，增大冷脆性，降低可焊性。

4. 硫

硫是钢中的有害杂质，硫的存在使钢质变脆，不仅可降低钢的强度和疲劳强度，还对钢材的热加工和焊接不利，应严格控制，一般不应超过 0.065%。

5. 磷、氮

磷是钢中的有害杂质，虽可增加钢材的强度和耐腐蚀性，但却显著增大钢的冷脆性，

并降低可焊性,应严格控制其含量,一般不超过0.085%;氮对钢的性能影响与磷相近,其含量不应超过0.008%。

6. 氧

多数以氧化铁形式存在,使钢的塑性、韧性和疲劳强度显著降低。

7. 氢

氢以原子状态存在于钢中,能显著降低钢的塑性、韧性,使钢变脆,这种现象称为氢脆;当以分子状态存在,其高压会在钢中造成微裂纹,形成白点使钢材脆断,因此应严格控制。

(二)钢材的分类

1. 按化学成分分类

(1)碳素钢。碳素钢的化学成分主要是铁,其次是碳,其含碳量为0.02%~2.06%。碳素钢除铁、碳外,还含有极少量的硅、锰和微量的硫、磷等元素。

碳素钢按含碳量不同又可分为以下几项:

1)低碳钢:含碳量<0.25%;

2)中碳钢:含碳量为0.25%~0.60%;

3)高碳钢:含碳量>0.60%。

(2)合金钢。合金钢是在炼钢过程中,为改善钢材的性能,特意加入某些合金元素而制得的一种钢。常用合金元素有硅、锰、钛、钒、铌、铬等。按合金元素总含量不同,合金钢可分为以下几项:

1)低合金钢:合金元素总含量<5.0%;

2)中合金钢:合金元素总含量为5.0%~10%;

3)高合金钢:合金元素总含量>10%。

钢结构用钢和钢筋混凝土结构用钢,主要使用碳素钢中的低碳钢以及合金钢中的低合金钢加工成的产品。

2. 按质量分类

(1)普通碳素钢:含硫量≤0.050%,含磷量≤0.045%;

(2)优质碳素钢:含硫量≤0.035%,含磷量≤0.035%;

(3)高级优质钢:含硫量≤0.025%,高级优质钢的钢号后加"高"字或"A"含磷量≤0.025%;

(4)特殊优质钢:含硫量≤0.015%,特殊优质钢的钢号后加"E",含磷量≤0.025%。

3. 按冶炼时脱氧程度分类

在冶炼过程中,钢水里仍有大量以FeO形式存在的养分,FeO与碳作用生成CO以至在凝固钢锭内形成许多气泡,降低钢材的力学性能。为了除去钢液中的氧,必须加入脱氧剂锰铁、硅铁及铝锭使之与FeO反应,生成MnO、SiO_2或Al_2O_3等钢渣而被除去,这一过程称为"脱氧"。

根据脱氧程度不同,钢材可分为以下几种:

(1)沸腾钢：脱氧不完全的钢，导致浇模时，有大量一氧化碳溢出，使钢水呈沸腾状，称为沸腾钢，代号为"F"。

沸腾钢组织不够致密，成分不太均匀，硫、磷等杂质偏析严重，质量较差。但由于其成本低，产量高，故广泛用于一般工程。

(2)镇静钢：浇铸时，钢液平静地冷却凝固，是脱氧完全的钢，代号为"Z"。镇静钢成本较高，但其组织致密，成分均匀，含硫量较少，性能稳定，故质量好。其适用于预应力混凝土等重要结构工程。

(3)半镇静钢：半镇静钢是指脱氧程度介于沸腾钢与镇静钢之间，是质量较好的钢，代号为"b"。

(4)特殊镇静钢：比镇静钢脱氧程度还要充分彻底的钢，钢的质量最好，适用于特别重要的结构工程，代号为"TZ"。

4. 按用途分类

(1)结构钢：用于建筑结构、机械制造等，一般为低、中碳钢。

(2)工具钢：用于各种工具，如刀具、模具、扳手等，一般为高碳钢。

(3)特殊钢：具有各种特殊物理化学性能的钢材，如不锈钢、耐热钢等。

5. 按供应形式分类

钢结构按供应形式可分为盘圆钢筋(直径为6～10 mm)和直条钢筋(直径为6～12 mm)。

6. 按生产工艺、机械性和加工条件分类

(1)热轧带肋钢筋：热轧带肋钢筋是指横截面通常为圆形，表面通常带有两条纵肋和沿长度方向均匀分布的横肋的钢筋，俗称螺纹钢。热轧带肋钢筋可分为HRB335(老牌号为20MnSi)、HRB400(老牌号为20MnSiV、20MnSiNb、20MnTi)、HRB500、HRB600四个牌号，即由HRB和牌号的屈服点最小值构成。H、R、B分别为热轧(Hot rolled)、带肋(Ribbed)、钢筋(Bar)三个词的英文首位字母。带肋钢筋外形有螺旋形、人字形和月牙形三种，一般HRB335级、HRB400级钢筋轧制成人字形，HRB500级钢筋轧制成螺旋形及月牙形。

HRB300级、HRB335级、HRB400级热轧钢筋焊接性能尚好，且有良好的塑性和韧性，适用于强度要求较低的非预应力混凝土结构。预应力混凝土结构要求采用强度更高的钢作受力钢筋。

(2)热轧光圆钢筋：热轧光圆钢筋是指横截面通常为圆形且表面光滑的钢筋。热轧光圆钢筋可分为HPB300级、HRB335级。热轧光圆钢筋的牌号由HPB和钢筋的屈服点最小值构成。H、P、B分别为热轧(Hot rolled)、光圆(Plain)、钢筋(Bars)三个词的英文首位字母。

(3)冷轧带肋钢筋：冷轧带肋钢筋是采用普通低碳钢或低合金钢热轧圆盘条为母材，经冷轧或冷拔减径后在其表面冷轧成具有三面或二面月牙形横肋的钢筋。冷轧带肋钢筋可分为CRB550、CRB650、CRB800和CRB970四个牌号，由CRB和钢筋的抗拉强度最小值构成。C、R、B分别为冷轧(Cold-rolled)、带肋(Ribbed)、钢筋(Bars)三个词的英文首位字母。

钢筋混凝土结构及预应力混凝土结构中的冷轧带肋钢筋,可按下列规定选用:
CRB550 为普通钢筋混凝土用钢筋,其他牌号为预应力混凝土钢筋。
550 级钢筋宜用作钢筋混凝土结构构件中的受力主筋、架立筋、箍筋和构造钢筋。
650 级和 800 级钢筋宜用作预应力混凝土结构构件中的受力主筋。

(4)余热处理钢筋。热轧后立即穿水,进行表面控制冷却,然后利用芯部余热自身完成回火处理所得的成品钢筋。预热处理钢筋的牌号为 KL400("K"为控制的汉语拼音字头)。

(5)钢丝。钢丝按外形可分为光圆、螺旋钢、刻痕三种。其代号分别为 P、H、I。钢丝按加工状态可分为冷拉钢丝和消除应力钢丝两类。消除应力钢丝按松弛性能又可分为低松弛级钢丝和普通松弛级钢丝。其代号分别为 WCD(冷拉钢丝)、WLR(低松弛钢丝)和 WNR(普通松弛钢丝)。它们属于硬钢类,钢丝的直径越细,极限强度越高,可作为预应力钢筋使用。

《公路钢筋混凝土及预应力混凝土桥涵设计规范》(JTG 3362—2018)推荐,用于预应力混凝土桥梁结构的钢筋主要选取热轧钢筋、碳素钢丝和精轧螺纹钢筋。精轧螺纹钢筋的直径规格有 18 mm、25 mm、32 mm 和 40 mm 四种。精轧螺纹钢筋的强度较高,主要用于中小跨径的预应力混凝土桥梁构件。

二、钢材的技术性质

(一)强度

强度是钢筋力学性能的主要指标,包括屈服强度和抗拉强度。钢材的强度主要表现为抗拉强度。图 1-3-4 所示为低碳钢在拉伸试验中的应力-应变曲线。

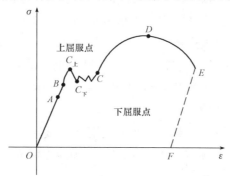

图 1-3-4 低碳钢受拉时应力-应变曲线

1. 弹性阶段(O—A)

OA 范围内如卸去荷载试件可恢复原状,称为弹性变形。A 点所对应的应力称为弹性极限,用 σ_P 表示。应力与应变的比值为常数,称为弹性模量,用 E 表示及 $\sigma/\varepsilon=E$。

2. 屈服阶段(B—C)

当应力超过比例极限后,应力与应变不再成正比关系。这一阶段开始时的图形接近直线,后应力增加很小,而应变急剧的增长,就好像钢材对外力屈服一样,所以称为屈服阶段。此时,钢材的性质也由弹性转为塑性,如将拉力卸去,试件的变形不会全部恢复,不能恢复的变形称为塑性变形(即残余变形)。这个阶段有两个应力极值点,即屈服上限($C_上$点对应的应力值)和屈服下限($C_下$点对应的应力值),由于$C_下$点对应的应力相对比较稳定,容易测定,因此将屈服下限$C_下$点称为屈服点,对应的应力值称为屈服强度,用σ_s表示。

通常中碳钢、高碳钢强度高,塑性差,拉伸过程无明显屈服阶段,无法直接测定屈服强度。用条件屈服强度$\sigma_{0.2}$来代替屈服强度,如图1-3-5所示。

条件屈服点$\sigma_{0.2}$:使硬钢产生0.2%塑性变形时的应力。

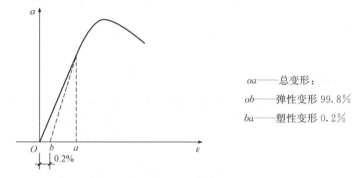

oa——总变形;
ob——弹性变形99.8%
ba——塑性变形0.2%

图1-3-5 中、高碳素钢的应力-应变曲线图

3. 强化阶段($C-D$)

钢材经历屈服阶段后,由于内部组织起变化,抵抗外力的能力又重新提高,应力与应变的关系呈上升曲线,此阶段称为强化阶段。对应于最高点D的应力称为极限抗拉强度。

抗拉强度是试样在拉断前所承受的最大负荷所对应的应力。它表示材料在拉力作用下抵抗破坏的最大能力。抗拉强度虽然不能直接作为计算依据,但钢材的屈服强度和抗拉强度的比值,即"屈强比",反映了钢材的可靠性和利用率。钢材的可靠性大,结构安全;但屈强比过小,钢材的有效利用率太低,可能造成浪费。所以,屈强比最好为0.60~0.75。

4. 颈缩阶段($D-E$)

试件伸长到一定程度后,荷载逐渐降低,试件在某一薄弱处断面开始缩小,产生"颈缩"现象,至E点断裂。

(二)塑性

钢材在受力破坏前可以经受永久变形的性能,称为塑性。在工程中,钢材的塑性指标通常用断后伸长率和断面收缩率表示。

1. 断后伸长率

试样拉断后,其标距部分所增加的长与原标距长的百分比,称为断后伸长率,如图1-3-6所示,按式(1-3-15)计算。

$$\delta = \frac{L_1 - L_0}{L_0} \times 100\% \quad (1-3-15)$$

式中　L_0——试样的原标距长(mm);

L_1——试样拉断后标距部分的长(mm)。

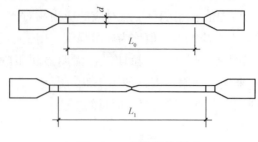

图 1-3-6　钢筋拉伸图

2. 断面收缩率

试件拉断后缩颈处横断面面积的最大缩减量占原横断面面积的百分比称为断面收缩率,按式(1-3-16)计算。

$$\Psi = \frac{A_0 - A_1}{A_0} \times 100\% \tag{1-3-16}$$

式中　A_0——试样的原横截面面积(mm²);

　　　A_1——试样拉断处的横截面面积(mm²)。

(三)硬度

硬度是指钢材表面局部体积内抵抗更硬物体压入而引起塑性变形的抗力。钢材硬度值越高,表示它抵抗局部塑性变形的能力越大。测定钢材硬度常用布氏法,所测硬度称为布氏硬度。

布氏法:用一直径为 D 的硬质钢球,在荷载 $P(N)$ 的作用下压入试件表面,经规定的时间后卸去荷载,用读数放大镜测出压痕直径 d,以荷载 P 除以压痕表面积(mm²),如图 1-3-7 所示,即为布氏硬度值 HB,按式(1-3-17)计算。HB 值越大,表示钢材越硬。

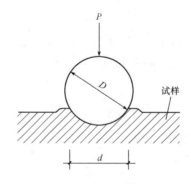

图 1-3-7　钢筋拉伸图

$$HB = 0.102 \times \frac{2P}{\pi D^2 \left[1 - \sqrt{1 - \frac{d^2}{D^2}}\right]} \tag{1-3-17}$$

(四)冲击韧性

冲击韧性是指钢材抵抗冲击荷载而不破坏的能力,是衡量钢材抵抗脆性破坏的力学性能指标。其大小用冲击韧性值 α_K 表示,见式(1-3-18)。α_K 值越大,则冲击韧性越好。

$$\alpha_K = \frac{A_K}{F} \qquad (1\text{-}3\text{-}18)$$

式中 α_K ——试件破坏时的冲击功(J);

F ——试件槽口处截面面积(mm^2)。

(五)耐疲劳性

疲劳破坏是指在反复荷载作用下的结构构件,钢材往往在应力远小于抗拉强度时发生骤然断裂的现象。

耐疲劳性是指钢材抵抗疲劳破坏的能力。

疲劳强度是指在疲劳试验中,试件在交变应力作用下,在规定的周期基数内不发生断裂时所能承受的最大应力值。

钢材的疲劳强度与其抗拉强度有关,一般抗拉强度高,其疲劳强度也较高。钢材的疲劳极限不仅与其内部组织有关,也与表面质量有关。

(六)冷弯性能

冷弯性能是指钢材在常温下承受规定弯曲程度的弯曲变形能力。

冷弯是指按规定试件弯曲处不产生裂纹、断裂和起层等现象。冷弯会暴露钢材中的气孔、杂质、裂纹等缺陷。钢材的局部脆性及接头缺陷都可在焊接中的冷弯过程中被发现,所以,钢材的冷弯是评定塑性、加工性能和焊接质量的指标。因此,重要结构和弯曲成型的钢材,冷弯必须合格。

(七)焊接性能

焊接性能是指在一定焊接工艺条件下,在焊缝及其附近过热区是否产生裂缝及脆硬影响,焊接后接头强度是否与母体相近的性能。

可焊性受化学成分及含量的影响。含碳量高、含硫量高、合金元素含量高等,均会降低可焊性。含碳量小于 0.25% 的非合金钢具有良好的可焊性。

焊接结构应选择含碳量较低的氧气转炉钢或平炉镇静钢。当采用高碳钢及合金钢时,为了改善焊接后的硬脆性,焊接时一般要采用焊前预热及焊后热处理等措施。

三、钢材的技术要求

(一)钢材应具备的技术性质

1. 良好的综合力学性能

桥梁结构在使用中承受复杂的交通荷载,同时,在无遮盖的条件下经受大气条件的严酷环境考验,钢材应具有较高的屈服点、较高的抗拉强度,具有良好的塑性、冷弯、冲击韧性、抗疲劳性和冲击韧性。

2. 良好的焊接性

由于近代焊接技术的发展，桥梁钢结构趋向于采用焊接结构代替铆接结构，以加快施工速度和节约钢材。桥梁在焊接后不宜整体热处理，因此要求钢材具有良好的焊接性，也即焊接的连接部分应强而韧，其强度与韧性应不低于焊件本身，以防止产生硬化脆裂和内应力过大等现象。

3. 良好的抗蚀性

由于桥梁长期暴露于大气中，所以要求桥梁用钢具有良好的抵抗大气因素腐蚀的性能。

(二)钢筋混凝土和预应力混凝土结构中常用的钢制品

1. 钢筋混凝土用钢筋

钢筋混凝土中的钢筋和预应力混凝土中的非预应力钢筋有光圆钢筋、热轧带肋钢筋、冷轧带肋钢筋、低碳钢热轧圆盘条，钢筋外表有严重锈蚀、麻坑、裂纹夹砂和夹层等缺陷时，应予以剔除，不得使用。

2. 预应力混凝土用钢筋

预应力混凝土用钢筋有热处理钢筋、冷拉钢筋和精轧钢筋。预应力混凝土用的钢丝有冷拔钢丝、冷拉或消除应力的光圆钢丝、螺纹肋钢丝和刻痕钢丝。

(1)热处理钢筋。热处理钢筋由热轧螺纹钢筋经淬火和回火调质热处理而成的。其外形可分为有纵肋和无纵肋两种。

经热处理后改变了钢筋的内部组织结构，性能得以改善，抗拉强度提高到预应力钢筋所需要的强度等级。

热处理按照一定的制度，将钢材加热到一定的温度，在此温度下保持一定的时间，再以一定的速度和方式进行冷却，以使钢材内部晶体组织和显微结构按照要求进行改变或消除钢中的内应力，从而获得人们所需要的机械力学性能。

热处理方式有以下几项：

1)淬火：将钢加热到一定温度，经保温后快速在水(或油)中冷却的热处理方法称为淬火。其目的是提高材料的强度、硬度、耐磨性等。

2)回火：将淬火后的钢重新加热到某一温度，并保温一段时间，然后以一定的方式冷却至室温，这种热处理方法称为回火。回火是淬火的继续，经淬火的钢须进行回火处理。回火的目的是减少或消除工件淬火时产生的内应力，适当调整钢的强度和硬度，稳定组织，使工件在使用过程中不发生组织转变。

3)退火：将钢加热到一定温度并在此温度下保温，然后缓慢地冷却到室温，这一热处理工艺称为退火。

4)正火：将钢加热到一定温度，保温一段时间，然后在空气中冷却的热处理方法称为正火。正火与退火的目的基本相同，但正火的冷却速度比退火冷却速度快，得到的组织较细，硬度、强度较退火高。

(2)冷拉钢筋。冷拉钢筋是在常温条件下，以超过原来钢筋屈服点强度的拉应力，强行拉伸钢筋，使钢筋产生塑性变形以达到提高钢筋屈服点强度和节约钢材的目的，但经冷拉后会降低钢筋的延伸率、断面收缩率、冷弯性能和冲击韧性。

预应力混凝土结构用钢筋，主要要求具有高的屈服极限、变形极限等强度性能，而对延伸率、冲击韧性和冷弯性能要求不高，这就为采用冷加工工艺提供了可能性。

（3）精轧螺纹钢筋。精轧螺纹钢筋是用热轧方法直接生产的一种无纵肋的钢筋，钢筋的连接是在端部用螺纹套筒进行连接结长。

（4）冷拔钢丝。冷拔钢丝是直径为6～8 mm的普通碳素钢筋条用强力拉过比它本身直径还小的硬质合金拉丝模，这时钢筋同时受到纵向拉力和横向压力的作用，截面变小，长度拉长，经过几次拉丝，强度得到极大提高。

（5）高强度钢丝。高强度钢丝是用优质碳素钢热轧盘条冷拔制成，再用机械方式对钢丝进行压痕处理形成刻痕钢丝，并进行低温（一般低于500 ℃）矫直回火处理后即称为矫直回火钢丝，又称为"消除应力钢丝"。

高强度钢丝包括冷拉钢丝、消除应力钢丝、消除应力刻痕钢丝。

冷拉是指在金属材料的两端施加拉力，使材料产生拉伸变形的方法；冷拔是指在材料的一端施加拔力，使材料通过一个模具孔而拔出的方法，模具的孔径要较材料的直径小些。轧辊是轧钢厂轧钢机上的重要零件，利用一对或一组轧辊滚动时产生的压力来轧碾钢材。

冷拉钢丝：用盘条通过拔丝模或轧辊经冷加工而成，以盘卷供货的钢丝。

消除应力钢丝：按一次性连续处理方法生产的钢丝。

消除应力刻痕钢丝：钢丝表面沿着长度方向上具有规则间隔的压痕。

（6）钢绞线。钢绞线是钢厂用优质碳素结构钢经过冷加工、再经回火和绞捻等加工而成，塑性好、无接头、使用方便、专供预应力混凝土结构。预应力混凝土用钢绞线是由冷拉光圆钢丝捻制而成或由刻痕钢丝捻制而成。桥涵工程常用1×7结构钢绞线（用七根钢丝捻制的标准钢绞线）。

四、钢材的锈蚀及防护

（一）钢材的锈蚀

钢材长期暴露在空气或潮湿的环境中，表面会锈蚀，尤其是当空气中含有各种介质污染时，情况更为严重。钢材的锈蚀是钢材在气体或液体介质中，产生化学或电化学作用而逐渐腐蚀破坏的现象。锈蚀不但造成钢材的损失，表现为截面的均匀减少，而且产生的局部锈坑会引起应力集中，另外，在反复冲击荷载作用下，会促使疲劳强度降低而出现脆裂，使结构破坏，危及建筑物安全。

（二）钢材的防护

1. 采用耐候钢

耐候钢是在碳素钢和低合金钢中添加少量铜、铬、镍等合金元素制成的。这种钢在大气作用下可在表面形成一种致密的保护层，起到防腐作用。

2. 涂层防腐

（1）金属涂层。用耐候性好的金属，以电镀或喷镀的方法覆盖在钢材表面，提高钢材的防腐性能。常用的金属有铜、锌、锡、镍等。

(2)非金属涂层。钢材表面做非金属涂层,使钢材与外部环境隔离,从而起到防腐作用。常用的非金属涂层用材料有涂料、搪瓷和塑料。在路桥实际工程中,常用的涂料有油漆、聚氨酯、聚脲等。

3. 混凝土结构中钢材的防腐

混凝土中的氯盐外加剂和空气会造成钢筋的锈蚀,引起钢筋混凝土结构的整体性能下降。为了防止钢筋锈蚀,应保证钢筋外层的混凝土的密实度和厚度,减少钢筋与空气的接触,限制氯盐外加剂的掺量并使用防锈剂。另外,在不影响钢筋使用的情况下,可在钢筋表面进行涂层防护,如镀锌、涂覆环氧树脂等。

课后题

一、填空题

1. 普通混凝土按强度等级可以分为_____、_____、_____。
2. 新拌混凝土的和易性有_____、_____、_____。
3. 混凝土拌合物的稠度试验方法主要有_____、_____两种。
4. 砂率是指混凝土中_____占_____的百分率。
5. 混凝土强度等级用符号_____和_____两项内容来表示。
6. 硬化后混凝土的非荷载作用下的变形有_____、_____、_____。
7. 浆集比是混凝土中_____和_____之比。
8. 水泥浆在混凝土凝结硬化前起_____和_____作用,在混凝土凝结硬化后起_____作用,粗集料主要起_____作用,细集料起_____和_____作用。
9. 混凝土配合比的表示方法有_____和_____。
10. 普通混凝土配合比的三个参数有_____、_____、_____。

二、选择题

1. 水泥浆在混凝土材料中,硬化前和硬化后是起( )作用。
   A. 胶结   B. 润滑和胶结
   C. 填充   D. 润滑和填充
2. 在原材料质量不变的情况下,决定混凝土强度的主要因素是( )。
   A. 水泥用量   B. 砂率
   C. 单位用水量   D. 水胶比
3. 混凝土中加入减水剂,在保持流动性及水胶比不变的条件下,最主要目的是( )。
   A. 增加流动性   B. 提高混凝土强度
   C. 节约水泥   D. 改善混凝土耐久性
4. 混凝土用砂,最好选用( )。
   A. 特细砂   B. 细砂   C. 中砂   D. 粗砂

5. 混凝土的强度主要取决于( )。
   A. 水泥石的强度
   B. 水泥石的强度及其与集料表面的黏结强度
   C. 水泥的强度等级
   D. 水胶比与集料的性质
6. 混凝土的渗透性主要来源( )。
   A. 水泥石中的连通孔隙
   B. 砂石集料内部的连通孔隙
   C. 水泥石与砂石的结合面
   D. 三者的渗透性均等
7. 配制混凝土时,水胶比过大,则( )。
   A. 混凝土拌合物的保水性变差
   B. 混凝土拌合物的黏聚性变差
   C. 混凝土的强度和耐久性下降
   D. A+B+C
8. 试拌调整混凝土时,发现拌合物的保水性较差,应采用( )措施。
   A. 增加砂率
   B. 减少砂率
   C. 增加水泥
   D. 增加用水量
9. 测定混凝土强度用的标准试件尺寸为( )。
   A. 70.7 mm×70.7 mm×70.7 mm
   B. 100 mm×100 mm×100 mm
   C. 150 mm×150 mm×150 mm
   D. 50 mm×50 mm×50 mm
10. 普通混凝土受压破坏一般是( )先破坏。
    A. 水泥石
    B. 集料和水泥石界面
    C. 集料
    D. 水泥石和集料同时
11. 混凝土强度包括抗压、抗拉、抗弯及抗剪等,其中( )强度为最高。
    A. 抗压
    B. 抗拉
    C. 抗弯
    D. 抗剪
12. 施工所需要的混凝土拌合物的坍落度的大小主要由( )来选取。
    A. 水胶比和砂率
    B. 水胶比和捣实方式
    C. 集料的最大粒径和级配
    D. 构件的截面尺寸大小、钢筋疏密、捣实方式
13. 配制高强度混凝土时应选用( )。
    A. 早强剂
    B. 高效减水剂
    C. 引气剂
    D. 膨胀剂
14. 混凝土配合比设计的三个主要技术参数是( )。
    A. 单位用水量、水泥用量、砂率
    B. 水胶比、水泥用量、砂率
    C. 单位用水量、水胶比、砂率
    D. 水泥强度、水胶比、砂率
15. 坍落度是表示塑性混凝土( )的指标。
    A. 流动性
    B. 黏聚性
    C. 保水性
    D. 软化点
16. 普通混凝土的强度等级是以具有95%保证率的( )天立方体抗压强度代表值来确定的。
    A. 3、7、28
    B. 3、7
    C. 3、28
    D. 7
17. 混凝土配合比的试配调整中规定,在混凝土强度试验时至少采用三个不同的配合

比，其中一个应为（　　）配合比。
   A. 初步　　　　　　　　　　　B. 试验室
   C. 施工　　　　　　　　　　　D. 基准

18. 在水泥混凝土坍落度试验中，从开始装料到提坍落度筒的整个过程应在（　　）s内完成。
   A. 100　　　　　　　　　　　B. 150
   C. 200　　　　　　　　　　　D. 250

19. 在配合比相同的条件下，水泥强度等级越高，混凝土强度越（　　）。
   A. 低　　　　　　　　　　　　B. 高
   C. 无影响　　　　　　　　　　D. 以上均不对

20. 单位用水量是（　　）混凝土拌合物中水的用量。
   A. 1 m²　　　　　　　　　　B. 1 m
   C. 1 m³　　　　　　　　　　D. 1 cm

21. 钢材中（　　）的含量过高，将导致其热脆现象发生。
   A. 碳　　　B. 磷　　　C. 硫　　　D. 硅

22. 钢材中（　　）的含量过高，将导致其冷脆现象发生。
   A. 碳　　　B. 磷　　　C. 硫　　　D. 硅

三、名词解释题

1. 普通混凝土
2. 细集料的含泥量
3. 混凝土拌合物的工作性

四、判断对错题

1. 在拌制混凝土中砂越细越好。（　　）
2. 在混凝土拌合物中，水泥浆越多，拌合物的和易性就越好。（　　）
3. 用高强度等级水泥配制低强度等级混凝土时，混凝土的强度能得到保证，但混凝土的和易性不好。（　　）
4. 砂率是砂的质量与石子质量的百分比。（　　）
5. 在结构尺寸及施工条件允许下，在一定范围内，可以选择较大粒径的粗集料，这样能够节约水泥。（　　）
6. 影响混凝土拌合物流动性的主要因素归根结底是总用水量的多少。因此，可采用多加水的办法调整和易性。（　　）
7. 混凝土制品采用蒸汽养护的目的，在于使其早期强度得到提高。（　　）
8. 混凝土中使用引气剂，由于混凝土密实度降低，混凝土的抗冻性变差。（　　）
9. 在常用水胶比范围内，水胶比越小，混凝土强度越高，质量越好。（　　）
10. 维勃稠度试验适用于测定坍落度大于10 mm的新拌混凝土的和易性。（　　）
11. 在混凝土中添加减水剂可提高坍落度，改善混凝土的黏聚性和保水性。（　　）
12. 减水剂可以增加水泥混凝土的抗压强度。（　　）
13. 增加水泥混凝土坍落度值的方法可以直接加水。（　　）

14. 评价塑性混凝土流动性的指标是坍落度。 ( )
15. 混凝土用砂的细度模数越大,则该砂的级配越好。 ( )
16. 流动性大的混凝土比流动性小的混凝土强度低一些。 ( )
17. 混凝土的化学收缩是不可恢复的。 ( )

五、简答题

1. 在混凝土工程中,根据什么选用水泥的品种与强度等级?
2. 影响混凝土强度的主要因素有哪些?简述提高水泥混凝土强度的办法。
3. 拟采用下述几个方案提高水泥混凝土混合物的流动性(不改变水泥混凝土其他技术性质),试问哪几个方案可行?哪几个方案不可行?并说明理由。
   (1)保持水胶比不变,增加水泥浆用量;
   (2)增加单位用水量;
   (3)加入减水剂。
4. 影响水泥混凝土和易性的主要因素有哪些?
5. 水泥混凝土用于建筑工程上有何优缺点?
6. 水泥混凝土应具有哪些主要性能?
7. 对水泥混凝土为什么要求具有良好的和易性?
8. 水泥混凝土的和易性如何判断?
9. 混凝土为什么以抗压强度划分强度等级?
10. 简述水泥混凝土初步配合比的计算步骤。
11. 存在于水泥混凝土中的非荷载变形有哪些?

六、计算题

1. 某水泥混凝土中水泥密度 $\rho_c = 3.1$ kg/L,砂的表观密度 $\rho_s = 2.7$ g/cm³,碎石的表观密度 $\rho_g = 2.8$ g/cm³,其单位用水量 $W = 180$ kg/m³,水胶比 $W/B = 0.5$,砂率 $\beta_s = 32\%$。分别用质量法及体积法计算出初步配合比(混凝土假定湿表观密度为 2 400 kg/m³)。

2. 按强度等级为 C20 混凝土配合比制成一组 15 cm×15 cm×15 cm 的试块,在标准条件下养护 28 d,做抗压强度试验,其破坏荷载分别为 550 kN、520 kN、480 kN,该混凝土实测强度为多少?

3. 现在试验室求得一立方米混凝土的各种材料用量为水泥 360 kg,砂 612 kg,石子 1 241 kg,水 187 kg,如工地上所用砂含水率为 3%,石子含水率为 2%,求该混凝土的施工配合比。

4. 经初步计算,某混凝土每立方米各种材料用量为水泥 360 kg,砂 612 kg,石子 1 241 kg,水 187 kg,现代验室测得混凝土密度为 2 350 kg/m³,试求修正后该混凝土配合比。

5. 已确定水胶比为 0.5,每立方米水泥混凝土用水量为 180 kg,砂率为 33%,水泥混凝土密度假定为 2 400 kg/m³,试求该水泥混凝土的初步配合比。

6. 今有一组普通水泥混凝土试件(150 mm×150 mm×150 mm)测得 28 d 的破坏荷载分别为 625 kN、800 kN、692 kN,试确定其抗压强度。

7. 某水泥混凝土,单位用水量 $W = 180$ kg/m³,水胶比 $W/B = 0.5$,砂率 $\beta_s = 32\%$。

(1)用质量法计算出初步配合比(假定湿表观密度为 2 400 kg/m³)。

(2)经测定,在初步配合比基础上增加3%水泥浆可使和易性满足要求,请计算基准配合比。

(3)按基准配合比拌制混凝土,实测密度为 2 470 kg/m³,请按密度校核基准配合比。

8. 某水泥混凝土的细集料筛分数据见下表。

(1)判断本次试验是否成功。

(2)计算分计筛余百分率、累计筛余百分率及质量通过百分率。

(3)计算细度模数。

(4)绘制级配曲线。

筛孔/mm	5	2.5	1.25	0.63	0.315	0.16	底盘
存留量/g	16.9	63.2	36.8	55.6	168.1	90.7	65.1
分计筛余百分率/%							
累计筛余百分率/%							
质量通过百分率/%							

9. 某水泥混凝土拌合物试拌12 L时,水泥用量为4.2 kg,水用量为2.1 kg,砂用量为7.8 kg,石子用量为14.6 kg。

求:(1)该混凝土的初步配合比。

(2)若实测混凝土密度为 2 450 kg/m³,计算密度校核后的配合比。

(3)若施工现场砂含水率为2%,石子含水率为3%。请换算工地配合比。

10. 某水泥混凝土的细集料筛分数据见下表。

(1)试补全下列表格。

(2)计算该砂的细度模数。

(3)绘出级配曲线图。

筛孔尺寸/mm	分计筛余百分率/%	累计筛余百分率/%	质量通过百分率/%
5	5		
2.5		13	
1.25			80
0.63	18		
0.315		63	
0.16			8
底盘			

第四章　石灰、土和无机结合料稳定材料

第一节　石　灰

一、石灰的生产及分类

(一)石灰的生产

石灰又称白灰，是一种无机胶凝材料，经物理化学作用，能够产生胶结力和强度，将砂石等散状材料胶结成一个整体，或将构件结合成整体。

石灰是将主要成分为碳酸钙和碳酸镁的岩石经高温煅烧(加热至 900 ℃以上)，溢出 CO_2 气体，得到白色或灰白色的块状材料即为块状生石灰。用于煅烧石灰的原料主要以富含氧化钙的岩石(石灰石、白云石、白垩)等为主，也可应用含有氧化钙和部分氧化镁的岩石。其化学反应可表示如下：

$$CaCO_3 \xrightarrow{900\ ℃} CaO + CO_2 \uparrow$$

因煅烧后得到的生石灰体积比原来石灰石的体积减小 10%～15%，所以，石灰是一种多孔材料。

在实际生产中，为了加快石灰石的分解过程，使原料充分煅烧，并考虑到热损失，通常将煅烧温度提高至 1 000 ℃～1 200 ℃。根据煅烧程度不同，石灰可分为以下三种：

(1)正火石灰：煅烧正常，质量轻，无裂缝，密度为 3.1～3.4 g/cm^3，表观密度为 800～1 000 kg/m^3。

(2)欠火石灰：由于石灰石原料的尺寸过大或窑中温度不匀等原因，使得石灰中含有未烧透的内核。欠火石灰的特点为：颜色发青，质量大；未消化残渣含量高，有效氧化钙和氧化镁含量低，使用时缺乏粘结力。

(3)过火石灰：由于烧制的温度过高或时间过长而产生。过火石灰的特点为：颜色呈灰黑色，表面出现裂纹，有玻璃状的外壳；体积收缩明显，密度大；若将过火石灰用于工程中，可能会在石灰浆硬化以后才发生水化反应，导致已成型的结构物体积膨胀，表面局部隆起、剥落或产生裂缝，严重影响工程质量。因此，在生产中要严格控制煅烧质量，使用时应提前对过火石灰进行处理。

(二)石灰的分类

1. 根据成品的加工方法不同

(1)块状生石灰：由石灰石煅烧成的白色疏松结构的块状物，主要成分为 CaO。

(2)生石灰粉：由块状生石灰磨细而成。生石灰粉的消化时间短，直接加水即可，但其成本较高，不易储存。

(3)消石灰粉：将生石灰用适量的水经消化和干燥而成的粉末，主要成分为$Ca(OH)_2$，也称为熟石灰。

(4)石灰膏：将消石灰和水组成的具有一定稠度的膏状物。主要成分为$Ca(OH)_2$和水。

(5)石灰乳：将消石灰用大量水消化而成的一种乳状液体，主要成分为$Ca(OH)_2$和水。

2. 按氧化镁含量不同分类

煅烧石灰的岩石常常含有少量碳酸镁，碳酸镁在650 ℃时分解生成氧化镁并排出二氧化碳，因此，石灰中含有次要成分氧化镁。当氧化镁含量≤5％时称为钙质石灰；当氧化镁含量＞5％时称为镁质石灰。

二、生石灰的消化与硬化

(一)生石灰的消化

生石灰在使用时必须加水使其消解成为粉末状的消石灰，这一过程称为熟化或消化。故消石灰也称熟石灰。其化学反应可表示如下：

$$CaO + H_2O \longrightarrow Ca(OH)_2 + 64.9 \text{ kJ/mol}$$

生石灰熟化时放出大量热，体积增大1～2.5倍，生石灰消化时，应严格控制加水速度和加水量。

(1)过烧现象：对于快熟石灰，因其熟化快，放热量大，加水量应大，加水速度应较快，需搅拌帮助散热，防止已消化的石灰颗粒形成$Ca(OH)_2$，包裹在未消化颗粒周围，使内部石灰不易消化。

(2)过冷现象：对于慢熟石灰，则加水量应少而慢，且保持较高的温度，防止反应发热量少，水温过低，增加未消化颗粒。

生石灰消化的理论加水量为石灰质量的32％，实际加水量则需达到70％以上才能保证消化质量。

工地上常用的消化石灰方法有消石灰浆法和消石灰粉法。

(1)消石灰浆法：将生石灰在化灰池中熟化后，通过筛网流入储灰坑，由于有过火石灰和欠火石灰的存在，为了防止过火石灰体积膨胀引起隆起和开裂，石灰浆应在储灰坑中存放两周以上，这种做法称为"陈伏"。陈伏期间，石灰膏表面有一层水，以隔绝空气，防止与CO_2作用产生碳化。

(2)消石灰粉法：加适量的水，将生石灰消化成石灰粉。工地上可采用分层浇水法，每层生石灰块的厚度约为50 cm，或者在生石灰块堆中插入有孔的水管，缓慢地向内灌水。

(二)生石灰的硬化

石灰是一种无机胶凝材料，无机胶凝材料按其能否在水中结硬，可分为水硬性胶凝材料和气硬性胶凝材料。水泥是水硬性胶凝材料，石灰是气硬性胶凝材料，只能在空气中硬化。

石灰浆在空气中的硬化是物理变化过程——干燥结晶和化学反应过程——碳化硬化两个同时进行的过程。

1. 干燥结晶过程

石灰膏中的游离水分一部分蒸发掉，另一部分被砌体吸收。氢氧化钙从过饱和溶液中结晶析出，晶相颗粒逐渐靠拢结合成固体，强度随之提高。

2. 碳化硬化过程

氢氧化钙与空气中的二氧化碳反应生成不溶于水的、强度和硬度较高的碳酸钙，析出的水分逐渐蒸发，其化学反应可表示如下：

$$Ca(OH)_2 + CO_2 + nH_2O \longrightarrow CaCO_3 + (n+1)H_2O$$

这个反应实际是二氧化碳与水结合形成碳酸，再与氢氧化钙作用生成碳酸钙。如果没有水，这个反应就不能进行。碳化过程是由表及里，但表层生成的碳酸钙结晶阻碍了二氧化碳的深入，也影响了内部水分的蒸发，所以碳化过程长时间只限于表面。氢氧化钙的结晶作用则主要发生在内部。石灰硬化过程的两个主要特点是：一是硬化速度慢；二是体积收缩大。

从以上的石灰硬化过程可以看出，石灰的硬化只能在空气中进行，也只有在空气中才能继续发展提高其强度，所以，石灰只能用于干燥环境的地面上建筑物、构筑物，而不能用于水中或潮湿环境中。

三、石灰的技术性质和技术标准

(一)石灰的技术性质

用于道路或桥梁工程的石灰，应符合下列技术性质。

1. 消石灰粉的细度

消石灰粉的细度是指消石灰粉颗粒的粗细程度。以消石灰粉在 0.71 mm 和 0.125 mm 方孔筛的筛余百分率控制。石灰越细活性越大。

2. 有效氧化钙和氧化镁含量

石灰中产生黏结性的有效成分是活性氧化钙和氧化镁，其含量是评价石灰质量的主要指标。石灰中有效氧化钙和氧化镁含量越高，石灰的活性越高，质量越好，黏结性也越好。

3. 生石灰产浆量和未消化残渣含量

生石灰产浆量是单位质量的(1 kg)生石灰经消化后所产浆体的体积(L)。石灰产浆量越高，则质量越好。未消化残渣含量是指生石灰消化后，未能消化而存留在 5 mm 圆孔筛上的残渣质量占试样质量的百分率。其含量越高，石灰质量越差，需加以限制。

4. 二氧化碳含量

控制生石灰或生石灰粉中的二氧化碳含量，是为了检测石灰石在煅烧时因欠火造成产品中未分解完成的碳酸盐的含量。二氧化碳含量越高，表明未分解完全的碳酸盐含量越高，则氧化钙和氧化镁含量相对降低，导致石灰的黏结性降低。

5. 消石灰粉游离水含量

游离水含量是指除化学结合水外的含水率。生石灰在消化过程中加入的水是理论需水量的 2~3 倍，除部分水被石灰在消化过程中放出的热蒸发掉外，多加的水残留于氢氧化钙

(除结合水外)中。残余水蒸发后,留下的孔隙会加剧消石灰粉的碳化作用,以致影响石灰的质量,因此,对消石灰粉的游离水含量需加以限制。

(二)石灰的技术标准

在公路工程中,石灰技术标准应符合我国现行行业标准《公路路面基层施工技术细则》(JTG/T F20—2015)的规定,见表1-4-1。

表1-4-1 石灰的技术标准

F类别			钙质生石灰			镁质生石灰			钙质消石灰			镁质消石灰		
			Ⅰ	Ⅱ	Ⅲ	Ⅰ	Ⅱ	Ⅲ	Ⅰ	Ⅱ	Ⅲ	Ⅰ	Ⅱ	Ⅲ
有效氧化钙加氧化镁含量/%			≥85	≥80	≥70	≥80	≥75	≥65	≥65	≥60	≥55	≥60	≥55	≥50
未消化残渣含量(5 mm圆孔筛的筛余,%)			≤7	≤11	≤17	≤10	≤14	≤20						
含水率/%									≤4	≤4	≤4	≤4	≤4	≤4
细度	0.60 mm方孔筛得到筛余/%								0	≤1	≤1	0	≤1	≤1
	0.15 mm方孔筛的筛余/%								≤13	≤20	—	≤13	≤20	—
钙镁石灰的分类界限,氧化镁含量/%			≤5			>5			≤4			>4		

四、石灰的存储及应用

(一)石灰的存储

(1)生石灰会吸收空气中的水分和二氧化碳,生成无胶结力的碳酸钙粉末,因此储存时应防潮防水,以免吸水自然消化后硬化。运到工地后最好将生石灰存储在密闭的仓库中,存期不宜过久,一般以一个月为限。

(2)石灰消化时要放出大量的热,从而产生体积膨胀,因此,石灰存放时应注意周围不要堆放易燃物,防止消化时放热酿成火灾。

(3)生石灰不宜长期储存,如要存放,可消化成石灰膏,且上覆砂土与空气隔绝,以免硬化。

(二)石灰的应用

在道路工程中,石灰主要应用于拌制石灰砂浆、加固软土地基以及作为半刚性材料的结合料。

1. 拌制石灰砂浆

大量用于拌制建筑砂浆,如石灰砂浆(石灰膏+砂+水)和混合砂浆(石灰砂浆+水泥),用于抹灰工程和砌筑工程。

2. 加固软土地基

在软土地基中打入生石灰桩，可利用生石灰吸水产生膨胀对桩周土壤起挤密作用，利用生石灰和黏土矿物之间产生的胶凝反应使周围土固结，从而达到提高地基承载力的目的。

3. 作为半刚性材料的结合料

在道路工程中，随着半刚性基层材料在高等级路面中的应用，石灰稳定土、石灰粉煤灰稳定土、稳定碎石等广泛用于路面基层。

4. 配制三合土和灰土

利用石灰与黏性土可拌制成灰土；利用石灰、黏土与砂石或碎砖、炉渣等填料可拌制成三合土或碎砖三合土；利用石灰与粉煤灰、黏性土可拌制成粉煤灰石灰土；利用石灰与粉煤灰、砂、碎石可拌制成粉煤灰碎石土等，大量应用于建筑物基础、地面、道路等的垫层、地基的换土处理等。为方便石灰与黏土等拌和，宜采用磨细的生石灰或消石灰粉，磨细的生石灰还可使灰土和三合土其有较高的紧密度、较高的强度和耐水性。

在桥梁工程中，石灰砂浆、石灰水泥砂浆、石灰粉煤灰砂浆广泛用于砌体工程中。

第二节 土

一、土的组成与结构

(一)土

土是地壳表面的物质，是在长期风化、搬运、磨蚀、沉积作用过程中形成的大小不等、未经胶结的一种松散物质。土包括土壤、黏土、砂、石屑、岩屑、岩块与砾石等。土是由固体颗粒和孔隙及存在于孔隙中的水和气体组成的分散体系，土颗粒之间没有或只有很弱的联结，因而土的强度低且易变形。

(二)土体

土体是指建筑场地范围内不同土层组成的单元体。土体涉及对建筑物有影响的整个面积与深度。土体不是由单一均匀的土组成的，对待土体不能用局部、孤立的土块去代表，同时又不能用某单一的土去代表土体，实质上，土与土体是整体与局部的关系。总之，土与土体是有所关联而又不能混为一谈的两个概念。在工程地质工作中，为了掌握土体的结构，必须鉴定具体的各个单一的土层，即研究各层土的特性是研究土体的基础。

(三)土的三相组成

土的三相组成是指土是由固相(固体颗粒)、液相(液态水)和气相(气体)三部分组成。土中固体颗粒构成土的骨架，骨架之间贯穿大量孔隙，孔隙中充填着液体水和气体。

自然界的土体的三相比例不是一成不变的，土体的三相比例不同，土的状态和工程性质也各不相同。

(1)固相+液相(=0)+气相为干土时，黏土呈干硬状态，砂土呈松散状态。

(2)固相＋液相＋气相为湿土时，黏土多为可塑状态，砂土具有一定的连接性。

(3)固相＋液相＋气相(＝0)为饱和土时，黏土多为流塑状态，砂土仍呈松散状态，但遇到强烈地震时可能产生液化，使工程结构物遭到破坏。

所以，饱和土和干土都是两相土，湿土为三相土。

(四)土的粒度成分

自然界的土，作为组成土体骨架的土粒，大小悬殊，性质各异。

(1)土的粒度是指土颗粒的大小，用粒径表示，以毫米(mm)为单位。

(2)粒组是土粒由粗到细，每一区段中所包括大小比例相近且工程性质基本相同的颗粒合并的组，见表1-4-2。

表1-4-2　粒组划分表　　　　　　　　　　　　　　　　　　　　mm

200		60		20	5	2	0.5	0.25	0.075	0.002
巨粒组				粗粒组					细粒组	
漂石 (块石)		卵石 (小块石)		粒(角砾)粒			砂粒			黏粒
				粗	中	细	粗	中	细	粉粒

(3)土的粒度成分是组成土的各种大小颗粒的相互比例关系。各粒组之间的相互搭配关系称为颗粒级配。

(4)粒度成分分析的方法有直接测定法和间接测定法两种。

1)直接测定法：利用各种方法将各个粒组按粒径分离开来，直接测定出各粒组的百分含量。

2)间接测定法：根据各粒组的某些不同特性，间接地判定土中各粒组的含量。

(5)粒度成分表示方法有表格法、累计曲线法、三角坐标法。

1)表格法：就是在粒度成分分析后，按粒径由大到小划分的各粒组及其测定的质量百分率，用表格的形式直接表示其颗粒级配情况；在同一表格中可以表示多种土样的粒度成分分析结果。

2)累计曲线法：通常用半对数坐标绘制。横坐标表示土粒粒径，纵坐标表示小于某一粒径的质量百分数。累计曲线可以直观的判断土中各粒组的分布情况；同时，累计曲线可确定不均匀系数和曲率系数，如图1-4-1所示。

不均匀系数按式(1-4-1)计算。

$$C_u = \frac{d_{60}}{d_{10}} \quad (1\text{-}4\text{-}1)$$

曲率系数(级配系数)按式(1-4-2)计算。

$$C_c = \frac{d_{30}^2}{d_{10} d_{60}} \quad (1\text{-}4\text{-}2)$$

式中　d_{10}——土的有效粒径，即土中小于该粒径的颗粒质量为总质量10%的粒径(mm)；

　　　d_{60}——土的限制粒径，即土中小于该粒径的颗粒质量为总质量60%的粒径(mm)；

　　　d_{30}——土的平均粒径，即土中小于该粒径的颗粒质量为总质量30%的粒径(mm)。

不均匀系数反映土的粗细情况和颗粒级配情况，C_u值越大，曲线越平缓，表示土粒大小的分布范围大，土的颗粒级配良好，作为填方工程的土料时容易获得较大的密实度。

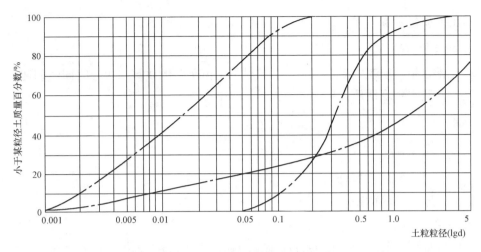

图 1-4-1　土样的粒度成分累计曲线图

曲率系数 C_c 描写累积曲线的分布范围，反映曲线的整体形状。曲线平缓，粒径大小相差悬殊，土粒不均匀。

评价标准：

当 $C_u < 5$ 时，称为均粒土，其颗粒级配不好；

当 $C_u \geq 5$ 时，非匀粒土，其颗料级配良好；

当 $C_u = 5 \sim 10$ 且 $C_c = 1 \sim 3$ 时，其颗粒级配良好，若不能同时满足，则土为级配不良的土。

对于颗粒级配良好（$C_u > 10$，且 $C_c = 1 \sim 3$）的土，较粗颗粒之间的孔隙被较细的颗粒所填充，因而土的密实度较好，相应的地基土的强度和稳定性也较好，透水性和压缩性也较小，可用作堤坝或其他土建工程的填方土料。

3）三角坐标法：利用等边三角形内在任意一点至三个边的垂直距离的总和恒等于三角形之高的原理，用图标法表示组成土的三个粒组的相对含量。

二、土的物理性质指标

土的物理性质指标是指土中固相、液相、气相三者在体积和质量方面的相互配比的数值。土的物理性质指标分为两类：一类是实测指标，它通过试验直接测定；另一类是导出指标，是以实测指标为依据推导而得出。土的三相关系简图如图 1-4-2 所示。

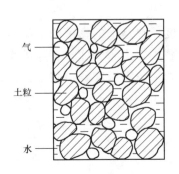 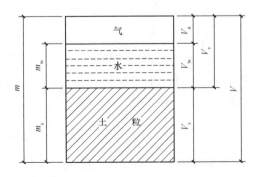

图 1-4-2　土的三相关系简图

(一)土的质量指标

1. 土粒比重(G_s)

土粒比重是指土粒在105 ℃～110 ℃下烘干至恒重时的质量与4 ℃时同体积纯水质量的比值,是土的基本物理性质指标之一,按式(1-4-3)计算。

$$G_s = \frac{m_s}{V_s \rho_w} \tag{1-4-3}$$

式中　G_s——土粒比重;
　　　m_s——干土粒的质量(g);
　　　V_s——干土粒的体积(cm^3)。

2. 土的密度

土的密度是指土的总质量与土的总体积的比值。土的密度包括天然密度、干密度、饱和密度和水下密度。

(1)天然密度。土的密度是指在天然状态下土的单位体积的质量;包括干土粒的质量和孔隙中水的质量,故又称湿密度,按式(1-4-4)计算。

$$\rho = \frac{m_w + m_s}{V} = \frac{M}{V} \tag{1-4-4}$$

式中　ρ——土的天然密度(g/cm^3);
　　　m_w——土孔隙中水的质量(g);
　　　m_s——土中干土粒的质量(g);
　　　V——土的总体积(cm^3);
　　　M——土的总质量(cm^3)。

(2)干密度。干密度是指干燥状态下单位土总体积的质量,即土中干土粒的质量与土的总体积之比,按式(1-4-5)计算。

$$\rho_d = \frac{m_s}{V} = \frac{\rho}{1 + 0.01w} \tag{1-4-5}$$

式中　ρ_d——土的干密度(g/cm^3);
　　　m_s——土中干土粒的质量(g);
　　　V——土的总体积(cm^3);
　　　ρ——土的天然密度(g/cm^3);
　　　w——土的含水率。

土的干密度实际上是土中完全没有天然水分的密度,它是土的密度的最小值。某一土样的干密度值大小取决于土的结构,即土的干密度值越大,土越密实,孔隙越小。土的干密度在一定程度上反映了土粒排列的紧密程度,作为人工填土压实的控制指标,在工程中常用它计算压实度K,按式(1-4-6)计算。

$$K = \frac{\rho_d}{\rho_{dmax}} \times 100\% \tag{1-4-6}$$

式中　ρ_d——工地实测的干密度(g/cm^3);
　　　ρ_{dmax}——标准击实试验所得的最大干密度(g/cm^3)。

(3)饱和密度。土的孔隙率中全部用水充满似的密度,按式(1-4-7)计算。

$$\rho_f = \frac{m_s + m'_w}{V} = \frac{m_s + V_n \rho_w}{V} \tag{1-4-7}$$

式中　ρ_f——土的饱和密度(g/cm³);

　　　m'_w——土的孔隙中充满水时的质量(g);

　　　ρ_w——4 ℃时纯水的密度(g/cm³);

　　　V_n——土的孔隙体积(cm³)。

(4)水下密度(浮密度或浸水密度)。在地下水水位以下,土体受水的浮力作用时,单位体积土体中土粒的质量扣除土体排开同体积水的质量,按式(1-4-8)计算。

$$\rho' = \frac{m_s + m'_w - V\rho_w}{V} = \rho_f - 1 \tag{1-4-8}$$

式中　ρ'——土的水下密度(g/cm³)。

(二)土的含水性指标

1. 天然含水率(w)

天然含水率是指土在105 ℃~110 ℃下烘至恒重时所失去水分的质量和达到恒重时干土质量的比值,按式(1-4-9)计算。

$$w = \frac{m_w}{m_s} \times 100\% \tag{1-4-9}$$

式中　w——土的天然含水率(%)。

测定方法有烘干法、酒精燃烧法和比重法。

2. 饱和含水率(w_g)

饱和含水率是指土的空隙全部被水充满,达到饱和时的含水率,即土的空隙中充满水时水的质量与干土粒质量的比值,按式(1-4-10)。

$$w_g = \frac{m'_w}{m_s} \times 100\% = \frac{V_n \rho_w}{m_s} \times 100\% \tag{1-4-10}$$

式中　w_g——土的饱和含水率(%)。

3. 饱和度(S_r)

饱和度是指孔隙中水的体积与孔隙体积之比,按式(1-4-11)计算。

$$S_r = \frac{V_w}{V_v} \times 100\% \tag{1-4-11}$$

式中　S_r——土的饱和度(%);

　　　V_w——孔隙中水的体积(cm³)。

$S_r = 0$,完全干燥的土,$S_r = 1$,完全饱和的土,根据土的饱和度,砂类土分为稍湿 $S_r \leq 50\%$、潮湿 $50\% < S_r \leq 80\%$、饱和 $S_r \geq 80\%$。

(三)土的孔隙性指标

1. 孔隙率(孔隙度)

孔隙率是指土体中孔隙的体积占总体积的百分比,按式(1-4-12)计算。

$$n = \frac{V_n}{V_s} \times 100\% \tag{1-4-12}$$

式中　n——土的孔隙率(%)，一般为 30%～50%。

2. 孔隙比

孔隙比是指土中孔隙体积与土粒体积的比值，按式(1-4-13)计算。

$$e = \frac{V_n}{V_s} \tag{1-4-13}$$

式中　e——土的孔隙比。

天然状态下的土，$e<0.6$ 可作为良好的地基，$e>1$，土中 $V_n>V_s$，工程性质不良的土。

孔隙率与孔隙比的相互关系，按式(1-4-14)计算。

$$e = \frac{n}{n-1} \quad 或 \quad n = \frac{e}{1+e} \tag{1-4-14}$$

3. 砂类土的相对密实度 D_r

密实度是反映砂类土松紧状态的指标，常用相对密实度来表示，也称为无凝聚性土的相对密实度。

砂类土的相对密实度指最大孔隙比和天然孔隙比之差与最大孔隙比和最小孔隙比之差的比值，按式(1-4-15)计算。

$$D_r = \frac{e_{max} - e}{e_{max} - e_{min}} \tag{1-4-15}$$

式中　D_r——砂类土的相对密实度。

当 $D_r = 0$，即 $e = e_{max}$ 时砂类土处于最疏松状态；当 $D_r = 1$ 即 $e = e_{min}$ 时，表示砂类土处于最紧密状态。

三、黏性土的稠度与塑性

含水率对黏性土的工程性质有极大影响。当土中含水率较低时，土呈固体状态，强度较大，随着含水率的增高，土从固体状态变为半固体状态到可塑状态转变为流动状态，土的强度相应地降低。

(一)稠度、稠度状态和界限含水率

1. 稠度

稠度是指土的软硬程度特性。

2. 稠度状态

土随着含水率的增高，从固体状态变为半固体状态到可塑状态转变为流动状态，这些不同的物理状态称为土的稠度状态。

3. 界限含水率

黏性土由一种稠度状态转变到另一种稠度状态的分界含水率。工程上常用的分界含水率有缩限、塑限和液限，它对黏性土的分类和工程性质的评价有重要的意义。

(1)缩限 w_s：黏性土呈半固态不断蒸发水分，体积不断缩小，直到体积不再变化时的

界限含水率。

(2) 塑限 w_p：黏性土由半固态转到可塑状态的界限含水率。

(3) 液限 w_L：黏性土由可塑状态转到流动状态的界限含水率。

(二) 塑性指数 I_p

塑性指数是判断土的可塑性强弱的指标，即土的液限与塑限之差，按式(1-4-16)计算。塑性指数越大，表示土越具有高塑性。

$$I_p = w_L - w_p \tag{1-4-16}$$

式中　I_p——土的塑性指数；
　　　w_L——土的液限；
　　　w_p——土的塑限。

土的塑性是土在一定外力作用下可以塑造成任何形状而不改变其整体性，当外力取消后，在一段时间内仍保持其已变形后的形态而不恢复原状的性能。

塑性状态是黏性土的一种特殊状态，因此，黏性土又称为塑性土。

(三) 液性指数 I_L

黏性土的液性指数又称相对稠度，是天然含水率和塑限的差值与液限和塑限的差值之比，按式(1-4-17)计算。

$$I_L = \frac{w - w_p}{w_L - w_p} \tag{1-4-17}$$

黏性土的液性指数是反映土的稠度的指标。对于某种黏性土，其液限和塑限都是定值，天然含水率越大，液性指数越大，土越稀软。在工程上，为了更好地掌握天然土的稠度状态，将液性指数划分为 5 级，见表 1-4-3。

表 1-4-3　黏性土的相对稠度状态

液性指数值	$I_L \leq 0$	$0 < I_L \leq 0.25$	$0.25 < I_L \leq 0.75$	$0.75 < I_L \leq 1$	$I_L > 1$
相对稠度状态	干硬状态	硬塑状态	易塑状态	软塑状态	流动状态
	半固体状态	塑性状态			液流状态

(四) 天然稠度 w_c

黏性土的液限和天然含水率的差值与液限和塑限的差值之比，按式(1-4-18)计算。

$$w_c = \frac{w_L - w}{w_L - w_p} \tag{1-4-18}$$

$$w_c + I_L = 1$$

四、土的击实性

(一) 土的压实性对工程的意义

在工程建设中，经常遇到填土或软弱地基，填土不同于天然土层，因为经过挖掘、搬运之后，原状结构已被破坏，含水率也已发生变化，堆填时必然在土团之间留下许多大孔隙。未经压实的填土强度低，压缩性大而且不均匀，遇水也易发生陷坍、崩解等。特别是像道路路堤这样的土工构筑物，在车辆的频繁运行和反复动荷载作用下，可能会出现不均匀或过大的深陷或坍落，甚至失稳滑动，从而恶化运营条件以及增加维修工作量。

为了改善这些土的工程性质，常采用压实的方法使土变得密实，这是一种经济合理的改善土的工程性质的方法。这里所说的使土变密实的方法是指采用人工或机械对土施以夯压能量（如夯、碾、振动等），使土颗粒重新排列变密，在短时间内获得最佳结构以改善和提高土的力学性能，或者称为土的击实性。

(二) 击实试验

击实试验是研究土的压实性能的室内基本试验方法。

击实是指对土瞬时地重复施加一定的机械功能使土体变密的过程。

研究土的击实性的目的是揭示击实作用下土的干密度、含水率和击实功三者之间的关系和基本规律，从而选定适合工程需要各最小击实功。

(三) 压实特性

击实试验是将某一含水率的土料填入击实筒，用击锤按规定落距对土打击一定的次数，用一定的击实功击实土，测其含水率和干密度的关系曲线，即为击实曲线，如图 1-4-3 所示为黏性土的击实曲线。

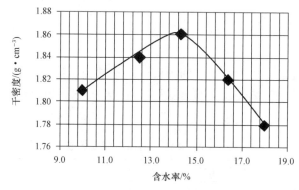

图 1-4-3　黏性土的击实曲线图

由图 1-4-3 可知，随着含水率的增加，土的干密度也逐渐增大，表明压实效果逐步提高，当含水率超过某个限量时，干密度则随着含水率增大而减小，即压密效果下降。这说明土的压实效果随着含水率变化而变化，并在击实曲线上出现一个峰值，称为最大干密度 ρ_{dmax}，相应于这个峰值的含水率就是最佳含水率 w_{op}。

第三节　无机结合料稳定材料

一、无机结合料稳定材料的概念、分类和特点

(一) 无机结合料稳定材料的概念

在粉碎的或原状松散的土中掺入一定量的水泥或石灰或工业废渣等无机结合料及水，

拌和得到混合料经压实和养护后，其抗压强度符合规定要求的材料。

由于无机结合料稳定材料的刚度处于柔性材料（如沥青混合料）和刚性材料（如水泥混凝土）之间，所以，也称为半刚性材料，由其铺筑的结构层称为半刚性层。

(二)无机结合料稳定材料的分类

1. 按无机结合料的种类分

(1)石灰稳定土类：用石灰稳定各类土而得到的混合料。

(2)水泥稳定土类：用水泥稳定各类土而得到的混合料。

(3)综合稳定土类：同时用石灰和水泥稳定某种土得到的混合料。水泥用量占石灰水泥总用量30%以上的，称为水泥综合稳定土；反之称为石灰综合稳定土。

公路工程无机结合料稳定材料试验规程

(4)石灰工业废渣稳定土类：用石灰工业废渣稳定或工业废渣稳定与某种土的混合物而得到的混合料。其可分为石灰粉煤灰稳定土类和石灰其他废渣稳定土类。

2. 按土的粒径大小和组成分

(1)无机结合料稳定土：用无机结合料稳定细粒土而得到的混合料，如石灰土、水泥土、石灰粉煤灰土(简称二灰土)等。

(2)无机结合料稳定粒料：用无机结合料稳定中粒土或粗粒土而得到的混合料。其可分为无机结合料稳定砂粒和无机结合料稳定碎石。

(三)无机结合料稳定材料的特点

无机结合料稳定材料具有良好的力学性能，其抗压强度和抗弯强度较高，而且水稳性好，具有抗冻性，在外力作用下变形小；便于就地取材，易于实现机械化施工，养护费用低；利用工矿企业废渣符合当前节能环保的要求。但其最大缺点是干缩或低温收缩容易产生裂缝，耐磨性较差，一般不宜用于路表面。

二、水泥稳定类材料

(一)水泥稳定类材料的应用

水泥稳定类一般可用于路面结构的基层和底基层，但水泥土禁止作为高速公路或一级公路路面的基层，只能用作底基层。

水泥可用来稳定绝大多数的土类(高塑性黏土和有机质较多的土除外)，改善其物理力学性质。

(二)水泥稳定类材料的特点和种类

水泥稳定类基层具有良好的整体性、足够的力学强度、抗水性和耐冻性。其初期强度较高，且随龄期增长而增长，应用范围很广。

水泥稳定土包括水泥稳定碎石、砂砾、土等多种材料，是水泥稳定类基层的总称。水泥土是水泥稳定细粒土(黏土、粉土、黄土等)的总称。

(三)水泥稳定材料强度形成原理

水泥稳定过程中，水泥、土和水之间发生了多种非常复杂的作用：

化学作用：水泥颗粒的水化、硬化作用；有机物的聚合作用；水泥水化产物与黏土矿物之间的化学作用等。

物理-化学作用：黏土颗粒与水泥及水泥水化产物之间的吸附作用；微粒的凝聚作用；水及水化产物的扩散、渗透作用；水化产物的溶解、结晶作用等。

物理作用：如土块的机械粉碎作用，混合料的拌和、压实作用等。

(1)水泥的水化作用：详见第二章。

(2)离子交换作用：水泥水化产物中的 $Ca(OH)_2$ 含量很高，易形成富含 Ca^{2+} 的碱性溶液环境；当溶液中富含 Ca^{2+} 时，因为 Ca^{2+} 的电价高于 K^+、Na^+ 等离子，因此 Ca^{2+} 与电位离子的吸引力较强，从而取代了 K^+、Na^+，成为反离子，同时，Ca^{2+} 使双电层电位的降低速度加快。

(3)化学激发作用：当黏土颗粒周围介质的 pH 值增加到一定程度时，黏土矿物中的部分 SiO_2 和 Al_2O_3 的活性将被激发出来，与溶液中的 Ca^{2+} 进行反应，生成新的矿物，这些矿物主要是硅酸钙和铝酸钙系列，这些矿物具有胶凝能力。生成的这些胶结物质包裹着黏土颗粒表面，与水泥的水化产物一起，将黏土颗粒凝结成一个整体。

(4)碳酸化作用：水泥水化生成的 $Ca(OH)_2$，除可与黏土矿物发生化学反应外，还可以进一步与空气中的 CO_2 发生碳化反应并生成碳酸钙晶体。

(四)影响水泥稳定土强度的因素

(1)土质。各类砂砾土、砂土、粉土和黏土均可用水泥稳定。用水泥稳定级配良好的碎(砾)石和砂砾的效果最好，强度高、水泥用量少；其次是砂性土；再次之是粉性土和黏性土。一般要求土的塑性指数不大于17。

(2)水泥的成分和剂量。通常情况下，硅酸盐水泥的稳定效果好，而铝酸盐水泥较差；水泥分散度增加，其活性程度和硬化能力也有所增大。

水泥土的强度随水泥剂量的增加而增长，水泥用量过多，经济上不合理，且容易开裂。试验和研究证明，水泥剂量为3%～5%较为合理。

(3)水量。水泥正常水化所需水量约为水泥重的20%。对砂性土，完全水化达最高强度的含水量较最佳密度含水量小；而黏性土则相反。

(4)施工工艺及养生。从开始加水拌和到碾压完成一般控制在6 h之内，最好在3 h之内。水泥稳定土需湿法养护，保证水泥充分水化形成强度；养护温度越高，强度增长得越快。

(五)水泥稳定类组成材料要求

1. 水泥

普通硅酸盐水泥、矿渣硅酸盐水泥和火山灰质硅酸盐水泥都可用于稳定土，但应选用初凝时间3 h以上和终凝时间6 h以上的水泥。不得使用快硬水泥、早强水泥以及已受潮变质的水泥。宜采用强度等级为32.5级或42.5级的水泥。

2. 土和集料

(1)凡能被粉碎的土都可用水泥稳定。级配碎石、未筛分碎石、砂砾、碎石土、砂砾土、煤矸石和各种粒状矿渣均适宜用水泥稳定。

(2)粗集料。

1)用作被稳定材料的粗集料宜采用各种硬质岩石或砾石加工成的碎石,也可直接采用天然砾石。粗集料的压碎值、针片状颗粒含量、0.075 mm以下粉尘含量、软石含量应符合相关规定

2)高速公路和一级公路极重、特重交通荷载等级基层的4.75 mm以上粗集料应采用单一粒径的规格料。

3)高速公路、一级公路底基层和二级及二级以下公路基层、底基层被稳定材料的天然砾石材料宜满足要求,并应级配稳定、塑性指数不大于9。

4)应选择适当的碎石加工工艺,用于破碎的原石粒径应为破碎后碎石公称最大粒径的3倍以上。高速公路基层用碎石,应采用反击破碎的加工工艺。

(3)细集料。

1)细集料应洁净、干燥、无风化、无杂质,并有适当的颗粒级配。

2)高速公路和一级公路用细集料的颗粒分析、塑性指数、有机质含量、硫酸盐含量应符合相关要求。

3)对0~3 mm和0~5 mm的细集料应分别严格控制大于2.36 mm和4.75 mm的颗粒含量。对3~5 mm的细集料应严格控制小于2.36 mm的颗粒含量。

4)高速公路和一级公路,细集料中小于0.075 mm的颗粒含量应不大于15%;二级及二级以下公路,细集料中小于0.075 mm的颗粒含量应不大于20%。

5)天然砾石或粗砂作为细集料时,其颗粒尺寸应满足工程需要,且级配稳定,超尺寸颗粒含量超过规范规定或实际工程的规定时应筛除。

3. 水

符合现行《生活饮用水卫生标准》(GB 5749—2006)的饮用水可直接作为基层、底基层或垫层材料拌和与养护用水。对拌和使用的非饮用水应进行水质检验,技术要求应符合《公路路面基层施工技术细则》(JTG/T F20—2015)的规定。养护用水可不检验不溶物含量,其他指标也应符合规范规定。

(六)水泥稳定材料组成设计

1. 混合料组成设计流程

无机结合料稳定材料组成设计应包括原材料检验、混合料的目标配合比设计、混合料的生产配合比设计和施工参数确定四个部分。

(1)原材料检验包括结合料、被稳定材料及其他相关材料的试验。所有检测指标均应符合相关设计标准或技术文件的要求。

(2)混合料的目标配合比设计包括选择级配范围、确定结合料类型及掺配比例、验证混合料相关的设计及施工技术指标

(3)混合料的生产配合比设计包括确定料仓供料比例、确定水泥稳定材料的、容许延迟时间、确定结合料剂量的标定曲线、确定混合料的最佳含水率和最大干密度。

(4)施工参数确定包括确定施工中结合料的剂量、确定施工合理含水率及最大干密度、验证混合料强度技术指标。

确定无机结合料稳定材料最大干密度指标时,宜采用重型击实方法,也可采用振动压

实的方法。

在施工过程中，材料的品质或规格发生变化、结合料品种发生变化时，应重新进行材料组成设计。

2. 强度要求

(1)采用 7 d 龄期无侧限抗压强度作为无机结合料稳定材料施工质量控制的主要指标。

(2)水泥稳定材料的 7 d 龄期无侧限抗压强度标准应满足要求。

(3)水泥稳定类材料强度要求较高时，宜采取控制原材料技术指标和优化级配设计等措施，不宜单纯通过增加水泥剂量来提高材料强度。

3. 强度试验及计算

(1)强度试验时，应按现场压实标准采用静压法成型试件。

(2)强度试验试件的径高比应为 1∶1。

(3)强度试验时，平行试验的最少试件数量应符合要求，见表1-4-4。

表1-4-4　平行试验的最少试件数量

材料类型	变异系数要求		
	<10%	10%～15%	15%～20%
细粒材料	6	9	—
中粒材料	6	9	13
粗粒材料	—	9	13

(4)根据强度试验结果，计算强度代表值。

(5)强度数据处理时，宜按 3 倍标准差的标准剔除异常数值，且同一组试验样本异常值剔除应不多于 2 个。

(6)强度代表值应不小于强度标准值，如果不符合，应重新进行配合比设计。

4. 水泥结合料的计算和比例

水泥稳定材料的水泥剂量应以水泥质量占全部干燥被稳定材料质量的百分率表示。

5. 混合料推荐级配及技术要求

(1)采用水泥稳定时，被稳定材料的液限应不大于40%，塑性指数应不大于17。当塑性指数大于17时，宜采用石灰稳定或水泥石灰综合稳定。

(2)水泥稳定，被稳定材料中含有一定量的碎石或砾石，且小于 0.6 mm 的颗粒含量在30%以下时，塑性指数可大于17，且土的均匀系数应大于5。

(3)采用水泥稳定且被稳定材料为粒径较均匀的砂时，宜在砂中添加适量塑性指数小于10的黏性土、石灰土或粉煤灰，加入比例应通过击实试验确定。

6. 无机结合料稳定材料目标配合比设计技术要求

(1)应根据当地材料的特点，通过原材料性能的试验评定，选择适宜的结合料类型，确定混合料配合比设计的技术标准。

(2)在目标配合比中，应选择不少于 5 个结合料剂量，分别确定各剂量条件下混合料的最佳含水率和最大干密度。

(3)应根据试验确定的最佳含水率、最大干密度及压实度要求成型标准试件,验证不同结合料剂量条件下混合料的技术性能,确定满足设计要求的最佳剂量。

7. 无机结合料稳定材料生产配合比设计技术要求

(1)根据目标配合比确定的各档材料比例,对拌合设备机芯进行调试和标定,确定合理的生产参数。

(2)拌合设备的调试和标定应包括料斗称量精度的标定、结合料剂量的标定和拌合设备加水量的控制等内容。

(3)对水泥稳定、水泥粉煤灰稳定材料,应分别进行不同成形试件条件下的混合料强度试验,绘制相应的延迟曲线,并根据设计要求确定容许延迟时间。

(4)在第一阶段生产试验的基础上进行第二阶段试验。

8. 混合料生产参数的确定

混合料生产参数的确定应包括结合料剂量、含水率和最大干密度等指标。

三、石灰稳定类材料

(一)石灰稳定类材料的应用

以石灰为结合料,通过加水与被稳定材料共同拌和形成的混合料,称为石灰稳定材料。其包括石灰碎石土、石灰土。

石灰稳定材料不但具有较高的抗压强度,而且也具有一定的抗弯刚度,且强度随龄期逐渐增加。因此,一般可用于低等级公路的基层或底基层。

石灰稳定土因其水稳定性较差,不应做高速公路或一级公路的基层,必要时可以用作底基层。在冰冻地区的潮湿路段以及其他地区的过分潮湿路段,也不宜采用石灰土做基层

(二)石灰稳定材料强度形成原理

(1)离子交换作用。土具有胶体性质,表面带负电荷,并吸附钠离子、钾离子和氢离子,石灰中的钙离子会与其发生离子交换作用,形成钙土,减小了土颗粒表面的水膜厚度,使分子引力增加。

(2)碳酸化作用。其化学反应可表示如下:
$$Ca(OH)_2 + CO_2 \longrightarrow CaCO_3 + H_2O$$

生成的碳酸钙是坚硬的晶体,具有较高的强度和水稳性,它对土的胶结作用使土得到了加固。

石灰土表面钙化后,形成硬壳层,进一步阻碍了二氧化碳的进入,碳化过程十分缓慢,是形成石灰土后期强度的主要原因。

(3)结晶作用。其化学反应可表示如下:
$$Ca(OH)_2 + nH_2O \longrightarrow Ca(OH)_2 \cdot nH_2O$$

经过结晶作用,消石灰逐渐由胶体转化为晶体,晶体之间能够相互结合,与土形成共晶体,从而使得土粒胶结成整体。

(4)火山灰作用。其化学反应可表示如下:
$$xCa(OH)_2 + SiO_2 + nH_2O \longrightarrow xCaO \cdot SiO(n+1)H_2O$$

$$xCa(OH)_2 + Al_2O_3 + nH_2O \longrightarrow xCaO \cdot Al_2O_3(n+1)H_2O$$

土中充分的硅、钙离子是火山灰作用的前提，同时必须增加土的碱性；火山灰作用生成物具有水硬性性质，是构成石灰土早期强度的主要原因。

在以上四种作用中，主要是离子交换作用与火山灰作用，是构成石灰土早期强度的主要因素，后期强度则更多源于碳酸化作用和结晶作用。

由于石灰与土发生了一系列的相互作用，从而使土的性质发生根本的改变。在初期，主要表现为土的结团、塑性降低、最佳含水量增加和最大密实度减小等。后期主要表现为结晶结构的形成，从而提高其板体性、强度和稳定性。

(三)石灰稳定类材料强度影响因素

(1)土质。各种成因土都可用石灰稳定，但塑性指数低于10以下的低塑性土(这与水泥稳定土刚好相反)不适宜稳定，更适宜于稳定黏性土，尤其是塑性指数在12~20的黏性土。

原因：黏性颗粒的活性强、比表面积大、表面能大，掺入石灰稳定材料后，形成的四种作用比较活跃，因此，石灰土强度随土塑性指数的增加而增大。虽然重黏土的黏土颗粒含量高，但是不易粉碎和拌和，稳定效果反而不好。

(2)灰质。石灰应采用消石灰粉或生石灰粉，对高速公路或一级公路宜用磨细的生石灰粉。

(3)石灰剂量。石灰剂量是石灰质量占全部土颗粒的干质量的百分率，即

$$石灰剂量 = 石灰质量/干土质量$$

石灰剂量对石灰稳定土的强度影响非常显著。在石灰剂量较低时(小于3%~4%)，起到稳定作用，土的塑性、膨胀、吸水量减小，使土的密实度、强度、和易性等得到改善；随着剂量的增加，强度和稳定性均得到提高，但剂量超过一定范围后，强度反而降低。

常用最佳剂量范围：对于黏性土及粉性土为8%~14%；对砂性土则为9%~16%。最终根据结构层技术要求进行混合料组成设计。

(4)含水量。最佳含水量及略小于最佳含水量时最易压实达到较高的压实度。石灰稳定类材料的最佳含水量需要通过标准击实试验进行确定，试验公式为

$$石灰土的最佳含水量 = 素土的最佳含水量 + 拌和过程中的蒸发量(约为1.5\%) +$$
$$石灰反应所需的水(0.2 \times 石灰剂量)$$

(5)密实度。石灰稳定土的强度随密实度的增加而增长。实践证明，石灰稳定土的密实度每增减1%，强度约增减4%左右。而密实的石灰稳定土，其抗冻性、水稳定性好，缩裂现象也少。

(6)龄期。石灰稳定土的强度随龄期增长，一般初期强度较低，前期(1~2个月)的增长速率较后期快。

(7)养护条件。温度高，物理化学反应快，强度增长快；反之强度增长慢，在负温条件下甚至不增长。因此，要求施工期的最低温度应在5℃以上，并在第一次重冰冻(−3℃~−5℃)到来之前一个月到一个半月完成。

在一定潮湿条件下养护强度的形成比在一般空气中养护要好。

(四)石灰稳定类材料的缩裂防治

(1)严格控制压实含水量：石灰稳定土含水量过多产生的干缩裂缝显著，压实时含水量

应略小于最佳含水量。

(2)严格控制压实标准：压实度小时产生的干缩比压实度大时严重，应尽可能达到最大压实度。

(3)严格养护条件：干缩发生在成型初期，要重视初期的保湿养护，保证石灰稳定土表面处于潮湿状况。

(4)禁防干晒：石灰稳定土施工结束后可及早铺筑面层，使石灰稳定土基层含水量不发生大的变化，从而减轻干缩裂缝。

(5)施工季节：温缩的最不利季节是材料处于最佳含水量附近，尤其是温度在0 ℃～－10 ℃时，因此，施工要在当地气温进入0 ℃前一个月结束，以防在不利季节产生严重温缩。

(6)控制剂量：在满足强度要求情况下，尽可能选择较低剂量的无机结合料；在石灰稳定土中掺加60%～70%的集料也可提高其强度、稳定性和抗裂性。

(7)反射裂缝的防治：

1)设置联结层；

2)铺筑碎石隔离过渡层；

3)提高沥青下面层抗裂性能。

(五)石灰稳定类组成材料要求

1. 土和集料

(1)土和集料原材料的技术要求参照水泥稳定材料施工的相关标准。

(2)土的级配要求。高速公路、一级和二级公路将骨架密实型石灰粉煤灰稳定集料用于上基层或基层时，集料级配宜符合级配范围的要求。混合料中粗集料的用量应控制在75%以上，2.36 mm以下细集料含量宜控制在20%左右。基层材料的颗粒最大粒径不大于31.5 mm，底基层颗粒最大粒径不大于37.5 mm。

2. 石灰

对于高速公路和一级公路，所用石灰应不低于Ⅱ级技术要求，二级及二级以下公路用石灰应不低于Ⅲ级技术要求。高速公路和一级公路的基层，宜采用磨细消石灰粉。二级以下公路使用等外石灰时，有效氧化钙含量应在20%以上，且混合料强度应满足要求。

应尽量缩短石灰的存放时间。石灰在野外堆放时间较长时，应覆盖防潮。

(六)石灰稳定材料组成设计

石灰稳定材料混合料组成设计过程可参考水泥稳定材料混合料组成设计的相关内容，不同之处如下。

1. 强度要求

石灰稳定材料的7 d龄期无侧限抗压强度标准应符合表1-4-5的规定。石灰土强度达不到表1-4-5规定的抗压强度标准时，可添加部分水泥或改用另一种土。塑性指数过小的土，不宜用石灰稳定，宜改用水泥稳定。

表 1-4-5　石灰稳定材料的 7 d 龄期无侧限抗压强度标准　　　　　　　　　　MPa

结构层	高速公路和一级公路	二级二级以下公路
基层	—	≥0.8
底基层	≥0.8	0.5~0.7

石灰稳定砾石土或碎石土材料可仅对其中公称最大粒径小于 4.75 mm 的石灰土进行 7 d 龄期无侧限抗压强度验证，且无侧限抗压强度应不小于 0.8 MPa。

2. 石灰结合料的计算和比例

石灰稳定材料的石灰剂量应以石灰质量占全部干燥被稳定材料质量的百分率表示。

四、综合稳定材料及工业废渣稳定材料

以两种或两种以上材料为结合料，通过加水与被稳定材料共同拌和形成的混合料，称为综合稳定材料。其包括水泥石灰稳定材料、水泥粉煤灰稳定材料、石灰粉煤灰稳定材料等。

以石灰或水泥为结合料，以煤渣、钢渣、矿渣等工业废渣为主要被稳定材料，通过加水拌和形成的混合料，称为工业废渣稳定材料。

(一)工业废渣材料

道路工程中应用的工业废渣主要是指工业生产过程中所产生的具有一定水硬性特点的无机工业废料，如粉煤灰(flyash)、煤渣、钢渣、高炉渣、铜矿渣及各种下脚料。

工业废渣一般可在有水的条件下与石灰等碱性材料共同作用，产生火山灰反应，稳定各种粒径不同的土。

在工程应用中，一般采用石灰稳定工业废渣或与工业废渣共同稳定土，其中最常用的工业废渣为粉煤灰，形成石灰粉煤灰稳定路面基层，简称为二灰稳定类基层。

(二)工业废渣材料及其特点与应用

石灰稳定工业废渣基层具有水硬性、缓凝性、高强度、稳定性好等特点，能形成板体且强度随龄期不断增加，抗水、抗冻、抗裂性能好，且收缩性小，能够适应各种气候环境和水文地质条件。

石灰稳定工业废渣常用作高级或者次高级路面的基层或底基层。

(三)综合稳定类组成材料要求

(1)水泥和石灰的要求。水泥和石灰技术要求参考水泥稳定材料施工和石灰稳定材料施工相关内容。

(2)粉煤灰等工业废渣的要求。粉煤灰是火力发电厂燃烧煤产生的粉状灰渣。绝大多数粉煤灰的主要成分是二氧化硅和三氧化二铝。其总含量常超过 70%，氧化钙含量一般为 2%~6%，这种粉煤灰可称为硅铝粉煤灰。个别地方的粉煤灰含有 10%~40% 的氧化钙，这种粉煤灰可称为高钙粉煤灰。干排或湿排的硅铝粉煤灰和高钙粉煤灰等均可用作基层或底基层的结合料。粉煤灰的技术要求应符合表 1-4-6 的规定。

表 1-4-6 粉煤灰的技术指标

检测项目	总含量/%	烧失量/%	比表面/(cm³·g⁻¹)	0.3 mm 筛孔通过率/%	0.075 mm 筛孔通过率/%	湿粉煤灰含水率/%
技术要求	>70	≤20	>2 500	≥90	≥70	≤35

高等级公路的底基层、二级及二级以下公路的基层使用的粉煤灰，通过率指标不满足相关技术要求时，应进行混合料强度试验，达到相关要求的强度指标时方可使用。

煤矸石、煤渣、高炉矿渣、钢渣及其他冶金矿渣等工业废渣可用于修筑基层或底基层，使用前应崩解稳定，且宜通过不同龄期条件下的强度和模量试验以及温度收缩和干湿收缩试验等评价混合料性能。

水泥稳定煤矸石不宜用于高速公路和一级公路。

工业废渣类作为集料使用时，公称最大粒径应不大于 31.5 mm，颗粒组成宜有一定级配，且不宜含杂质。

(四)综合稳定类材料组成设计

综合稳定材料及工业废渣稳定材料混合料组成设计过程可参考水泥稳定材料混合料组成设计相关内容。不同之处如下：

(1)强度要求。石灰粉煤灰稳定材料的 7 d 龄期无侧限抗压强度标准应符合表 1-4-7 的规定，其他工业废渣稳定材料宜参照此标准。石灰粉煤灰稳定材料强度达不到规定的抗压强度标准时，可外加混合料质量 1%～2% 的水泥。

表 1-4-7 石灰粉煤灰稳定材料的 7 d 龄期无侧限抗压强度标准　　　　MPa

结构层	公路等级	极重、特重交通	重交通	中、轻交通
基层	高速公路和一级公路	≥1.1	≥1.0	≥0.9
	二级及二级以下公路	≥0.9	≥0.8	≥0.7
底基层	高速公路和一级公路	≥0.8	≥0.7	≥0.6
	二级及二级以下公路	≥0.7	≥0.6	≥0.5

(2)无机结合料的计算和比例。

1)石灰工业废渣混合料应采用质量配合比计算，以石灰、工业废渣、被稳定材料的质量比表示。

2)石灰粉煤灰稳定材料和石灰煤渣稳定材料比例可采用《公路路面基层施工技术细则》(JTG/T F20—2015)的推荐值。

3)水泥粉煤灰稳定材料应采用质量配合比计算，以水泥、粉煤灰、被稳定材料的质量比表示。

4)水泥粉煤灰稳定材料和水泥煤渣稳定材料比例可采用《公路路面基层施工技术细则》(JTG/T F20—2015)的推荐值。

5)水泥、石灰综合稳定时，水泥用量占结合料总量不小于 30% 时，应按水泥稳定材料的技术要求进行组成设计，水泥和石灰的比例宜取 60∶40、50∶50 或 40∶60。水泥用量占结合料总量小于30%时，应按石灰稳定材料设计。

(3) 混合料推荐级配及技术要求。石灰粉煤灰稳定材料可采用规范推荐的级配范围。

课后题

一、填空题

1. 根据土粒之间有无黏结性，大致可将土分为_____和_____两大类。
2. 土的三相组成_____、_____和_____。
3. 土的粒度是指土颗粒的大小，用_____表示。
4. 粒度成分常用的表示方法有_____、_____和_____。
5. 不均匀系数反应土的_____和_____。
6. 土的物理性质指标分两类，一类是_____另一类是_____。
7. 土的软硬稠度特性称为_____。
8. 石灰按氧化镁含量不同可分为_____和_____。
9. 根据消石灰的用途不同，工地上消化石灰的方法有_____和_____。
10. 无机胶凝材料按其能否在水中结硬，可分为_____和_____。

二、选择题

1. 石灰膏在储灰坑中"陈伏"的主要目的是( )。
   A. 充分熟化   B. 增加产浆量
   C. 减少收缩   D. 降低发热量
2. 石灰是在( )中硬化的。
   A. 干燥空气   B. 水蒸气
   C. 水   D. 与空气隔绝的环境
3. 石灰熟化过程中"陈伏"是为了( )。
   A. 有利于结晶   B. 蒸发多余水分
   C. 降低放热量   D. 消除过火石灰危害
4. 由于石灰浆体硬化时( )，以及硬化强度低等缺点，所以不宜单使用。
   A. 吸水性大   B. 需水量大
   C. 体积收缩大   D. 体积膨胀大
5. 生石灰的主要成分为( )。
   A. $CaCO_3$ B. CaO
   C. $Ca(OH)_2$ D. $CaSO_4$
6. 消石灰的主要成分为( )。
   A. $CaCO_3$ B. CaO
   C. $Ca(OH)_2$ D. $CaSO_4$
7. 石灰的储存期不宜过长，一般不超过( )。
   A. 一年   B. 六个月

C. 三个月 D. 一个月

8. 划分钙质生石灰和镁质生石灰的界限的氧化镁含量是（　　）。
A. 5%　　　　B. 10%　　　　C. 15%　　　　D. 8%

9. 石灰消化时，为了消除"过火石灰"的危害，可在消化后"陈伏"（　　）。
A. 半年左右　　　　　　　　B. 三月左右
C. 半月左右　　　　　　　　D. 三天左右

10. （　　）属于水硬性胶凝材料，而（　　）属于气硬性胶凝材料。
A. 水泥；石灰　　　　　　　B. 石灰；石膏
C. 石膏；水泥　　　　　　　D. 石膏；石灰

11. 生产石灰的主要原料是（　　）。
A. $CaCO_3$　　　　　　　　B. CaO
C. $Ca(OH)_2$　　　　　　　D. $CaSO_4$

12. 二灰是指（　　）。
A. 石灰和粉煤灰　　　　　　B. 水泥和石灰
C. 水泥和粉煤灰　　　　　　D. 矿渣和粉煤灰

13. 软土地基中可利用（　　）吸水膨胀对桩周土壤挤密。
A. 消石灰　　　　　　　　　B. 生石灰
C. 熟石灰　　　　　　　　　D. 碳酸钙

三、简答题

1. 气硬性胶凝材料与水硬性胶凝材料有何区别？
2. 简述石灰的消化与硬化原理。
3. 生石灰与熟石灰有什么不同？在使用运输和贮存时要注意什么？
4. 为什么"陈伏"在池中的石灰浆，只能熟化而不能硬化？
5. 孔隙度与孔隙比有何区别？

四、计算题

1. 某原状土经测试得：$\rho=1.80 \text{ g/cm}^3$，$w=30\%$，$G=2.65$，试用三相图法求解 e、S_r 和 ρ_d。若该土样在完全饱和状态下，其含水量和饱和密度值又是多少？

2. 某饱和土体积为 97 cm³，土的质量为 198 g，烘干后的质量为 164 g，试求该土的 w、G、e 及 ρ_d。

3. 已知一黏性土液限 $w_L=42.3\%$，塑限 $w_p=23.4\%$，天然含水量 $w=23.4\%$，求该土的液性指数。

第五章 沥青及沥青混合料

第一节 沥　　青

一、沥青的概念及分类

沥青是目前道路建筑中最常用的一种有机胶凝材料，是由一些极其复杂的高分子碳氢化合物及这些碳氢化合物的非金属(氧、硫、氮等)衍生物组成的混合物。其在常温下呈褐色或黑褐色液态、固态、半固态或气液体状态，能溶于二硫化碳、四氯化碳、三氯甲烷和苯等有机溶剂。

沥青品种很多，按其在自然界中获取方式不同，可分为地沥青和焦油沥青两大类。

(1)地沥青：由天然产状或石油精制加工得到。按其产源不同，可分为天然沥青和石油沥青。

1)天然沥青：石油在自然条件下，长时间经受地球物理因素作用而形成的产物。

2)石油沥青：石油经各种炼制工艺加工而得的沥青产品。

(2)焦油沥青：各种有机物(煤、木材、页岩等)干馏得到的焦油，经再加工而得到的产品。焦油沥青按其加工的有机物名称而命名，如由煤经干馏得到的煤焦油，经再加工后得到的沥青，即称为煤沥青。

上述各类沥青中，道路工程上最常用的是石油沥青。通常所说的沥青都是指石油沥青，而其他沥青都要在沥青两字之前加上名称以示区别，如煤沥青和木沥青等。

二、石油沥青分类及结构

(一)石油沥青的分类

1. 按原油成分分类

(1)石蜡基沥青：由石蜡基原油制成，这种沥青含蜡量一般大于5%，有的高达10%以上。蜡的存在降低了沥青的黏结性、塑性和温度稳定性。

(2)环烷基沥青：由环烷基原油制成，含有较多的环烷烃和芳香烃，含蜡量一般小于2%，其黏滞度高、延伸性好。

(3)中间基沥青：也称混合基沥青，由中间基原油制成，其含蜡量为2%~5%。其特征也介于石蜡基沥青和环烷基沥青之间。

上述三种沥青中，路用性能最好的是环烷基沥青，这类沥青含有较多的脂环烃，黏滞度高、延伸性好。但目前我国这类原油的数量较少，70%以上是石蜡基沥青和中间基沥青。因此，尽管我国的原油储量较多，但目前能直接用于道路上的沥青却较少。

2. 按常温下的稠度分类

(1)液体沥青：在常温下多呈黏稠液体或液体状态的沥青。

针入度一般大于300。按液体沥青的凝固速度可将其划分为慢凝、中凝和快凝液体沥青三种类型。在生产应用中，常在液体沥青中掺入一定比例的溶剂，得到稠度较低的液体沥青。液体沥青的来源主要有两个方面：一是蒸馏石油时直接得到的产品，如渣油；二是用稀释剂将黏稠沥青稀释而得到的产品，这是制取液体沥青最常用的方法。

(2)黏稠沥青：在常温下为半固体或固体状态。

按针入度分级，针入度小于40为固体沥青；针入度在40～300范围内为半固体沥青。黏稠沥青用途很广，如沥青混凝土、沥青碎石等都是用黏稠沥青配制的。黏稠沥青的来源主要是将液体沥青减压、蒸馏处理后得到稠度较大的沥青。

(二)石油沥青的组成

1. 组分

由于石油沥青是由多种有机物组成的混合物，分析其性质较困难，为了便于分析石油沥青的性质，常将沥青分离为化学性质相近，而且与其路用性质有一定联系的几个组，这些组就称为"组分"。

2. 组分分析方法

沥青的组分分析是指按规定方法将沥青试样分离成若干个组成成分的化学分析方法，是利用沥青在不同有机溶剂中的选择性溶解或在不同吸附剂上的选择性吸附等性质。《公路工程沥青及沥青混合料试验规程》(JTG E20—2011)中规定了三组分和四组分两种分析法。

(1)三组分分析法。石油沥青的三组分分析法是将石油沥青分离为油分、树脂和沥青质三个组分。

1)油分：油分是淡黄色至红褐色透明黏性液体，是沥青中最轻的馏分，油分能减小沥青的稠度，增大沥青的流动性，使沥青柔软、抗裂，但会降低沥青的黏滞度和软化点。在氧、温度和紫外线作用下，油分会转化为树脂，使沥青的性能发生变化。

2)树脂：树脂为红褐色至黑褐色的黏稠状半固体物质，相对密度比油分大。树脂中的绝大部分属于中性树脂，其含量高代表沥青品质好。另有少量酸性树脂是沥青中的表面活性物质，能增强沥青与矿料的黏结力。树脂使沥青具有良好的塑性和黏结性。

3)沥青质：沥青质是深褐色至黑色的固体脆性粉末状微粒，是沥青中分子量最高的组分，相对密度比树脂大。沥青质决定沥青的热稳定性和黏结性，其含量越高，沥青软化点就越高，黏性也就越大，但也越硬越脆。

4)沥青中的蜡：因我国富产石蜡基或中间基沥青，在油分中往往含有蜡，故在分析时还应将油蜡分离。沥青中的蜡是指在油分中含有的、经冷冻能结晶析出的、熔点在25 ℃以上的混合成分。沥青中的蜡对沥青的路用性能有一定的影响，主要表现为高温时融化，使沥青的黏度降低，沥青的温度敏感性增大，导致沥青路面的高温稳定性降低，出现车辙。低温时易结晶析出，使沥青的低温延展能力降低，沥青变得脆硬，使路面的低温抗裂性降低，出现裂缝。此外，蜡还会使沥青与石料的黏附性降低，导致集料与沥青产生剥落现象。含蜡沥青还能降低路面的抗滑性，影响行车安全，所以蜡是沥青中的有害成分。

我国现行规范《公路沥青路面施工技术规范》(JTG F40—2017)中对沥青的蜡含量有明确规定。

(2)四组分分析法。石油沥青的四组分分析法是将石油沥青分离为沥青质、胶质、饱和分和芳香分。

1)沥青质：沥青质在沥青中的含量一般为5%～25%。

沥青质对沥青中的油分有憎液性，而对胶质呈亲液性。沥青是胶质包裹沥青质而成的胶团悬浮在油分之中，形成的胶体溶液。沥青的沥青质含量高，其软化点高，针入度小，延度小，低温易脆裂。沥青质含量对沥青的流变特性有很大影响，改变沥青质含量，便生产出不同标号、不同黏度的沥青。

2)胶质：胶质也称为树脂或极性芳烃，在常温下是半固体或液体状的黄色至褐色的黏稠状物质，胶质有很强的极性，因而有很好的粘结力。其在沥青中含量为15%～30%，是沥青的扩散剂或胶溶剂。

胶质赋予沥青可塑性、流动性和黏结性，并能改善沥青的脆裂性和提高延度。其化学性质不稳定，易被氧化转变为沥青质。胶质与沥青质的比例在一定程度上决定了沥青是溶胶或是凝胶的特性。

3)饱和分和芳香分：饱和分在沥青中占5%～20%，饱和分对温度较为敏感；芳香分占沥青总量的20%～50%，是深棕色的黏稠液体。饱和分和芳香分在沥青中主要使胶质沥青质软化(塑化)，使沥青胶体体系保持稳定。

饱和分和芳香分都作为油分，在沥青中起着润滑和柔软作用。油分含量越多，沥青的软化点越低，针入度越大，稠度越低。

沥青的性质在很大程度上取决于四种组分的组合比例和沥青质在分散介质中的胶溶度或分散度。要生产一种优质道路沥青，沥青中的沥青质、胶质、饱和分、芳香分之间应有一个合理的搭配。

(三)石油沥青的胶体结构

(1)胶体结构类型。石油沥青中各组分的数量比例不同，可以形成不同的胶体结构。沥青的胶体结构可分为溶胶型结构、凝胶型结构和溶-凝胶型结构三种类型，如图1-5-1、表1-5-1所示。

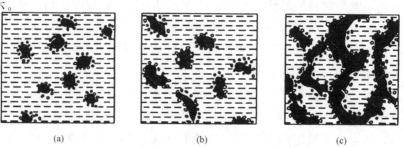

图1-5-1 沥青胶体结构

(a)溶胶型结构；(b)凝胶型结构；(c)溶-凝胶型结构

表 1-5-1　沥青胶体结构类型表

胶体结构类型	结构组成	特点
溶胶型结构	沥青质含量较少(10%以下)胶团数量少、间距大，胶团之间吸引力很小	流动性、塑性、黏结性较好，开裂后自行愈合能力较强；温度稳定性较差
凝胶型结构	沥青质含量高(30%以上)胶团数量多、间距小，胶团之间吸引力很大，相互移动较困难	弹性和黏性较高，流动性和塑性较低，开裂后自行愈合能力较差；温度稳定性较高
溶-凝胶型结构	沥青质含量适当(15%～25%)胶团数量多、距离相对靠近，胶团之间有一定的吸引力	工程性能很好，高温时温度稳定性好，低温时变形能力也较好。现代高级沥青路面所用的沥青，都属于这种结构类型

三、石油沥青的技术性质

(一)黏滞性(黏性)

黏滞性是指沥青材料在外力作用下，沥青粒子产生相互位移抵抗剪切变形的能力。

液态石油沥青的黏滞性用黏度表示。半固体或固体沥青的黏性用针入度表示。我国现行使用的道路石油沥青技术标准中，黏度和针入度是划分沥青技术等级的主要指标。

1. 针入度

沥青针入度是在规定温度和时间内，附加一定质量的标准针垂直贯入试样的深度，以 0.1 mm 表示。试验结果以试验条件以 $P_{T,m,t}$ 表示，其中 P 为针入度，T 为试验温度，m 为荷重，t 为贯入时间。针入度值越小，表示黏度越大。

在相同试验条件下，针入度值越大，表示沥青越软(稠度越小)。

2. 黏度

黏度是在规定温度条件下，通过规定的流孔直径流出 50 mL 沥青所需的时间(s)，采用标准黏度计测定。试验结果以 $C_{T,d}$ 表示，其中 C 为黏度，T 为试验温度，d 为流孔直径。

相同的温度和流孔条件下，流出的时间越长，表示沥青黏度越大。

(二)塑性

塑性是指沥青在外力作用下发生变形而不破坏，去除外力后仍能保持变形后的形状不变的性质。

沥青的塑性用延度表示。沥青延度是将沥青试样制成"∞"形标准试模，在规定温度(15 ℃或 10 ℃)和规定速度(5 cm/min)的条件下拉断时的长度，以厘米(cm)表示。沥青的延度越大，说明塑性越好；塑性好的沥青不易产生裂缝，摩擦时的噪声小，抵抗低温开裂的性能高。

(三)温度稳定性

温度稳定性是指沥青的黏性和塑性随温度升降而变化的性能。当温度升高时，沥青由固态或半固态逐渐软化成半流状态；当温度降低时，沥青由黏流状态转变成固态至变脆。在工程上使用的沥青，要求其有较好的温度稳定性。目前，软化点和脆点是表示沥青温度稳定性的主要指标。

1. 高温稳定性——软化点

沥青软化点是将沥青试样装入规定尺寸的铜环中,试样上放置标准钢球浸入水或甘油中,以规定的升温速度(5 ℃/min)加热至沥青软化下垂达到规定距离(25 mm)时的温度,以℃表示。

针入度是在规定温度下测定沥青的条件黏度,而软化点则是沥青达到规定条件黏度时的温度。软化点既是反映沥青材料感温性的一个指标,也是沥青黏度的一种量度。

以上所论及的针入度、延度、软化点是评价道路石油沥青路用性能最常用的经验指标,通称"三大指标"。

2. 低温抗裂性——脆点

脆点是指沥青材料由黏稠状态转变为固体状态达到条件脆裂时的温度。

在工程实际应用中,要求沥青具有较高的软化点和较低的脆点,否则容易发生沥青材料夏季流淌或冬季变脆甚至开裂等现象。

3. 针入度指数(PI)

针入度指数是根据沥青在25 ℃的针入度(0.1 mm)和软化点(℃)来表达沥青感温性和胶体结构的指标,同时,也可判别沥青的胶体结构状态。

经过大量的试验研究发现,沥青的针入度随温度不同而变化,若以针入度的对数为纵坐标,温度为横坐标,可以得到如图1-5-2所示的线性关系,按式(1-5-1)计算:

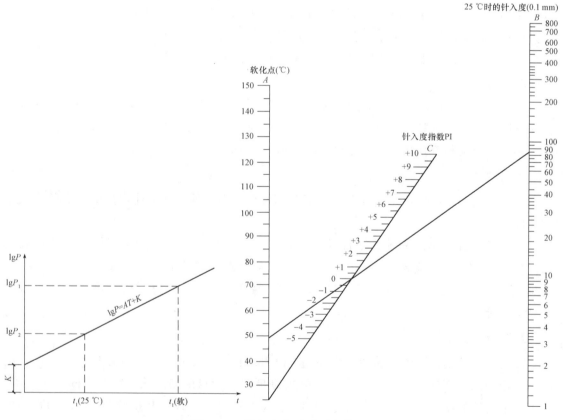

图1-5-2 针入度-温度关系曲线图

$$\lg P = AT + K \tag{1-5-1}$$

式中 P——沥青针入度，0.1 mm；
A——针入度温度感应性系数，由针入度和软化点确定；
T——试验温度(℃)；
K——回归系数。

根据试验研究发现，沥青达到软化点时的针入度恒等于 800，按式(1-5-2)计算。

$$A = \frac{\lg 800 - \lg P_{(25\,℃,100\,g,5\,s)}}{T_{R\&B}} \tag{1-5-2}$$

式中 $P_{(25\,℃,100\,g,5\,s)}$——在 25 ℃、100 g、5 s 条件下测定的针入度，0.1 mm；
T_R——环球法测定的软化点温度(℃)。

因为达到软化点时的针入度常与 800 相距甚大，所以，斜率 A 应根据不同温度的针入度确定，常采用的温度为 15 ℃、25 ℃、30 ℃(或 5 ℃)，按式(1-5-3)计算。

$$A = \frac{\lg P_1 - \lg P_2}{T_1 - T_2} \tag{1-5-3}$$

通过回归求取 A 值，有 3 个温度的针入度回归的相关系数 R 应为 0.997 以上，有 4 个温度的针入度回归的相关系数应不小于 0.995，否则说明试验误差太大，试验结果不能采用。

针入度指数可以通过式(1-5-4)计算，也可以通过针入度指数诺模图求得。

$$P_1 = \frac{30}{1 + 50A} - 10 \tag{1-5-4}$$

胶体结构类型与沥青路用性能之间有密切的关系，一般工程中，常采用沥青针入度指数(PI)来划分沥青的胶体结构类型。当 $PI < -2$ 时，沥青为溶胶型结构；当 $PI > +2$ 时，沥青为凝胶型结构；当 $-2 \leqslant PI \leqslant +2$ 时，沥青为溶-凝胶型结构。

(四)加热稳定性

加热稳定性是指沥青在过热或过长时间加热过程中，会发生轻质馏分挥发、氧化、裂化、聚合等一系列物理及化学变化，使沥青的化学组成及性质相应地发生变化的性能。

现行行业标准《公路工程沥青及沥青混合料试验规程》(JTG E20—2011)规定，沥青材料要进行加热质量损失和加热后残渣性质的试验，用以评定沥青在路面施工及使用过程中的耐久性。对于道路石油沥青，采用沥青薄膜加热试验和沥青旋转薄膜加热试验；对于液体石油沥青，采用蒸馏试验。

(五)含水率

沥青含水率是沥青试样内含有水分的数量，以质量百分率表示。沥青中含有水分，在施工过程中，当沥青加热时，含有的水分挥发缓慢，不仅会影响施工速度，且在加热过程中，水分过多，易产生溢锅现象，引起火灾，使材料受损失，故沥青中的含水率不宜过多。

(六)安全性

沥青在使用中通常要加热，而当加热到一定温度时，沥青材料中挥发的油分蒸气与周围空气组成的混合气体，遇火焰极易燃烧，以致引起火灾，为此，必须测定沥青的闪点和燃点。

(1)闪点是指加热沥青挥发出可燃气体与空气组成混合气体,在规定条件下与火接触,产生闪光的沥青温度。

(2)燃点是指沥青加热产生的混合气体与火接触能持续燃烧 5 s 以上的沥青温度。

闪点和燃点的温度值越高,表示沥青的使用越安全。

(七)黏附性

沥青与石料的黏附性是路用沥青的重要性能之一,直接影响沥青路面的使用质量和耐久性。沥青裹覆岩石后的抗剥性不仅与沥青的性质有密切关系,而且与集料的性质有关。当采用同一种沥青时,不同矿物成分的岩石的剥落度也有所不同。从碱性、中性直至酸性岩石,随着集料中 SiO_2 含量的增加,剥落度也随之增加,因此,集料应优先选用碱性集料,如当地缺乏碱性集料必须采用酸性集料时,可掺加各种抗剥剂以提高沥青与集料的黏附性。

(八)老化

沥青的老化是指在自然因素(热、氧化、光和水)作用下,产生不可逆的化学变化,导致路用性能劣化。沥青老化后,在物理力学性质方面,表现为针入度减少,延度降低,软化点升高,绝对黏度提高,脆点升高等。在化学组分含量方面,表现为饱和分变化较少,芳香分明显转变为胶质(速度较慢),而胶质又转变为沥青质(速度较快),由于芳香分转变为胶质,不足以补偿胶质转变为沥青质,所以,最终胶质明显减少,而沥青质显著增加。

(九)黏-弹性

路用沥青大多数为溶-凝胶型结构,在低温(高黏度)瞬时荷载作用下,以弹性形变为主;在高温(低黏度)长时间荷载作用下,以黏性形变为主。劲度模量即在一定荷载作用时间和温度条件下,应力与应变的比值,是表示沥青黏性和弹性联合效应的指标。

四、石油沥青的技术标准

(一)道路黏稠石油沥青的技术标准

道路石油沥青可分为 A 级、B 级、C 级三个等级。各自的适用范围应符合表 1-5-2 的规定。

表 1-5-2 道路石油沥青的适用范围

沥青等级	适用范围
A 级	各个等级的公路,适用于任何场合和层次
B 级	高速公路、一级公路沥青下面层及以下的层次,二级及二级以下公路的各个层次;用作改性沥青、乳化沥青、改性乳化沥青、稀释沥青的基质沥青
C 级	三级及三级以下公路的各个层次

道路石油沥青按针入度划分为 160 号、130 号、110 号、90 号、70 号、50 号、30 号七个标号。现行行业标准《公路沥青路面施工技术规范》(JTG F40—2004)规定,其各项质量应符合表 1-5-3 的规定。

表 1-5-3　道路石油沥青技术要求

指标	单位	等级	沥青标号									
			160号④	130号④	110号	90号				70号③			50号③	30号④
针入度(25℃,5s,100g)	0.1mm		140~200	120~140	100~120	80~100				60~80			40~60	20~40
适用的气候分区			注④	注④	2-1 2-2 3-2	1-1	1-2	1-3	2-2	2-3	1-3 1-4	2-2 2-3	2-4	1-4	注④
软化点(R&B),不小于	℃	A	−1.5~+1.0										
		B	−1.8~+1.0										
软化点(R&B),不小于	℃	A	38	40	43	45			44	46		45	49	55
		B	36	39	42	43			42	44		43	46	53
		C	35	37	41	42				43			45	50
60℃动力黏度②不小于	Pa·s	A	—	60	120	160			140	180		160	200	260
10℃延度②,不小于	cm	A	50	50	30	45	30	20	30	20	15	25	15	10
		B	30	30	30	30	20	20	15	15	10	20	10	8
15℃延度,不小于	cm	A、B	100									80	50
		C	80	80	60	50				40		30	20
蜡含量(蒸馏法)不大于	%	A	2.2										
		B	3.0										
		C	4.5										
闪点,不小于	℃		230		245					260			
溶解度,不小于	%		99.5										
密度(15℃)	g·cm⁻³		实测记录										
TFOT(或RTFOT)后⑤													
质量变化,不大于	%		±0.8										
残留针入度比,不小于	%	A	48	54	55	57				61		63	65
		B	45	50	52	54				58		60	62
		C	40	45	48	50				54		58	60
残留延度(10℃)不小于	cm	A	12	12	10	8				6		4	—
		B	10	10	8	6				4		2	—
残留延度(15℃)不小于	cm	C	40	35	30	20				15		10	—

注：①试验方法按照现行《公路工程沥青及沥青混合料试验规程》(JTG E20—2011)规定的方法执行。用于仲裁试验求取 PI 时的5个温度的针入度关系的相关系数不得小于0.997。
②经建设单位同意，表中 PI 值、60℃动力黏度、10℃延度可作为选择性指标，也可不作为施工质量检验指标。
③70号沥青可根据需要，要求供应商提供针入度范围为60~70或70~80的沥青，50号沥青可要求提供针入度范围为40~50或50~60的沥青。
④30号沥青仅适用于沥青稳定基层。130号和160号沥青除寒冷地区可直接在中低级公路上直接应用外，通常用作乳化沥青、稀释沥青、改性沥青的基质沥青。
⑤老化试验以 TFOT 为准，也可用 RTFOT 代替。

在同一品种黏稠石油沥青中，标号越大，沥青越软，此时针入度、延度越大，则软化点就会降低；标号越小，沥青越硬，此时针入度、延度越小，则软化点就会升高。

(二)道路液体石油沥青的技术标准

道路用液体石油沥青适用于透层、黏层及拌制冷拌沥青混合料。按其凝结速度可分为快凝、中凝、慢凝三个标号，每个标号按黏度又可分为不同等级。其质量应符合现行行业标准《公路沥青路面施工技术规范》(JTG F40—2004)的各项规定。

第二节　沥青混合料

沥青混合料是经人工合理选择级配组成的矿质混合料与适量沥青结合料拌和而成的混合料的总称。

一、沥青混合料的特点和分类

(一)沥青混合料的特点

(1)沥青混合料是一种弹塑黏性材料，因而具有一定的高温稳定性和低温抗裂性。无须设置施工缝和伸缩缝，路面平整且有弹性，行车比较舒适。

(2)沥青混合料路面具有一定的粗糙度，雨天抗滑性良好，路面可减震、吸声，路面黑色无强烈反光，有利于行车安全。

(3)沥青混合料路面施工方便，养护期短，能及时开放交通。

(4)沥青混合料路面可分期改造和再生利用。随着道路交通量的增大，可以对原有路面拓宽和加厚；对旧有的沥青混合料，可以运用现代技术，再生利用，以节约原材料。

(5)沥青混合料路面具有晴天无尘，雨天不泞的特点，便于汽车高速行驶。

因此，沥青混合料广泛应用于各类道路路面。据统计，我国已建或在建的高速公路路面90%以上都采用沥青混合料路面。

(二)沥青混合料的分类

1. 按集料公称最大粒径分类

根据现行行业规程《公路工程集料试验规程》(JTG E42—2005)的定义：集料的最大粒径是指通过百分率为100%的最小标准筛孔尺寸；集料的公称最大粒径是指全部通过或允许少量不通过(一般允许筛余不超过10%)的最小标准筛筛孔尺寸。通常公称最大粒径比最大粒径小一粒级。按公称最大粒径可分为以下几种：

公路工程集料试验规程

(1)特粗式沥青混合料。是指公称最大粒径等于或大于31.5 mm的沥青混合料。

(2)粗粒式沥青混合料。是指公称最大粒径为26.5 mm的沥青混合料。

(3)中粒式沥青混合料。是指公称最大粒径为16 mm或19 mm的沥青混合料。

(4)细粒式沥青混合料。是指公称最大粒径为9.5 mm或13.2 mm的沥青混合料。

(5)砂粒式沥青混合料。是指公称最大粒径等于或小于4.75 mm的沥青混合料。

2. 按矿质混合料级配类型分类

(1)连续级配沥青混合料。沥青混合料中的矿质混合料从大到小各级粒径都有，按比例相互搭配组成的混合料，称为连续级配沥青混合料。

(2)间断级配沥青混合料。沥青混合料中的矿质混合料中缺少一个或者几个粒径而形成的沥青混合料，称为间断级配沥青混合料。

3. 按矿质混合料级配组成及空隙率大小分类

(1)密级配沥青混合料。按密实级配原理设计组成的各种粒径颗粒的矿料与沥青结合料拌和而成，设计空隙率较小(对不同交通及气候情况、层位可做适当调整)的密实式沥青混凝土混合料(以 AC 表示)和密实式沥青稳定碎石混合料(以 ATB 表示)。按关键性筛孔通过率的不同又可分为粗型(C 型)和细型(F 型)密级配沥青混合料等。

(2)半开级配沥青碎石混合料。由适当比例的粗集料、细集料及较少填料(或不加填料)与沥青结合料拌和而成，剩余空隙率一般为 6%~12% 的半开式沥青碎石混合料(以 AM 表示)。

(3)开级配沥青混合料。矿料级配主要由粗集料嵌挤组成，细集料和填料较少，设计空隙率为 18% 的混合料。对沥青结合料黏度要求较高。

4. 按沥青混合料拌和及铺筑温度分类

(1)热拌热铺沥青混合料。主要采用黏稠石油沥青作为结合料，将沥青与矿料在热态下拌和、摊铺、碾压成型的沥青混合料。由于在高温下拌和，沥青与矿质集料黏结好，强度高；多应用于高等级公路和城市干道。

(2)冷拌冷铺沥青混合料。采用乳化沥青、稀释沥青或低黏度沥青作为结合料，将沥青与集料在常温下拌和、摊铺、碾压而成的沥青混合料。由于在常温下拌和，沥青与集料黏结差，路面成型慢，强度低；应用于低交通道路或者路面局部维修。

(3)热拌冷铺沥青混合料。黏度较低的沥青与集料在热态下拌和而成的混合料，在常温下储存起来，使用时在常温下直接在路面上摊铺压实。一般作为沥青路面的养护材料。

二、沥青混合料的组成结构和强度理论

(一)沥青混合料的组成结构

由于热拌沥青混合料是沥青混合料中最典型的品种，其他沥青混合料均是由其发展而来，所以下面主要介绍它的组成结构。

1. 组成结构理论

目前，沥青混合料组成结构理论有以下两种：

第一种为表面理论，是指沥青混合料由粗集料、细集料和填料组成密实的矿质骨架，沥青分布在矿质集料表面，将矿质集料胶结成具有一定强度的整体型材料。

第二种为胶浆理论，是指沥青混合料是一种多级空间网络状结构的多级分散系。其主要分为以下三个分散系：

(1)粗分散系。以粗集料为分散相，分散在沥青砂浆中形成粗分散系。

(2)细分散系。以细集料为分散相，分散到沥青胶浆中形成细分散系。

(3)微分散系。以填料为分散相，分散在沥青介质中形成微分散系。

在这种多级分散体系中以沥青胶浆最为重要，因此，沥青胶浆的组成结构决定了沥青混合料的高温稳定性和低温变形能力。

在这两种理论中，第一种理论强调的是矿质集料的骨架作用，起主导作用的是矿料的强度及其级配的密实度；第二种理论强调的是沥青胶结物在混合料中的作用，起主导作用的是沥青与填料之间的关系。

2. 组成结构类型

沥青混合料组成结构可分为悬浮-密实结构、骨架-空隙结构和骨架-密实结构三种类型，见表 1-5-4 和图 1-5-3。

表 1-5-4　沥青混合料组成结构类型

结构类型	概念	组成结构	路用性能特点	代表类型
悬浮-密实结构	密级配的混合料	矿料颗粒连续存在，而且细集料含量较多，将较大颗粒挤开，使大颗粒不能形成骨架，而较小颗粒与沥青胶浆比较充分，将空隙填充密实，使大颗粒悬浮于较小颗粒与沥青胶浆之间，形成悬浮-密实结构	由于压实后密实度大，因此该类混合料水稳定性、低温抗裂性和耐久性较好；但其高温性能对沥青的品质依赖性大，由于沥青黏度降低，往往导致混合料高温稳定性变差	AC 型沥青混合料
骨架-空隙结构	连续开级配的混合料	粗集料较多，彼此相互接触形成骨架；但细集料含量很少，不能充分填充粗集料之间的空隙，压实后混合料中的空隙较大，形成骨架-空隙结构	粗集料的骨架作用，使之高温稳定性好；由于细集料含量少，空隙未能充分填充，因此耐水害、抗疲劳和耐久性能较差，所以，一般要求采用高黏稠沥青，以防止沥青老化和剥落	沥青碎石 AM 和开级配磨耗层沥青混合料 OGFC 等
骨架-密实结构	间断级配的混合料	采用间断级配，粗、细集料含量较高，中间料含量很少，使得粗集料能形成骨架，细集料和沥青胶浆又能充分填充骨架间的空隙，形成骨架-密实结构	高低温性能均较好，具有较强的抗疲劳耐久特性；但间断级配在施工拌和过程中易产生离析现象，施工质量难以保证，使得混合料很难形成骨架-密实结构，要防止混合料生产、运输和摊铺等施工过程中产生离析	沥青玛琋脂碎石混合料 SMA

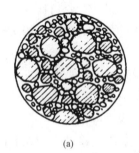 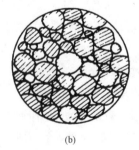 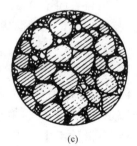

(a) (b) (c)

图 1-5-3　沥青混合料的组成结构
(a)悬浮-密实结构；(b)骨架-空隙结构；(c)骨架-密实结构

(二)沥青混合料的强度理论

1. 沥青混合料结构强度的构成

沥青混合料的抗剪强度可以用摩尔-库伦理论进行分析,即沥青混合料的结构强度由矿料之间的嵌锁力(内摩阻力)以及沥青与矿料的粘结力及沥青自身的黏聚力构成,按式(1-5-5)计算。

$$\tau = c + \sigma \tan\varphi \tag{1-5-5}$$

式中 τ——沥青混合料的抗剪强度(MPa);

c——沥青混合料的黏聚力(MPa);

φ——沥青混合料的内摩阻角(rad);

σ——试验时的正应力(MPa)。

2. 影响沥青混合料抗剪强度的因素

(1)沥青黏度的影响。沥青混合料中的集料是分散在沥青中的分散系。因此,它的抗剪强度与分散相的浓度和分散介质黏度有着密切的关系。在其他因素固定的条件下,沥青的黏度越大,则沥青混合料黏聚力越大,沥青混合料的强度越大,抗变形能力越强。

(2)矿料的级配类型和表面性质的影响。沥青混合料的抗剪强度与集料在沥青混合料中的分布情况有密切关系。沥青混合料有密集配、开级配和间断级配等不同组成结构类型,集料级配类型是影响沥青混合料抗剪强度的因素之一。

另外,集料的种类、粗度、颗粒形状和表面粗糙度等特性对沥青混合料的抗剪强度也有较大影响。通常具有棱角,形状接近立方体、表面明显粗糙的集料,配制出的沥青混合料抗剪强度较高。集料越粗,配制的沥青混合料内摩阻角也越大,相同粒径组成的集料,卵石的内摩阻角比碎石的内摩阻角低。

(3)沥青与集料性质的影响。沥青混合料黏聚力除与沥青材料自身的内聚力有关外,还取决于集料的交互作用。集料颗粒对于包裹其表面的沥青分子具有一定的化学吸附作用,这种化学吸附比集料与沥青之间的分子吸附作用要强得多,并使集料表面吸附沥青组重新分布,形成一层结构膜,即结构沥青。结构沥青膜层较薄,黏度较高,与矿料之间有着较强的黏聚力。在结构沥青层之外未与矿料发生交互作用的是自由沥青。

沥青与集料相互作用不仅与沥青的化学性质有关,而且与集料的性质有关。不同性质集料表面形成不同组成结构和厚度的结构膜。石灰岩颗粒表面形成的结构膜较好,而在石英岩颗粒表面形成的结构膜发育较差。所以,在沥青混合料中,当采用石灰石集料时,沥青混合料具有较高的黏聚力。

沥青混合料的黏聚力既取决于结构沥青的比例,也取决于集料颗粒之间的距离。当集料之间距离很近,并由黏度增加的结构沥青相互黏结时,则沥青混合料就会具有较高的黏聚力;反之,如果集料颗粒以自由沥青相互黏结,则沥青混合料的黏聚力就会较低。

(4)沥青用量的影响。在沥青和集料质量不变的情况下,沥青与集料的比例是影响沥青混合料抗剪强度的重要因素。当沥青用量过少时,不足以在集料颗粒表面形成结构沥青,沥青混合料黏聚力就会降低。随着沥青用量的增加,沥青逐渐裹覆矿料表面形成结构沥青，沥青混合料的黏聚力随着沥青用量的增加而增大，当沥青用量适宜时，沥青混合料具有较大的黏聚力。随后，如沥青用量继续增加，由于沥青用量过多，逐渐将集料颗粒推开，在矿料颗粒之间形成自由沥青，则沥青混合料的黏聚力随着沥青用量的增加而降低，此时，沥青不仅是胶粘剂，而且起润滑剂的作用，因此，沥青混合料的黏聚力降低。

(5)温度和荷载作用速率的影响。随着温度升高，沥青的黏度降低，沥青混合料的黏聚力也会显著降低；同时矿料之间的约束减小，使得矿料之间的内摩阻力降低，从而使沥青混合料整体强度都随之下降。

沥青的黏度随着变形速率的增加而增加，沥青混合料的黏聚力也随变形速率的增加而显著提高，而内摩阻力变化较小。因此，变形速率增加，沥青混合料的黏聚力增大，混合料整体强度也会随之提高。

三、沥青混合料使用性能的气候分区

沥青混合料的技术性质与使用环境，如气温和湿度关系密切。因此，在选择沥青材料的等级进行沥青混合料配合比设计、检验沥青混合料的使用性能时，应考虑沥青路面工程的环境因素，尤其是温度和湿度条件。所以，应按照不同的气候分区的特点对沥青混合料的技术性能提出相应要求。沥青路面使用性能气候分区见表1-5-5。

表1-5-5 沥青路面使用性能气候分区

气候分区指标		气候分区			
高温分区	高温气候区	1	2	3	
	气候区名称	夏炎热区	夏热区	夏凉区	
	最热月平均最高气温/℃	>30	20~30	<20	
低温分区	低温气候区	1	2	3	4
	气候区名称	冬严寒区	冬寒区	冬冷区	冬温区
	极端最低气温/℃	<-37.5	(-37.5)~(-21.5)	(-21.5)~(-9.0)	>(-9.0)
雨量分区	雨量气候区	1	2	3	4
	气候区名称	潮湿区	湿润区	半干区	干旱区
	年降雨量/mm	>100	1 000~500	500~250	<250

(一)气候分区指标

(1)按工程所在地最近30年内最热月份平均日最高气温的平均值，作为反映沥青路面在高温和重载条件下出现车辙等流动变形的气候因子，并作为气候分区的一级指标，按照设计高温指标，一级区划分为3个区。

(2)按工程所在地最近30年内的极端最低气温，作为反映沥青路面由于温度收缩产生裂缝的气候因子，并作为气候分区的二级指标，按照设计低温指标，二级区划分为4个区。

(3)按工程所在地最近 30 年内的年降雨量的平均值,作为反映沥青路面受水影响的气候因子,并作为气候分区的三级指标,按照设计雨量指标,三级区划分为 4 个区。

(二)气候分区的确定

沥青路面使用性能气候分区由一、二、三级区划组合而成,可综合反映该地区的气候特征。每个气候分区用三个数字表示,第一个数字代表高温分区,第二个数字代表低温分区,第三个数字代表雨量分区。每级区的数字越小,表示该气候因子对沥青路面的影响越恶劣。如我国上海市属于 1—3—1 气候区,即为夏炎热冬冷潮湿区,对沥青混合料的高温稳定性和水稳定性要求较高。

四、沥青混合料的技术性质

(一)高温稳定性

沥青混合料的高温稳定性是指混合料在夏季高温(通常为 60 ℃)的条件下,经车辆荷载长期重复作用后,不产生车辙和波浪等病害的性能。

1. 高温稳定性的意义

在高温条件或长时间承受荷载作用时,混合料会产生显著的变形,其中不能恢复的部分称为永久变形。这种特性是导致沥青路面产生车辙、波浪及拥包等病害的主要原因。在交通量大、重车比例高和经常变速路段的沥青路面上,车辙是最严重、最有危害的破坏形式之一。

2. 高温稳定性的评价指标

现行行业标准《公路沥青路面施工技术规范》(JTG F40—2004)规定,可采用马歇尔稳定度试验来评价沥青混合料的高温稳定性;对于高速公路、一级公路、城市快速路、主干路用沥青混合料,还应通过车辙试验检验其抗车辙能力。

(1)马歇尔稳定度试验。马歇尔稳定度试验用于测定沥青混合料试件在规定温度和荷载速度下的破坏荷载和抗变形能力。目前,普遍是测定马歇尔稳定度(MS)、流值(FL)两项指标。稳定度是指试件破坏时承受的最大荷载(kN);流值是指达到最大破坏荷载时试件的垂直变形(mm)。

(2)车辙试验。车辙试验是一种模拟车辆轮胎在路面上滚动形成车辙的工程试验方法。目前,我国的车辙试验是使用标准成型方法,制成 300 mm×300 mm×50 mm 的沥青混合料试件,在 60 ℃ 的温度条件下,以一定荷载的轮子在同一轨迹上做一定时间的反复行走,形成一定的车辙深度,然后计算产生 1 mm 车辙变形所需要的行走次数,即为动稳定度(次/mm)。

3. 影响高温稳定性的主要因素

影响沥青混合料高温稳定性的主要因素有沥青的用量、沥青的黏度、矿料的级配、矿料的尺寸、形状等。

随着沥青用量的增加,矿料表面的沥青膜增厚,自由沥青比例的增加,在高温条件下,这部分沥青在荷载作用下发生明显的流动变形,从而导致沥青混合料抗高温变形能力降低。

沥青的黏度越大,与集料的黏附性越好,沥青混合料的抗高温变形能力越强。可以采用合适的改性剂来提高沥青的高温黏度,从而改善沥青混合料的高温稳定性。

采用表面粗糙、有棱角、立方体形状的碎石集料,经压实后集料颗粒之间能够形成紧密的嵌锁作用,增大沥青混合料的内摩阻角,有利于增强沥青混合料的高温稳定性。

对于细粒式和中粒式密级配沥青混合料,适当减少沥青用量有利于抗车辙能力的提高,当采用马歇尔试验进行沥青混合料配合比设计时,沥青用量应选择最佳沥青用量范围的下限。但对于粗粒式或开级配沥青混合料,不能简单地靠采用减少沥青用量来提高抗车辙能力。

(二)低温抗裂性

沥青混合料的低温抗裂性是指沥青混合料在低温下抵抗断裂破坏的能力。

1. 低温抗裂性的意义

当冬季气温降低时,沥青面层将产生体积收缩,而在基层结构与周围材料的约束作用下,沥青混合料不能自由收缩。当降温速率较慢时,不会对沥青路面产生较大的危害。但当气温骤降时,导致沥青路面出现裂缝造成路面的损坏。因此,要求沥青混合料具有一定的低温抗裂性。

2. 低温抗裂性的评价指标

现行行业标准《公路沥青路面施工技术规范》(JTG F40—2004)规定,采用低温弯曲试验的破坏应变指标作为评价沥青混合料低温抗裂性的指标。

3. 影响低温抗裂性的主要因素

影响沥青混合料低温抗裂性的主要因素是沥青黏度和温度敏感性。因此,在沥青混合料组成设计中,应选用黏度和温度敏感性较低的沥青,以提高沥青混合料的低温抗裂能力。

(三)耐久性

沥青混合料的耐久性是指其在长期使用过程中抵抗环境因素(如阳光、空气、水等)及行车荷载反复作用下保持正常使用状态而不出现剥落和松散等损坏的能力。

1. 耐久性的评价指标

现行行业标准《公路沥青路面施工技术规范》(JTG F40—2004)规定,采用空隙率、饱和度和残留稳定度等指标来表征沥青混合料的耐久性。

2. 影响耐久性的主要因素

影响沥青混合料耐久性的主要因素有沥青的化学性质、矿料的矿物成分、沥青混合料的组成结构(残留孔隙率、沥青饱和度)等。

就沥青混合料的组成结构而言,影响其耐久性的首要因素是沥青混合料的空隙率。空隙率越小,越可以有效地防止水分渗入和减少日光紫外线对沥青的老化作用等,但一般沥青混合料中均应残留一定的空隙,以备夏季沥青材料膨胀。

(四)抗滑性

沥青路面的抗滑性对于保障道路交通安全至关重要。

沥青路面的抗滑性与所用矿料的表面性质、颗粒形状与尺寸、混合料的级配组成以及沥青用量等因素有关。为了提高沥青路面的抗滑性，应选择表面粗糙、坚硬、耐磨、抗冲击性好、磨光值大的碎石和破碎砾石集料。另外，还应严格控制沥青混合料中的沥青用量，特别是选用含蜡量低的沥青，以免沥青表层出现滑溜现象。

(五) 水稳定性

(1) 沥青混合料水稳定性不足表现为：由于水或水汽作用，促进了沥青从集料颗粒表面剥落，降低沥青混合料的黏结强度，使松散的颗粒被车轮带走，在路面形成坑槽——水损害。

(2) 产生沥青混合料水稳定性不足的原因：由于沥青混合料压实空隙率较大，沥青路面排水系统不完善，车辆产生的动水压力就会对沥青产生剥离作用，因而加剧了沥青路面的"水损害"病害。

(3) 影响沥青混合料水稳定性不足的主要因素。

1) 沥青和集料的黏附性：沥青路面的水损坏通常与沥青的剥落有关，而沥青的剥落与沥青和集料间的黏附性相关。

2) 集料的组成：碱性集料黏附性好，酸性较差。

3) 空隙率：水分进入结构内部，在高速行车造成的动水压力下，集料表面的沥青会发生迁移甚至剥落。

4) 沥青膜的厚度：沥青膜薄，水分易穿透膜层导致沥青的剥落；在进行沥青混合料配合比设计时，应在满足高温稳定性前提下，尽量增加沥青膜厚度。

5) 成型方法：成型温度低，可能会压得过实，把集料压碎，或压实不够，空隙率增大。

(六) 施工和易性

1. 施工和易性的意义

沥青混合料应具备良好的施工和易性，能够在拌和、摊铺和碾压过程中，使集料颗粒保持分布均匀，表面被沥青膜完整的包裹，并被压实到规定的密度，这是保证沥青路面使用质量的必要条件。

2. 影响混合料施工和易性的主要因素

组成材料的影响：当组成材料确定后，沥青混合料和易性的主要影响是矿料级配和沥青用量。在间断级配的矿质混合料中，粗、细集料的颗粒尺寸相差过大，缺乏中间尺寸颗粒，沥青混合料易离析；如果细集料太少，沥青层就不易均匀分布在粗颗粒表面；反之，则拌和困难。当沥青用量过少或矿粉用量过多时，混合料易产生疏松且不易压实；沥青用量过多，则使混合料结团，不易摊铺。

施工条件的影响：温度较高时，沥青的流动性大，在拌和中能够充分均匀地黏附在矿料颗粒表面；但温度过高会引起沥青老化，将严重影响沥青混合料的使用性能，所以，沥青混合料应在合适的温度下施工；沥青混合料需要一定的时间进行拌和，以保证各种组成材料在混合料中分布均匀，并使所有矿料颗粒被沥青包裹；另外，拌合设备、摊铺机械和压实工具都对沥青混合料的施工和易性有一定的影响，应结合施工方式和施工条件考虑。

五、沥青混合料的技术标准

现行行业标准《公路沥青路面施工技术规范》(JTG F40—2004),采用马歇尔试验配合比设计方法的沥青混合料的技术标准,见表 1-5-6。

表 1-5-6　密级配沥青混凝土混合料马歇尔试验技术标准
(本表适用于公称最大粒径≤26.5 mm 的密级配沥青混凝土混合料)

试验指标		单位	高速公路、一级公路				其他等级公路	行人道路
			夏炎热区 (1-1、1-2、1-3、1-4 区)		夏热区及夏凉区 (2-1、2-2、2-3、2-4、3-2 区)			
			中轻交通	重载交通	中轻交通	重载交通		
击实次数(双面)		次	75				50	50
试件尺寸		mm	ϕ101.6 mm×63.5 mm					
空隙率 VV	深约 90 mm 以内	%	3~5	4~6	2~4	3~5	3~6	2~4
	深约 90 mm 以下	%	3~6		2~4	3~6	3~6	—
稳定度 MS 不小于		kN	8				5	3
流值 FL		mm	2~4	1.5~4	2~4.5	2~4	2~4.5	2~5
矿料间隙率 VMA /% 不小于	设计空隙率 /%	相应于以下公称最大粒径/mm 的最小 VMA 及 VFA 技术要求/%						
		26.5	19	16	13.2		9.5	4.75
	2	10	11	11.5	12		13	15
	3	11	12	12.5	13		14	16
	4	12	13	13.5	14		15	17
	5	13	14	14.5	15		16	18
	6	14	15	15.5	16		17	19
沥青饱和度 VFA/%			55~70		65~75		70~85	

六、沥青混合料对组成材料的技术要求

为了保证沥青混合料的技术性质,首先要选择满足质量要求的原材料,原材料的选择应根据设计文件对路面结构和使用品质的要求,按照《公路沥青路面施工技术规范》(JTG F40—2004)的相关规定,结合材料的供应情况,按照《公路工程沥青及沥青混合料试验规程》(JTG E20—2011)和《公路工程集料试验规程》(JTG E42—2005)的要求进行检验,然后择优选材。

(一)沥青材料

沥青是沥青混合料的重要组成材料,其性能直接影响沥青混合料的各种技术性质。沥青路面所用沥青应根据气候条件、公路等级、沥青混合料类型、交通条件、路面类型及在结构层中的层位、施工方法等,结合当地的使用经验,经技术论证后确定。

对于高速公路、一级公路、夏季温度高、高温持续时间长、重载交通、山区及丘陵区上坡路段、服务区、停车场等行车速度慢的路段,宜采用黏度大的沥青;对于冬季寒冷的

地区或交通量小的公路、旅游公路宜采用稠度小、低温延度大的沥青；对于日温差、年温差较大的地区宜选用针入度指数较大、感温性较低的沥青。当高温要求与低温要求发生矛盾时，应优先考虑满足高温性能的要求。

当缺乏所需标号的沥青时，可采用不同标号掺配的调和沥青，其掺配比例由试验确定。在沥青的使用上，上层宜采用较稠的沥青，下层或连接层宜采用较稀的沥青。对于渠化交通的道路，宜采用较稠的沥青。随着沥青用量的增加，矿料颗粒之间的相互位移越容易，沥青混合料的内摩阻角也越小。

(二)粗集料

1. 粗集料的物理力学性质要求

(1)选择原则。

1)粗集料可采用碎石、破碎砾石、筛选砾石、矿渣等。

2)用于高速公路、一级公路、城市快速路、主干路沥青路面表层的粗集料，应选用坚硬、耐磨、抗冲击型号的碎石或破碎砾石，不得选用筛选砾石、矿渣及软质集料，该类粗集料应符合表1-5-7对磨光值和黏附性的要求。

表1-5-7 粗集料磨光值及其沥青的黏附性的技术要求

雨量气候区	1(潮湿区)	2(湿润区)	3(半干区)	4(干旱区)
年降雨量/mm	>1 000	1 000~500	500~250	<250
高速公路、一级公路表面层粗集料磨光值PSV不小于	42	40	38	36
高速公路、一级公路表面层粗集料与沥青黏附性不小于	5	4	4	3
高速公路、一级公路的其他层次及其他等级公路的各个层次粗集料与沥青黏附性不小于	4	4	3	3

3)当坚硬石料来源缺乏时，允许掺加一定比例较小粒径的普通粗集料，掺加比例根据试验确定。在以骨架原则设计的沥青混合料中不得掺加其他粗集料。

(2)基本要求。

1)洁净、干燥、表面粗糙、形状接近立方体且无风化、不含杂质，并具有足够的强度、耐磨耗性。

2)破碎砾石应采用粒径大于50 mm的颗粒轧制，破碎前必须清洗，含泥量不大于1%。

3)经过破碎且存放期超过6个月以上的钢渣可作为粗集料使用，除吸水率允许适当放宽外，各项指标应符合表1-5-8的要求。

表 1-5-8　沥青混合料用粗集料质量技术要求

技术指标		高速公路及一级道路、城市快速路和主干路		其他等级道路	试验方法
		表面层	其他层次		
石料压碎值，不大于/%		26	28	30	T0316
洛杉矶磨耗值，不大于/%		28	30	35	T0317
表观相对密度，不小于 t/m³		2.60	2.50	2.45	T0304
吸水率，不大于/%		2.0	3.0	3.0	T0304
坚固性，不大于/%		12	12	—	T0314
软石含量，不大于/%		3	5	5	T0320
水洗法＜0.075 mm 颗粒含量，不大于/%		1	1	1	T0310
针片状颗粒含量	混合料不大于/%	5	8	20	T0312
	其中粒径大于 9.5 mm 不大于/%	12	15	—	
	其中粒径小于 9.5 mm 不大于/%	18	20	—	

2. 与沥青的黏附性要求

在高速公路、一级公路、城市快速路和主干路沥青路面中，需要使用坚硬的粗集料，当使用花岗岩、石英岩等酸性岩石轧制的粗集料时，如达不到表 1-5-7 对粗集料与沥青黏附性等级的要求，则必须采取抗剥离措施。工程中，常用的抗剥离方法有：使用高黏度沥青；在沥青中掺加抗剥离剂；用干燥的生石灰、消石灰粉或水泥作为填料的一部分，其用量为矿料 1%～2%；将粗集料用石灰浆处理后使用等。

3. 粗集料的粒径规格

粗集料的粒径规格应按照表 1-5-9 进行生产和使用。如某一档粗集料不符合表 1-5-9 的规格，但确认与其他集料组配后的合成级配符合设计级配的要求时也可以使用。

表 1-5-9　沥青面层用粗集料规格

规格名称	公称粒径/mm	通过下列筛孔/mm 的质量百分率/%								
		37.5	31.5	26.5	19	13.2	9.5	4.75	2.36	0.6
S6	15～30	100	90～100	—	—	0～15	—	0～5		
S7	10～30	100	90～100	—	—		0～15		0～5	
S8	15～25		100	90～100	—	0～15	—	0～5		
S9	10～20			100	90～100	—	0～15		0～5	
S10	10～15				100	90～100	0～15		0～5	
S11	5～15				100	90～100	40～70	0～15		0～5
S12	5～10					100	90～100	0～15	0～5	
S13	3～10					100	90～100	40～70	0～20	0～5
S14	3～5						100	90～100	0～15	0～3

(三)细集料

1. 细集料的物理力学性能要求

(1)可以采用天然砂、机制砂或石屑。

(2)应洁净、干燥、无风化、无杂质,并有适当的颗粒级配,物理力学指标要求见表1-5-10。

表1-5-10 沥青混合料用细集料质量技术要求

项目	单位	高速公路、一级公路	其他等级公路	试验方法
表观相对密度,不小于	t/m³	2.50	2.45	T 0328
坚固性(>0.3 mm部分),不大于	%	12	—	T 0340
含泥量(小于0.075 mm的含量),不大于	%	3	5	T 0333
砂当量,不小于	%	60	50	T 0334
亚甲蓝值,不大于	g/kg	25	—	T 0346
棱角性(流动时间),不小于	s	30	—	T 0345

(3)与沥青有良好的黏结能力,在高速公路、一级公路、城市快速路和主干路沥青面层用与沥青黏结性能差的天然砂或用花岗岩、石英岩等酸性岩石破碎的人工砂及石屑时,应采取前述粗集料的抗剥离措施对细集料进行处理。

2. 细集料的粒径规格

(1)天然砂宜采用河砂或海砂,当采用山砂时应经过清洗,天然砂的规格应符合表1-5-11的规定,经筛洗法测定的砂中小于0.075 mm颗粒含量不得大于3%(高速公路、一级公路、城市快速路、主干路)和5%(其他等级道路)。

表1-5-11 沥青混合料用天然砂规格

筛孔尺寸/mm	通过各筛孔的质量百分率/%		
	粗砂	中砂	细砂
9.5	100	100	100
4.75	90~100	90~100	90~100
2.36	65~95	75~90	85~100
1.18	35~65	50~90	75~100
0.6	15~30	30~60	60~84
0.3	5~20	8~30	15~45
0.15	0~10	0~10	0~10
0.075	0~5	0~5	0~5

(2)石屑是破碎碎石料过程中通过4.75 mm或2.36 mm的筛下部分,强度一般较低,针片状颗粒含量较高。所以,在生产石屑的过程中应特别注意,避免山体覆盖或夹层的泥土混入石屑。

沥青混合料用机制砂或石屑的规格应符合表1-5-12的要求。不得使用泥土、细粉、细薄碎片颗粒含量高的石屑。对于高速公路、一级公路、城市快速路、主干路，应将石屑加工成S14(3～5 mm)和S16(0～3 mm)组合使用，在细集料中石屑含量不宜超过总量的50%。

表1-5-12 沥青混合料用机制砂或石屑规格

规格	公称粒径/mm	通过各筛孔的质量百分率/%							
		9.5	4.75	2.36	1.18	0.6	0.3	0.15	0.075
S15	0～5	100	90～100	60～90	40～75	20～55	7～40	2～20	0～10
S16	0～3	—	100	80～100	50～80	25～60	8～45	0～25	0～15

细集料的级配在沥青混合料中的适用性，应将其与粗集料及填料配制成矿质混合料后，再判断其是否符合矿料设计级配的要求再做决定。当一种细集料不能满足级配要求时，可采用两种或两种以上的细集料掺和使用。

(四) 填料

填料必须采用石灰岩或岩浆岩中的强基性岩石等憎水性石料经磨细得到的矿粉，粉煤灰等矿物质有时也可以作为填料使用，高速公路、一级公路沥青面层不宜采用粉煤灰做填料。

矿粉作为沥青混合料中的一种主要材料，其掺量虽仅为7%，但其表面积却占矿质混合料的总表面积的80%以上。因此，矿粉能显著扩大沥青与矿料进行物理-化学作用的表面积，通过交互作用，增加结构沥青的数量，提高沥青混合料的粘结力。

试验表明，沥青与矿粉的交互作用，不仅与沥青的化学性质有关，而且还与矿粉的自身性质有关，这些性质主要有矿粉的级配、密亲水性、塑性指数及加热稳定性等。生产矿粉的原石料中泥土杂质应清除。矿粉要求干燥、洁净，能自由地从石粉仓中流出，其质量应符合表1-5-13的要求。

表1-5-13 沥青混合料用矿粉质量要求

项目	单位	高速公路、一级公路	其他等级公路	试验方法
表观密度，不小于	t/m³	2.5	2.45	T 0352
含水率，不大于	%	1	1	T 0103 烘干法
粒度范围<0.6 mm	%	100	100	T 0351
<0.15 mm	%	90～100	90～100	
<0.075 mm	%	75～100	70～100	
—	外观	无团料结块		—
亲水系数	—	<1		T 0353
塑性指数	—	<4		T 0354
加热安定性		实测记录		T 0355

1. 矿粉的级配

矿粉的级配是指矿粉大小颗粒的搭配情况。如果矿粉偏细，则可增大矿粉的比表面积，因此，对于矿粉的级配，要求小于 0.075 mm 粒径的含量不能太少，但同时也不宜太多，否则会因过细使沥青混合料结成团块，不宜施工。

2. 矿粉的密度

矿粉的密度是指单位实体积的质量。密度不仅可以反映矿粉的质量，而且也是沥青混合料配合比设计的重要参数。

3. 矿粉的亲水系数

矿粉的亲水系数是指矿粉试样在水(极性介质)中膨胀的体积与同一试样在煤油(非极性介质)中膨胀的体积之比。

亲水系数大于 1 的矿粉，表示矿粉对水的亲和力大于对沥青的亲和力，称为憎油矿粉。这种矿粉在水和沥青都存在的情况下，矿粉易与水发生反应，而与沥青的粘结力却很弱；相反，当亲水系数小于 1 时，表明矿粉对沥青的亲和力大于水的亲和力，由于矿粉憎水，故与沥青的粘结力很好。因此，在工程中必须选用亲水系数小于 1 的矿粉。为了鉴别矿粉的亲水性，必须检测矿粉的亲水系数。

4. 矿粉的加热安定性

矿粉的加热安定性是指矿粉在加热过程中受热而不变质的性能。对于热拌沥青混合料，在施工中需对矿粉进行加热，而有些矿粉在受热后易发生变质，从而影响矿粉的质量，尤其是火成岩石粉，在受热拌和过程中会发生较严重的变质，因此，必须检测矿粉的加热安定性。

5. 矿粉塑性指数

矿粉的塑性指数是指矿粉液限含水率与塑限含水率之差，以百分率表示。它是评价矿粉中黏性土成分含量的指标。用于热拌沥青混合料的矿粉大部分是通过 0.075 mm 筛的非塑性的矿质粉末，即石灰石粉。为了增强沥青与酸性岩石的粘结力，有时需掺入适量的消石灰粉或水泥，但这样又会使矿粉的塑性指数增加，由于塑性指数高的石粉具有较大的吸水性和吸油性，并会由此产生膨润，使沥青混合料的强度降低，或者在水的作用下发生剥离。因此，用于沥青混合料的矿粉，其塑性指数不宜过高，按现行规范其最大值必须小于 4%。

在拌合场采用干法除尘回收的粉尘可以代替一部分矿粉使用，湿法除尘的应经过干燥粉碎处理，且不得含有杂质。用量不得超过填料总量的 25%，塑性指数不得大于 4%，其余质量要求与矿粉相同。

粉煤灰烧失量应小于 12%，与矿粉混合后的塑性指数应小于 4%，其余质量要求与矿粉相同。粉煤灰的用量不宜超过填料总量的 50%，与沥青黏聚力好，且水稳定性应满足要求。高速公路、一级公路、城市快速路和主干路的沥青面层不宜采用粉煤灰作为填料。

为改善水稳定性，可采用干燥的磨细的生石灰粉、消石灰粉或水泥作为填料，用量不宜超过矿料总量的 1%～2%。

七、沥青混合料的配合比设计

沥青混合料配合比设计是采用马歇尔试验进行配合比设计的方法，适用于密级配沥青混凝土及沥青稳定碎石混合料。

沥青混合料配合比设计应通过目标配合比设计、生产配合比设计和生产配合比验证三个阶段，确定沥青混合料的材料品种及配合比、矿料级配、最佳沥青用量；后两个设计阶段是在目标配合比设计的基础上进行的，需借助于施工单位的拌合设备、摊铺和碾压设备完成。

各个阶段的工作内容虽有所不同，但每个阶段最终要解决的问题是相同的，一是确定矿料的配合比例；二是确定沥青用量。这就是说，沥青混合料配合比设计是建立在试验、检验、调整、完善基础上的一项技术工作，只有分阶段，并结合试验、施工设备反复进行验证、调整，才能获得满意的配合比设计结果。

(一)目标配合比设计

目标配合比设计可分为矿质混合料组成设计和最佳沥青用量确定两部分。

1. 矿质混合料组成设计

矿质混合料组成设计的目的是选用一个具有足够密实度和较大摩阻力的矿质混合料。按现行行业标准《公路沥青路面施工技术规范》(JTG F40—2004)的规定，按下列步骤进行：

(1)确定沥青混合料类型。沥青混合料的类型根据道路等级、路面类型、所处结构层按照表1-5-14选择。

表 1-5-14 沥青混合料类型

结构层次	高速公路、一级公路、城市快速路、主干路		其他等级公路		一般城市道路及其他道路工程	
	三层式路面	两层式路面	沥青混凝土	沥青碎石路面	沥青混凝土	沥青碎石路面
上面层	AC—13 AC—16	AC—13 AC—16	AC—13 AC—16	AC—13	AC—5 AC—10 AC—13	AM—5 AM—10
中面层	AC—20 AC—25	—	—	—	—	—
下面层	AC—25 AC—30	AC—20 AC—30	AC—20 AC—25 AC—30	AM—25 AM—30	AC—20 AC—25	AM—25 AM—30 AM—40

沥青混合料必须在对同类公路配合比设计和使用情况调查研究的基础上，充分借鉴成功的经验，选用符合要求的材料，进行配合比设计。沥青混合料的矿料级配应符合工程规定的设计级配范围。《公路沥青路面施工技术规范》(JTG F40—2004)将密级配沥青混合料类型分为粗型(C)和细型(F)，见表1-5-15。

表 1-5-15 粗型和细型密级配沥青混凝土的关键性筛孔通过率

混合料类型	公称最大粒径/mm	用以分类的关键性筛孔/mm	粗型密级配		细型密级配	
			名称	关键性筛孔通过率/%	名称	关键性筛孔通过率/%
AC—25	26.5	4.75	AC—25C	<40	AC—25F	>40
AC—20	19	4.75	AC—20C	<40	AC—20F	>45
AC—16	16	2.36	AC—16C	<38	AC—16F	>38
AC—13	13.2	2.36	AC—13C	<40	AC—13F	>40
AC—10	9.5	2.36	AC—10C	<45	AC—10F	>45

(2)确定矿质混合料的级配范围。根据已确定的沥青混合料类型,按照表1-5-16确定相应的矿质混合料级配范围。其他类型的混合料以表1-5-16~表1-5-21作为工程设计级配范围。

表 1-5-16 密级配沥青混凝土混合料矿料级配范围

级配类型		通过下列筛孔/mm 的质量百分率/%											
		31.5	26.5	19	16	13.2	9.5	4.75	2.36	1.18	0.6	0.3	0.15	0.075
粗粒式	AC—25	100	90~100	75~90	65~83	57~76	45~65	24~52	16~42	12~33	8~24	5~17	4~13	3~7
中粒式	AC—20		100	90~100	78~92	62~80	50~72	26~56	16~44	12~33	8~24	5~17	4~13	3~7
	AC—16			100	90~100	76~92	60~80	34~62	20~48	13~36	9~26	7~18	5~14	4~8
细粒式	AC—13				100	90~100	68~85	38~68	24~50	15~38	10~28	7~20	5~15	4~8
	AC—10					100	90~100	45~75	30~58	20~44	13~32	9~23	6~16	4~8
砂粒式	AC—5						100	90~100	55~75	35~55	20~40	12~28	7~18	5~10

表 1-5-17 沥青玛琋脂碎石混合料矿物级配范围

级配类型		通过下列筛孔/mm 的质量百分率/%										
		26.5	19	16	13.2	9.5	4.75	2.36	1.18	0.6	0.3	0.15	0.075
中粒式	SMA—20	100	90~100	72~92	62~82	40~55	18~30	13~22	12~20	10~16	9~14	8~13	8~12
	SMA—16		100	90~100	65~85	45~65	20~32	15~24	14~22	12~18	10~15	9~14	8~12
细粒式	SMA—13			100	90~100	50~75	20~34	15~26	14~24	12~20	10~16	9~15	8~12
	SMA—10				100	90~100	28~60	20~32	14~26	12~22	10~18	9~16	8~13

表 1-5-18 开级配排水式磨耗层混合料矿料级配范围

级配类型		通过下列筛孔/mm 的质量百分率/%										
		19	16	13.2	9.5	4.75	2.36	1.18	0.6	0.3	0.15	0.075
中粒式	OGFC—16	100	90~100	70~90	45~70	12~30	10~22	6~18	4~15	3~12	3~8	2~6
	OGFC—13		100	90~100	60~80	12~30	10~22	6~18	4~15	3~12	3~8	2~6
细粒式	OGFC—10			100	90~100	50~70	10~22	6~18	4~15	3~12	3~8	2~6

表 1-5-19　密级配沥青碎石混合料矿料级配范围

级配类型		通过下列筛孔/mm 的质量百分率/%													
		53	37.5	31.5	26.5	19	16	13.2	9.5	4.75	2.36	1.18	0.6	0.3	0.15	0.075
特粗式	ATB-40	100	90~100	75~92	65~85	49~7	43~63	37~57	30~50	20~40	15~32	10~25	8~18	5~14	3~10	2~6
特粗式	ATB-30		100	90~100	70~90	53~72	44~66	39~60	31~51	20~40	15~32	10~25	8~18	5~14	3~10	2~6
粗粒式	ATB-25			100	90~100	60~80	48~68	42~62	32~52	20~40	15~32	10~25	8~18	5~14	3~10	2~6

表 1-5-20　半开级配沥青碎石混合料矿料级配范围

级配类型		通过下列筛孔/mm 的质量百分率/%											
		26.5	19	16	13.2	9.5	4.75	2.36	1.18	0.6	0.3	0.15	0.075
中粒式	AM-20	100	90~100	60~85	50~75	40~65	15~40	5~22	2~16	1~12	0~10	0~8	0~5
中粒式	AM-16		100	90~100	60~85	45~68	18~40	6~25	3~18	1~14	0~10	0~8	0~5
细粒式	AM-13			100	90~100	50~80	20~45	8~28	4~20	2~16	0~12	0~10	0~5
细粒式	AM-10				100	90~100	35~65	10~35	5~22	2~16	0~12	0~9	0~5

表 1-5-21　开级配沥青碎石混合料矿料级配范围

级配类型		通过下列筛孔/mm 的质量百分率/%													
		53	37.5	31.5	26.5	19	16	13.2	9.5	4.75	2.36	1.18	0.6	0.3	0.15	0.075
特粗式	ATPB-40	100	70~100	65~90	55~85	43~75	32~70	20~65	12~50	0~3	0~3	0~3	0~3	0~3	0~3	0~3
特粗式	ATPB-30		100	80~100	70~95	53~85	36~80	26~75	14~60	0~3	0~3	0~3	0~3	0~3	0~3	0~3
粗粒式	ATPB-25			100	80~100	60~100	45~90	30~82	16~70	0~3	0~3	0~3	0~3	0~3	0~3	0~3

(3)矿质混合料配合比设计。

1)组成材料的原始数据测定。根据现场取样，对粗集料、细集料和矿粉进行筛分试验，按筛分结果分别绘出各组成材料的筛分曲线。同时测出各组成材料的相对密度，以供计算物理常数备用。

2)计算组成材料的配合比。根据各组成材料的筛分试验资料，采用试算法或图解法(也可借助电子计算机的电子表格用试配法进行)，确定符合级配范围的各组成材料用量比例。

3)调整配合比。计算的合成级配应根据下列要求做必要的配合比调整：

①通常情况下，合成级配曲线宜尽量接近设计级配中值，尤其是 0.075 mm、2.36 mm 和 4.75 mm 三个粒径，尽量接近设计级配范围中限。

②对于高速公路、一级公路、城市快速路等交通量大、车辆载重大的道路，宜偏向级配范围的下限(粗)；对于一般道路、中小交通量和人行道路等，宜偏向级配范围的下限(细)。

③合成级配曲线不得有过多的锯齿形交错，且在 0.3～0.6 mm 范围内不得出现"驼峰"。当反复调整仍不能满意时，宜更换原材料重新设计。

2. 确定最佳沥青用量

(1)制备试样。按照确定的矿质混合料配合比，计算各种矿质材料的用量。

根据经验，估算适宜的沥青用量(或油石比)。以估计的沥青用量为中值或以推荐的沥青用量范围的中间值为中值，按 0.5% 或 0.3% 的间隔变化，取 5 个不同的沥青用量，拌制沥青混合料并按规定制备马歇尔试件。

(2)测定物理指标。按规定的试验方法测定马歇尔试件的毛体积密度等，并计算空隙率、沥青饱和度及矿料间隙率等。

(3)测定力学指标。用马歇尔稳定度仪测定沥青混合料的力学指标，如马歇尔稳定度、流值。

(4)确定最佳沥青用量。绘制沥青用量与物理-力学指标关系图。以沥青用量为横坐标，以马歇尔稳定度、空隙率、毛体积密度、沥青饱和度和流值为纵坐标，将试验结果绘制成沥青用量与各项指标的关系曲线如图 1-5-4 所示。

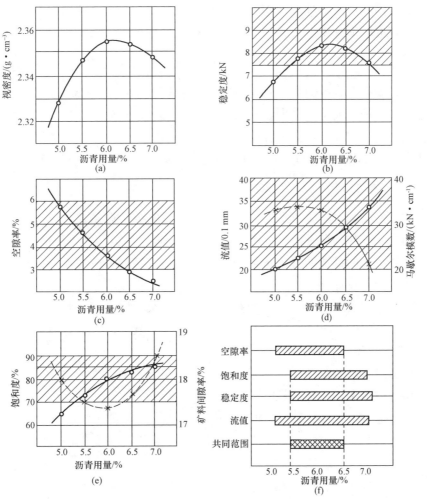

图 1-5-4　沥青用量与马歇尔试验结果关系图

1)确定沥青混合料的最佳沥青用量初始值 OAC_1 的步骤如下：

根据图 1-5-4 取马歇尔稳定度和密度最大值相应的沥青用量 a_1 和 a_2，以及与设计要求空隙率范围中值和饱和度范围中值对应的沥青用量 a_3 和 a_4，按式(1-5-6)计算四者的平均值作为最佳沥青用量的初始值 OAC_1。

$$OAC_1 = \frac{1}{4}(a_1 + a_2 + a_3 + a_4) \quad (1-5-6)$$

如果在所选择的沥青用量范围未能涵盖沥青饱和度的要求范围，按式(1-5-7)计算三者的平均值作为 OAC_1。

$$OAC_1 = \frac{1}{3}(a_1 + a_2 + a_3) \quad (1-5-7)$$

若所选择试验的沥青用量范围，密度或稳定度没有出现峰值，可直接以空隙率中值所对应的沥青用量作为对所选择试验的沥青用量范围；若密度或稳定度没有出现峰值，可直接以空隙率中值所对应的沥青用量作为对所选择试验的沥青用量范围，密度或稳定度没有出现峰值，可直接以空隙率中值所对应的沥青用量作为 OAC_1（即 $OAC_1 = a_3$），但 OAC_1 必须介于 $OAC_{min} \sim OAC_{max}$ 的范围内，否则应重新进行配合比设计。

2)确定沥青混合料的最佳沥青用量初始值 OAC_2：按图 1-5-4 求出各项指标，均符合沥青混合料技术标准的沥青用量范围 $OAC_{min} \sim OAC_{max}$ 的中值按式(1-5-8)计算，即为 OAC_2。

$$OAC_2 = \frac{1}{2}(OAC_{min} + OAC_{max}) \quad (1-5-8)$$

3)综合确定沥青混合料的最佳沥青用量 OAC：检查初始值 OAC_1 是否符合规范规定的马歇尔试验技术标准。如符合，由 OAC_1 和 OAC_2 综合确定最佳沥青用量 OAC；如不符合，应重新进行级配调整和计算，直至各项指标均符合要求。

通常情况下，可取 OAC_1 和 OAC_2 的平均值作为最佳沥青用量 OAC，按式(1-5-9)计算。

$$OAC = \frac{1}{2}(OAC_1 + OAC_2) \quad (1-5-9)$$

4)根据实践经验和道路等级、气候条件和交通情况等，调整最佳沥青用量为：调查当地各项条件相近的工程的沥青用量及使用效果，论证适宜的最佳沥青用量。

检查与计算得到的最佳沥青用量是否接近，如相差甚远，应查明原因，必要时重新调整级配，进行配合比设计。

5)对热区道路以及车辆渠化交通的高速公路、一级公路、城市快车道、主干路，预计有可能造成较大车辙的情况下，宜在空隙率符合要求的范围内，将计算的最佳沥青用量减少 0.1%～0.5%作为设计沥青用量。

6)对寒区道路、旅游公路、交通量少的公路，最佳沥青用量可以增加 0.1%～0.3%，以适当减少设计空隙率，但不得降低压实度的要求。

7)按现行行业标准《公路沥青路面施工技术规范》(JTG F40—2004)规定方法检验最佳沥青用量时沥青被集料吸收的比例，有效沥青用量、粉胶比和有效沥青膜厚度等各项指标是否符合要求。

(5)沥青混合料的性能检测。

1)水稳定检验。按最佳沥青用量(OAC)制作马歇尔试件，进行浸水马歇尔试验或冻融劈裂试验。当残留稳定度或残留强度比不符合规定时,应重新进行配合比试验,直至符合要求为止。

当最佳沥青用量(OAC)值与两初始值OAC_1和OAC_2相差甚大时,宜将OAC与OAC_1或OAC_2分别制作试件,进行浸水马歇尔试验或冻融劈裂试验,根据试验结果对OAC做适当调整。

《公路沥青路面施工技术规范》(JTG F40—2004)规定,对用于高速公路、一级公路的热拌沥青混合料,必须在规定的条件下进行浸水马歇尔试验或冻融劈裂试验来检验沥青混合料的水稳定性。沥青混合料水稳定性应符合表1-5-22的要求。达不到要求时,应按规范要求采取抗剥离措施或调整最佳沥青用量后再次试验。

表1-5-22 沥青混合料水稳定性检验技术要求

气候条件与技术指标		相应于下列气候分区所的技术要求/%			
年降雨量/mm及气候分区		>1 000	500~1 000	250~500	<250
		1. 潮湿区	2. 湿润区	3. 半干区	4. 干旱区
浸水马歇尔试验残留稳定度/%,不小于					
普通沥青混合料		80		75	
改性沥青混合料		85		80	
SMA混合料	普通沥青	75			
	改性沥青	80			
冻融劈裂试验残留强度比/%,不小于					
普通沥青混合料		75		70	
改性沥青混合料		80		75	
SMA混合料	普通沥青	75			
	改性沥青	80			

2)抗车辙能力检验。按最佳沥青用量OAC制作车辙试验试件,在温度60℃、轮压0.7 MPa条件下,检验其高温抗车辙能力。

当最佳沥青用量OAC值与两初始值OAC_1和OAC_2相差甚大时,宜按OAC与OAC_1或OAC_2分别制作试件,进行车辙试验,根据结果,适当调整OAC值。

《公路沥青路面施工技术规范》(JTG F40—2004)规定,对用于高速公路、一级公路最大粒径等于或小于19 mm的热拌沥青混合料,必须在配合比的基础上,在规定的条件下进行车辙试验,其动稳定度应符合表1-5-23的要求;如不符合要求,应对矿料级配或沥青用量进行调整,重新进行配合比设计。

表1-5-23 沥青混合料车辙试验动稳定度技术要求

气候条件与技术指标	相应于下列气候分区所要求的动稳定度/(次·mm^{-1})							
七月平均最高气温/℃及气候分区	>30				20~30			<20
	夏炎热区				夏热区			夏凉区
	1-1	1-2	1-3	1-4	2-1	2-2	2-3	2-4	3-2
普通沥青混合料,不小于	800		1 000		600		800		600
改性沥青混合料,不小于	2 400		2 800		2 000		2 400		1 800

续表

SMA混合料	非改性，不小于	1 500
	改性，不小于	3 000
OGFC混合料		1 500（一般交通路段）、3 000（重交通路段）

3）低温抗裂性检验。对公称最大粒径等于或小于 19 mm 的沥青混合料，应按照规定方法进行低温弯曲试验，检验其破坏应变是否符合表 1-5-24 的技术要求。

表 1-5-24　沥青混合料低温弯曲试验破坏应变技术要求

气候条件与技术指标	相应于下列气候分区所要求的破坏应变(μ_E)								
年极端最低温度/℃及气候分区	<−37.0		（−37.0）～（−21.5）			（−21.5）～（−9.5）		>−9.0	
	冬严寒区		冬寒区			冬冷区		冬暖区	
	1−1	2−1	1−2	2−2	3−2	1−3	2−3	1−4	2−4
普通沥青混合料，不小于	2 600		2 300			2 000			
改性沥青混合料，不小于	3 000		2 800			2 500			

4）渗水系数检验。利用轮碾机成型的车辙试验试件进行渗水试验，检验渗水系数是否符合表 1-5-25 的要求。

表 1-5-25　沥青混合料渗水系数技术要求

混合料类型	渗水系数要求/(mL·min^{-1})
密级配沥青混凝土，不大于	120
SMA混合料，不大于	80
OGFC混合料，不小于	实测

5）经反复调整及综合以上的计算和试验，并参考以往工程实践经验，最后确定矿料级配和最佳沥青用量。

(二)生产配合比设计

由于实际情况与试验室之间的差别，所以，在目标配合比确定之后，应利用实际施工的拌合机进行试拌以确定施工配合比。首先应根据级配类型选择筛号，各级粒径筛孔通过量应符合设计范围要求。试验时取目标配合比设计的最佳沥青用量、最佳沥青用量加 0.3% 和最佳沥青用量减 0.3% 三个沥青用量进行马歇尔试验，确定生产配合比的最佳沥青用量，供试拌试铺使用。

(三)生产配合比验证

此阶段即试拌试铺阶段。施工单位进行试拌试铺时，应报告监理部门和业主，工程指挥部，会同设计、监理、施工人员一起进行鉴别。用拌合机按照生产配合比结果进行试拌时，应先让在场人员对混合料级配及沥青用量发表意见，如有不同意见可做适当调整，重新试拌再进行观察，力求意见一致。然后用此混合料在试验段上试铺，进一步观察摊铺、碾压过程和成型混合料的表面状况,判断混合料的级配和油石比。如不满意应适当调整,重新试拌试铺,直至满意为止。

另一方面,试验室密切配合现场指挥,在拌合厂或摊铺机房采集沥青混合料试样,进行马歇尔试验,检验是否符合标准要求。同时,还应进行车辙试验及浸水马歇尔试验以及高温稳定性及水稳定性验证。在试铺试验时,试验室还应在现场取样进行抽提试验,再次检验实际级配和油石比是否合适。同时,按照规范规定的试验段铺设要求,进行各种试验。当全部满足要求时,便可进入正常生产阶段。

[例题]:试设计某一级公路沥青混凝土路面用沥青混合料的配合比组成。

1. 原始资料

(1)道路等级:一级公路。

(2)路面类型:沥青混凝土。

(3)结构层位:三层式沥青混凝土的上面层(细粒式沥青混凝土)。

(4)气候条件:最低月平均气温-8℃,最高月平均气温31℃。

(5)材料性能:

1)沥青材料:可供应 A 级 50 号、70 号、90 号沥青,经检验技术性能均符合要求。

2)矿质材料:石灰岩轧制碎石,饱水抗压强度为 120 MPa,洛杉矶磨耗率为 12%、黏附性为 V 级,表观密度为 2 700 kg/m³;洁净砂,中砂,含泥量及泥块含量均小于 1%,表观密度为 2 600 kg/m³;石灰岩磨细矿粉,粒度范围符合技术要求,无团粒结块,密度为 2 580 kg/m³。

2. 设计要求

(1)根据道路等级、路面类型和结构层位确定沥青混凝土的矿质混合料的级配范围。根据现有各种矿质材料的筛分结果,用图解法确定各种矿质材料的配合比。

(2)根据选定的矿质混合料相应的沥青用量范围,通过马歇尔试验,确定最佳沥青用量。

(3)根据高速公路用沥青混合料要求,对矿质混合料的级配进行调整,沥青用量按水稳定性检验和抗车辙能力校核。

3. 设计步骤

(1)矿质混合料组成设计。

1)确定沥青混合料类型。由于道路等级为一级公路,路面类型为沥青混凝土,路面结构为三层式沥青混凝土上面层,按表 1-5-14 选用细粒式 AC—13 沥青混凝土混合料。

2)确定矿质混合料级配范围。按表 1-5-16 查出 AC—13 沥青混凝土的矿质混合料级配范围列于表 1-5-26 中。

表 1-5-26 矿质混合料要求级配范围

混合料类型和级配		筛孔尺寸/mm								
		16	13.2	9.5	4.75	2.36	1.18	0.6	0.3	0.15	0.075
		通过百分率/%									
细粒式沥青混凝土(AC—13)	级配范围	100	90~100	68~85	38~68	24~50	15~38	10~28	7~20	5~15	4~8
	级配中值	100	95	76.5	53	37	26.5	19	13.5	10	6

3)矿质混合料配合比计算。组成材料筛分试验：根据现场取样，各组成材料的筛分结果列于表 1-5-27 中。

表 1-5-27 组成材料筛分试验结果

材料名称	筛孔尺寸(方孔筛)/mm									
	16	13.2	9.5	4.75	2.36	1.18	0.6	0.3	0.15	0.075
	质量通过百分率/%									
碎石	100	93	17	0	0	0	0	0	0	0
石屑	100	100	100	84	14	8	4	0	0	0
砂	100	100	100	100	92	82	42	21	11	4
矿粉	100	100	100	100	100	100	100	100	96	87

组成材料配合比计算见表 1-5-28。用图解法计算组成材料配合比，将计算得到的合成级配绘于矿质混合料级配范围图如图 1-5-5 所示。由图解法确定各种材料用量为碎石：石屑：砂：矿粉＝31％：30％：31％：8％。

表 1-5-28 矿质混合料组成设计计算表

材料名称		筛孔尺寸(方孔筛)/mm									
		16	13.2	9.5	4.75	2.36	1.18	0.6	0.3	0.15	0.075
		质量通过百分率/%									
原材料级配	碎石	100	93	17	0	0	0	0	0	0	0
	石屑	100	100	100	84	14	8	4	0	0	0
	砂	100	100	100	100	92	82	42	21	11	4
	矿粉	100	100	100	100	100	100	100	100	96	87
各矿质材料在混合料中的级配	碎石 31%(31%)	31.0 (31.0)	28.8 (28.8)	5.3 (5.3)	0 (0)	0 (0)	0 (0)	0 (0)	0 (0)	0 (0)	0 (0)
	石屑 30%(26%)	30.0 (41.0)	30.0 (41.0)	30.0 (41.0)	25.2 (21.8)	4.2 (3.6)	2.4 (2.1)	1.2 (1.1)	0 (0)	0 (0)	0 (0)
	砂 31%(37%)	31.0 (37.0)	31.0 (37.0)	31.0 (37.0)	31.0 (37.0)	28.5 (34.0)	25.4 (30.3)	13.0 (15.5)	6.5 (7.8)	3.4 (4.1)	1.2 (1.5)
	矿粉 8%(6%)	8.0 (6.0)	8.0 (6.0)	8.0 (6.0)	8.0 (6.0)	8.0 (6.0)	8.0 (6.0)	8.0 (6.0)	8.0 (6.0)	7.9 (5.8)	7.0 (5.2)
合成级配		100 (100)	97.8 (97.8)	74.3 (74,3)	58.8 (64.2)	40.7 (43.6)	35.8 (38.4)	22.2 (22.6)	14.5 (13.8)	11.3 (9.9)	8.2 (6.7)
级配范围		100	90～100	68～85	38～68	24～50	15～38	10～28	7～20	5～15	4～8

调整配合比：从图 1-5-6 中可以看出，合成级配中筛孔尺寸为 1.18 mm 的通过量偏高，而筛孔尺寸为 2.36 mm 的通过量偏低，筛孔尺寸为 0.075 mm 的通过量超出范围，整个曲线呈锯齿形，需要调整修正。

经过组成配合比调整，各材料的用量为碎石：石屑：砂：矿粉＝31％：26％：37％：

6%。此次计算结果见表 1-5-28 中括号内的数字。并将合成级配绘于图 1-5-6 中,由图可以看出,调整后的合成级配曲线为一光滑、平顺、接近级配范围中值的曲线。

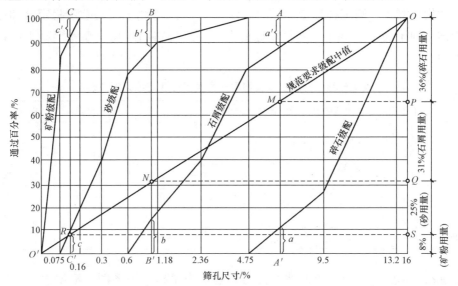

图 1-5-5 矿质混合料配合比计算图

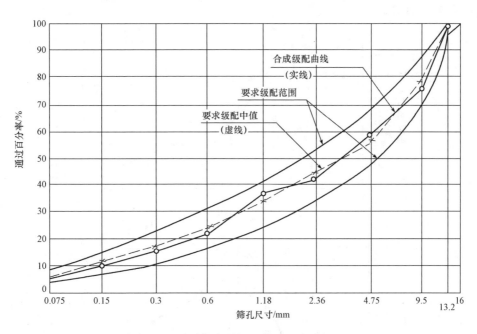

图 1-5-6 矿质混合料级配范围和合成级配图

(2)确定最佳沥青用量(最佳油石比)。

1)试件成型。根据当地气候条件属于 1—4 夏炎热冬冷区,采用 70 号沥青。

以预估的油石比 4.7% 为中值,采用 0.3% 间隔变化,与前面计算的矿质混合料配合比制备 5 组试件,按规定每面击实 75 次的方法成型。

2)马歇尔试验。

①物理指标测定。按规定方法成型的试件，经 24 h 测定其毛体积密度、空隙率、矿料间隙率、沥青饱和度等物理指标。

②力学指标测定。测定物理指标后的试件，在 60 ℃下测定其马歇尔稳定度和流值。马歇尔试验结果列于表 1-5-29 中，并将规范要求的一级公路用细粒式沥青混凝土的各项指标列于此表中。

表 1-5-29　马歇尔试验物理—力学指标测定结果汇总表

油石比/%	毛体积密度	沥青饱和度/%	矿料间隙率/%	空隙率/%	稳定度/kN	流值(0.01 mm)
4.1	2.456	63.0	13.8	5.1	10.3	16.9
4.4	2.458	67.9	14.0	4.5	11.4	19.5
4.7	2.452	70.1	14.4	4.3	10.8	22.0
5.0	2.450	72.8	14.7	4.0	10.5	22.2
5.3	2.448	75.5	15.1	3.7	10.0	23.2
技术标准	—	65～75	≥15	4～6	≥8	15～40

3)马歇尔试验结果分析。绘制油石比与物理—力学指标关系图：根据表 1-5-29 马歇尔试验结果汇总表，绘制沥青用量与毛体积密度、空隙率、饱和度、矿料间隙率、稳定度、流值的关系图，如图 1-5-7 所示。

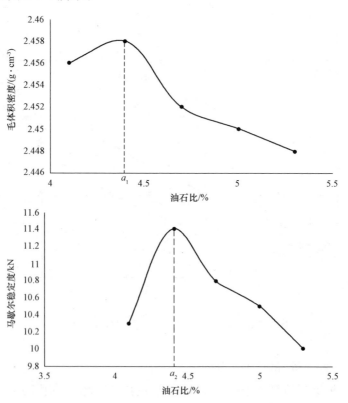

图 1-5-7　油石比与马歇尔试验物理——力学指标关系图

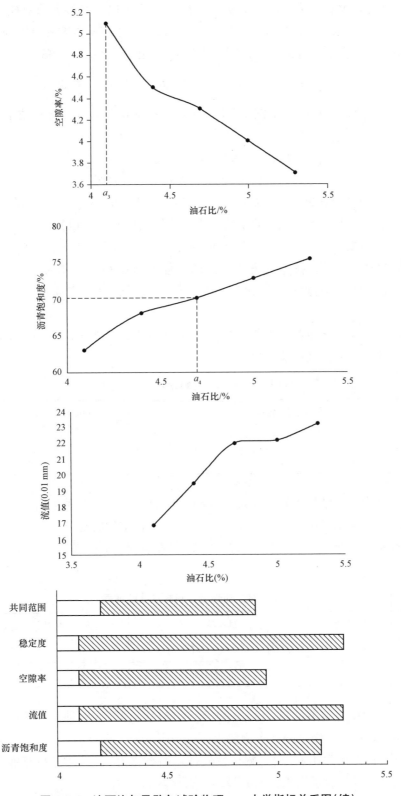

图 1-5-7 油石比与马歇尔试验物理——力学指标关系图(续)

确定油石比初始值 OAC_1，如图 1-5-7 所示，相应于毛体积密度最大值对应的油石比 $a_1=4.3\%$，相应于稳定度最大值对应的油石比 $a_2=4.45\%$，相应于空隙率范围的中值对应的油石比 $a_3=4.5\%$，相应于沥青饱和度范围的中值对应的油石比 $a_4=4.68\%$。

$$OAC_1=\frac{1}{4}(a_1+a_2+a_3+a_4)=(4.3\%+4.45\%+4.5\%+4.68\%)/4=4.48\%$$

确定油石比初始值 OAC_2，如图 1-5-7 所示，各指标符合沥青混合料技术指标的油石比范围如下：

$$OAC_{\min}=4.2\%,\ OAC_{\max}=4.94\%$$
$$OAC_{\min}=4.2\%,\ OAC_{\max}=4.94\%$$
$$OAC_2=(OAC_{\min}+OAC_{\max})/2=(4.2\%+4.94\%)/2=4.57\%$$

通常情况下取 OAC_1 和 OAC_2 的中值作为计算的最佳油石比 OAC 为

$$OAC=(OAC_1+OAC_2)/2=(4.48\%+4.57\%)/2=4.52\%$$

综合确定最佳油石比。按上述方法确定的最佳油石比 $OAC=4.52\%\approx 4.5\%$，检查各项指标均能符合要求，根据实践经验和公路等级、气候条件、交通情况，预估的油石比为 4.7%。

4) 水稳定性检验。以油石比 4.5% 和 4.7% 制备试件，按规定的试验方法进行浸水马歇尔试验和冻融劈裂试验，试验结果列于表 1-5-30 中。

表 1-5-30　沥青混合料水稳定试验结果

油石比/%	浸水残留稳定度/%	冻融劈裂强度比/%
4.5	83.2	86.3
4.7	85.1	89.0

由表 1-5-30 中试验结果可知，$OAC=4.5\%$ 和 $OAC=4.7\%$ 两种油石比的浸水残留稳定度均大于 80%，冻融劈裂强度比均大于 75%，符合水稳定性的要求。

5) 抗车辙能力校核。以油石比 4.5% 和 4.7% 制备试件进行车辙试验，将其结果列于表 1-5-31 中。

表 1-5-31　沥青混合料车辙试验结果

油石比/%	试验温度 $T/℃$	试验轮压 P/MPa	试验条件	动稳定度 $DS/(次·\mathrm{mm}^{-1})$
4.5	60	0.7	不浸水	3 125
4.7	60	0.7	不浸水	3 093

由表 1-5-31 中试验结果可知，$OAC=4.5\%$ 和 $OAC=4.7\%$ 两种油石比的动稳定度均大于 1 000 次/mm，符合一级公路抗车辙要求。

综上所述，油石比为 4.7% 时，耐久性较佳，油石比为 4.5% 时，抗车辙能力较强。根据以往工程实践经验综合确定该路面的最佳油石比取 4.7%。

课后题

一、填空题

1. 沥青按其在自然界中获取的方式不同分为_____和_____两类。
2. 地沥青按其产源不同可分为_____和_____两类。
3. 石油沥青按原油成分可分为_____和_____、_____。
4. 同一品种石油沥青的牌号越高,则针入度越_____,黏性越_____;延伸度越_____,塑性越_____;软化点越_____,温度敏感性越_____。
5. 石油沥青是一种_____胶凝材料,在常温下呈_____、_____或_____状态。
6. 石油沥青的胶体结构类型有_____和_____、_____。
7. 石油沥青的组分主要包括_____、_____和_____三种。
8. 石油沥青的黏滞性,对于液态石油沥青用_____表示,单位为_____;对于半固体或固体石油沥青用_____表示,单位为_____。
9. 石油沥青的塑性用_____表示;该值越大,则沥青塑性越_____。
10. _____和_____是表示沥青温度稳定性的主要指标。
11. 评价黏稠石油沥青路用性能最常用的经验指标有_____、_____和_____。
12. 沥青混合料的原材料有_____、_____、_____、_____。
13. 沥青混合料按矿质混合料级配类型可分为_____和_____两类。
14. 沥青混合料按结构类型可分为_____和_____、_____。
15. 沥青混合料高温稳定性的形成主要来源于_____和_____。
16. 沥青混合料按矿料级配组成及空隙率大小分为_____、_____、_____。

二、名词解释题

1. 针入度
2. 塑性
3. 闪点
4. 燃点
5. 沥青混合料
6. 矿粉的加热安定性

三、判断对错题

1. 当温度的变化对石油沥青的黏性和塑性影响不大时,则认为沥青的温度稳定性好。( )
2. 沥青的选用必须考虑工程性质,使用部位及环境条件等。( )
3. 沥青针入度指数 PI 的提高,可增加沥青路面的抗车辙的能力。( )
4. 沥青是一种无机胶凝材料。( )
5. 道路建筑上最常用的是煤沥青。( )

6. 沥青材料是一种黏-弹性体。（　）
7. 沥青的软化点越高，耐热性越好，温度稳定性越好。（　）
8. 当沥青材料的高温要求与低温要求发生矛盾时，应优先考虑满足高温性能的要求。（　）
9. 闪点和燃点的温度值越高，表示沥青的使用越安全。（　）
10. 相同的试验条件下，针入度越大，表示沥青越软。（　）
11. 沥青混合料所用粗集料优先采用酸性集料拌和。（　）
12. 沥青混合料用粗集料应该洁净、干燥、无风化、不含杂质等。（　）
13. 沥青混合料的主要技术性质为高温稳定性、低温抗裂性、耐久性、抗滑性和工作性。（　）
14. 沥青混合料是一种复合材料，由沥青、粗集料、细集料和矿粉以及外加剂所组成。（　）
15. 沥青混合料的抗剪强度主要取决于黏聚力和内摩擦角两个参数。（　）
16. 沥青混合料的低温抗裂性是在低温下抵抗断裂破坏的能力。（　）

四、选择题

1. 石油沥青的温度稳定性用软化点来表示，当沥青的软化点越高时，（　）。
   A. 温度稳定性越好　　　　　　　　B. 温度稳定性越差
   C. 温度稳定性不变　　　　　　　　D. 无影响
2. 石油沥青的塑性用延度的大小来表示，当沥青的延度值越小时，（　）。
   A. 塑性越大　　　　　　　　　　　B. 塑性越差
   C. 塑性不变　　　　　　　　　　　D. 无影响
3. 随着石油沥青组分中的油分含量增加，其（　）降低。
   A. 稠度　　　　　　　　　　　　　B. 针入度
   C. 感温性　　　　　　　　　　　　D. 延性
4. 沥青的感温性大小，常用（　）来表示。
   A. 针入度指数　　　　　　　　　　B. 软化点
   C. 针入度　　　　　　　　　　　　D. 闪点
5. 石油沥青的牌号主要根据其（　）划分。
   A. 针入度　　B. 延伸度　　C. 软化点　　D. 塑性
6. 液体沥青等级划分的主要依据是（　）。
   A. 黏度　　　　　　　　　　　　　B. 软化点
   C. 含硫量　　　　　　　　　　　　D. 沥青质含量
7. 沥青是一种（　）胶凝材料。
   A. 有机　　　　　　　　　　　　　B. 无机
   C. 复合　　　　　　　　　　　　　D. 以上均不是
8. 可在冷态下施工的沥青是（　）。
   A. 石油沥青　　　　　　　　　　　B. 煤沥青
   C. 乳化沥青　　　　　　　　　　　D. 黏稠沥青

9. 黏稠石油沥青三大性能指标是针入度、延度和( )。
   A. 软化点　　　　　　　　　　　　B. 脆点
   C. 燃点　　　　　　　　　　　　　D. 闪点

10. 石油沥青的黏性是以( )表示的。
    A. 针入度　　B. 延度　　　C. 软化点　　　D. 溶解度

11. 测定沥青针入度的规定时间是( )s。
    A. 2　　　　B. 3　　　　　C. 5　　　　　　D. 6

12. ( )和( )是表示沥青温度稳定性的主要指标。
    A. 软化点和脆点　　　　　　　　　B. 延度和脆点
    C. 软化点和延度　　　　　　　　　D. 针入度和延度

13. 在工程实际应用中，要求沥青具有较( )的软化点，否则易发生沥青材料夏季流淌现象。
    A. 低　　　　B. 高　　　　C. 不确定　　　D. 以上均不对

14. 在工程实际应用中，要求沥青具有较( )的脆点，否则易发生沥青材料冬季开裂现象。
    A. 低　　　　　　　　　　　　　　B. 高
    C. 不确定　　　　　　　　　　　　D. 以上均不对

15. 燃点是沥青加热产生的混合气体与火接触持续燃烧( )s以上的沥青温度。
    A. 1　　　　B. 2　　　　　C. 3　　　　　　D. 5

16. 沥青等级为( )可以应用于各个等级的公路。
    A. A级　　　B. B级　　　　C. C级　　　　　D. D级

17. ( )是沥青材料由黏稠状态转变为固体状态达到条件脆裂时的温度。
    A. 软化点　　B. 针入度　　　C. 脆点　　　　D. 延度

18. 为了保证沥青混合料的强度，在选择石料时应优先( )考虑。
    A. 酸性石料　　　　　　　　　　　B. 碱性石料
    C. 中性石料　　　　　　　　　　　D. 以上均不对

19. 评价沥青混合料高温稳定性的试验是( )。
    A. 延度试验　　　　　　　　　　　B. 针入度试验
    C. 马歇尔稳定度试验　　　　　　　D. 水煮法

20. 沥青混合料的黏聚力是随着沥青黏度的提高而( )。
    A. 增加　　　　　　　　　　　　　B. 减小
    C. 不变　　　　　　　　　　　　　D. 无相关关系

21. 评价沥青混合料高温稳定性的试验方法是( )。
    A. 车辙试验　　　　　　　　　　　B. 薄膜烘箱试验
    C. 加热质量损失试验　　　　　　　D. 残留稳定度试验

22. 马歇尔稳定度是评价沥青混合料( )的一项指标。
    A. 感温性　　　　　　　　　　　　B. 耐久性
    C. 水稳性　　　　　　　　　　　　D. 高温稳定性

23. 影响沥青混合料耐久性的因素是（　　）。
   A. 矿料的级配　　　　　　　　　　B. 沥青混合料的空隙率
   C. 沥青的标号　　　　　　　　　　D. 矿粉的细度
24. 沥青路面使用性能气候分区的第一个数字代表（　　）。
   A. 高温分区　　　　　　　　　　　B. 低温分区
   C. 雨量分区　　　　　　　　　　　D. 潮湿分区
25. 油石比是沥青混合料中（　　）质量的百分比。
   A. 沥青结合料与矿料　　　　　　　B. 矿料与沥青结合料
   C. 矿料与水泥　　　　　　　　　　D. 水泥与矿料
26. 沥青路面使用性能气候分区的数字越（　　），表示气候因素对沥青路面的影响越严重。
   A. 大　　　　B. 小　　　　C. 中　　　　D. 无影响
27. （　　）适用于各种等级公路的沥青路面。
   A. 热拌热铺沥青混合料　　　　　　B. 冷拌冷铺沥青混合料
   C. 热拌冷铺沥青混合料　　　　　　D. 以上都不适应

五、简答题

1. 石油沥青有哪些技术性质？
2. 什么是沥青的"老化"？说明"老化"的过程。
3. 简述道路石油沥青的化学组分与路用性能的关系。
4. 道路石油沥青 A 级、B 级、C 级分别适用范围是什么？
5. 沥青混合料作为高等级公路最主要的路面材料，具有哪些优缺点？
6. 什么是集料的最大粒径？什么是集料的公称最大粒径？两者之间有什么关系？
7. 沥青混合料的技术性质有哪些？
8. 沥青混合料的抗剪强度取决于哪两个值？这两个值与哪些因素有关？
9. 沥青混合料的技术性质包括哪些方面？
10. 简述矩形图解法设计矿料配合比的步骤。

六、计算题

1. 现有碎石、砂和矿粉三种集料，筛析试验结构如下：

材料名称	筛孔尺寸/mm									
	16	13.2	9.5	4.75	2.36	1.18	0.6	0.3	0.15	0.075
	通过百分率/%									
碎石	100	95	63	28	8	2	1	0	0	0
砂	100	100	100	100	100	90	60	35	10	1
矿粉	100	100	100	100	100	100	100	100	97	88

要求用图解法（需画图）将上述三种集料组成配成符合《公路沥青路面施工技术规范》(JTG F40—2004)细粒式沥青混合料(AC—13)级配要求的矿质混合料，试确定各种集料的

用量比例。

2. 下表为某沥青混合料各矿料筛分结果及各材料的取量；计算出该混合料矿料合成级配填在空格中（需在表下列出计算公式），并判断级配是否符合规范要求。

材料		筛孔尺寸/mm									
		16	13.2	9.5	4.75	2.36	1.18	0.6	0.3	0.15	0.075
		通过率/%									
原材料级配	碎石100%	100	95	63	28	8	2	1	0	0	0
	砂100%	100	100	100	100	100	90	60	35	10	1
	矿粉100%	100	100	100	100	100	100	100	100	97	88
各种集料在混合料中的级配	碎石68%										
	砂24%										
	矿粉8%										
合成级配											
规范要求级配范围		100	90～100	68～85	38～68	24～50	15～38	10～28	7～20	5～15	4～8

3、某沥青混合料各项数据如下表。现为了改变混合料性质，需要把合成级配中矿粉用量控制在5%～7%范围内，同时其他筛孔合成级配也要满足规范要求；试进行调整，并把调整后的数据填入表中括号内。

材料		筛孔尺寸/mm									
		16	13.2	9.5	4.75	2.36	1.18	0.6	0.3	0.15	0.075
		通过率/%									
原材料级配	碎石100%	100	95	63	28	8	2	1	0	0	0
	砂100%	100	100	100	100	100	90	60	35	10	1
	矿粉100%	100	100	100	100	100	100	100	100	97	88
各种集料在混合料中的级配	碎石68%（ ）	68（ ）	64.6（ ）	42.84（ ）	19.04（ ）	5.44（ ）	3.4（ ）	0.68（ ）	0（ ）	0（ ）	0（ ）
	砂24%（ ）	24（ ）	24（ ）	24（ ）	24（ ）	24（ ）	21.6（ ）	14.4（ ）	8.4（ ）	2.4（ ）	0.24（ ）
	矿粉8%（ ）	8（ ）	8（ ）	8（ ）	8（ ）	8（ ）	8（ ）	8（ ）	8（ ）	7.76（ ）	7.04（ ）
合成级配		100（ ）	96.6（ ）	74.84（ ）	51.04（ ）	37.44（ ）	33.3（ ）	23.08（ ）	16.4（ ）	10.16（ ）	7.28（ ）
规范要求级配范围		100	90～100	68～85	38～68	24～50	15～38	10～28	7～20	5～15	4～8

4. 某沥青混合料马歇尔试验物理—力学指标测定结果表如下：

试件组号	沥青用量/%	技术性质					
		毛体积密度 ρ_S/(g·cm^{-3})	空隙率 VV /%	矿料间隙率 VMA/%	沥青饱和度 VFA/%	稳定度 MS/kN	流值 FL (0.1 mm)
1	4.5	2.353	6.4	16.7	61.7	7.8	21
2	5	2.378	4.7	16.3	71.2	8.6	25
3	5.5	2.392	3.4	16.2	79.0	8.7	32
4	6	2.401	2.3	16.4	85.8	8.1	37
5	6.5	2.396	1.8	17.0	89.4	7.0	44
技术标准(JTG F40—2004)		—	3～6	不小于15	65～75	不小于8	15～40

绘制沥青用量与物理—力学指标关系图，并确定沥青最佳用量。

第二篇 实训部分

一、实训目的、适用范围和工程应用

(1)正确抽取有代表性的被检材料试样。
(2)本方法适用于对粗集料的取样,也适用于含粗集料的集料混合料如级配碎石、天然砂砾等的取样。
(3)工程设计、施工及验收阶段的材料取样。

二、取样方法和试样份数

在材料场同批来料的料堆上取样时,应先铲除堆脚等处无代表性的部分,再在料堆的顶部、中部和底部,由均匀分布的几个不同部位,取得大致相等的若干份组成一组试样,务必使所取试样能代表本批来料的情况和品质。

三、取样数量

对每一单项试验,每组试样的取样数量不宜少于表 2-0-1 所规定的最少取样量。需做几项试验时,如能保证试样经一项试验后不致影响另一项试验的结果时,可用同一组试样进行几项不同的试验。

表 2-0-1 各试验项目所需粗集料的最小取样质量

试验项目	相对于下列公称最大粒径/mm 的最小取样量/kg										
	4.75	9.5	13.2	16	19	26.5	31.5	37.5	53	63	75
筛分	8	10	12.5	15	20	20	30	40	50	60	80
表观密度	6	8	8	8	8	8	12	16	20	24	24
含水率	2	2	2	2	2	2	3	3	4	4	6
吸水率	2	2	2	4	4	4	6	6	6	6	8
堆积密度	40	40	40	40	40	40	80	80	100	120	120
含泥量	8	8	8	8	24	24	40	40	60	80	80
泥块含量	8	8	8	8	24	24	40	40	60	80	80
针片状含量	0.6	1.2	2.5	4	8	8	20	40	—	—	—
硫化物、硫酸盐	1.0										

注:1. 有机物含量,坚固性及压碎指标值试验,应按规定粒级要求取样,其试验所需试样数量,按本规程有关规定施行。
2. 采用广口瓶法测定表观密度时,集料最大粒径不大于 40 mm 者,其最少取样数量为 8 kg。

四、试样的缩分

(1)四分法:将所取试样置于平板上,在自然状态下拌和均匀,大致摊平,然后沿互相垂直的两个方向,把试样由中向边摊开,分成大致相等的四份,取其对角的两份重新拌匀,重复上述过程,直至缩分后的材料量略多于进行试验所必需的量。

(2)缩分后的试样数量应符合各项试验规定数量的要求。

五、试样的包装

每组试样应采用能避免细料散失及防止污染的容器包装,并附卡片标明试样编号,取样时间、产地、规格、试样代表数量、试样品质、要求检验项目及取样方法等。

实训一　粗集料及集料混合料筛分试验

一、目的与适用范围

（1）测定粗集料（碎石、砾石、矿渣等）的颗粒组成。对水泥混凝土用粗集料可采用干筛法筛分，对沥青混合料及基层用粗集料必须采用水洗法试验。

（2）本方法也适用于同时含有粗集料、细集料和矿粉的集料混合料筛分试验，如未筛碎石、级配碎石、天然砂砾、级配砂砾、无机结合料等稳定基层材料、沥青拌和楼的冷料混合料、热料仓材料、沥青混合料经溶剂抽提后的矿料等。

二、仪器设备

（1）试验筛：根据需要选用规定的标准筛。
（2）摇筛机。
（3）天平或台秤：感量不大于试样质量的 0.1%。
（4）其他：盘子、铲子、毛刷等。

粗骨料试验

三、试验准备

按规定将来料用分料器或四分法缩分至表 2-1-1 要求的试样所需量，风干后备用。根据需要可按要求的集料最大粒径的筛孔尺寸过筛，除去超粒径部分颗粒后，再进行筛分。

表 2-1-1　筛分用的试样质量

公称最大粒径/mm	75	63	37.5	31.5	26.5	19	16	9.5	4.75
试样质量水小于/kg	10	8	5	4	2.5	2	1	1	0.5

四、水泥混凝土用粗集料干筛法试验步骤

（1）取试样一份置于温度为 105 ℃±5 ℃ 的烘箱中烘干至恒重，称取干燥集料试样的总质量（m_0），准确至 0.1%。

（2）用搪瓷盘作筛分容器，按筛孔大小排列顺序逐个将集料过筛。人工筛分时，需使集料在筛面上同时有水平方向及上、下方向不停顿的运动，使小于筛孔的集料通过筛孔，直至 1 min 内通过筛孔的质量小于筛上残余量的 0.1% 为止；当采用摇筛机筛分时，应在摇筛机筛分后再逐个由人工补筛。将筛出通过的颗粒并入下一号筛，和下一号筛中的试样一起过筛，顺序进行，直至各号筛全部筛完为止。应确认 1 min 内通过筛孔的质量确实小于筛

上残余量的 0.1%。

注：由于 0.075 mm 筛干筛几乎能把沾在粗集料表面的小于 0.075 mm 部分的石粉筛过去，而且对水泥混凝土用粗集料而言，0.075 mm 通过率的意义不大，所以也可以不筛，且把通过 0.15 mm 筛的筛下部分全部作为 0.075 mm 的分计筛余，将粗集料的 0.075 mm 通过率假设为 0。

(3)如果某个筛上的集料过多，影响筛分作业时，可以分两次筛分，当筛余颗粒的粒径大于 19 mm 时，筛分过程中允许用手指轻轻拨动颗粒，但不得逐颗筛过筛孔。

(4)称取每个筛上的筛余量，准确至总质量的 0.1%。各筛分计筛余量及筛底存量的总和与筛分前试样的干燥总质量 m_0 相比，相差不得超过 m_0 的 0.5%。

五、沥青混合料及基层用粗集料水洗法试验步骤

(1)取一份试样，将试样置于温度为 105 ℃±5 ℃的烘箱中烘干至恒重，称取干燥集料试样的总质量(m_3)，准确至 0.1%。

注：恒重是指相邻两次称取间隔时间大于 3 h(通常不少于 6 h)的情况下，前后两次称量之差小于该项试验所要求的称量精密度。下同。

(2)将试样置一洁净容器中，加入足够数量的洁净水，将集料全部淹没，但不得使用任何洗涤剂、分散剂或表面活性剂。

(3)用搅棒充分搅动集料，将集料表面洗涤干净使细粉悬浮在水中，但不得破碎集料或有集料从水中溅出。

(4)根据集料粒径大小选择组成一组套筛，其底部为 0.075 mm 标准筛，上部为 2.36 mm 或 4.75 mm 筛。仔细将容器中混有细粉的悬浮液倒出，经过套筛流入另一容器中，尽量不将粗集料倒出，以免损坏标准筛筛面。

注：无须将容器中的全部集料都倒出，只倒出悬浮液。且不可直接倒至 0.075 mm 筛上，以免集料掉出损坏筛面。

(5)重复(2)~(4)步骤，直至倒出的水洁净为止，必要时可采用水流缓慢冲洗。

(6)将套筛每个筛子上的集料及容器中的集料全部回收在一个搪瓷盘中，容器上不得有黏附的集料颗粒。

注：沾在 0.075 mm 筛面上的细粉很难回收扣入搪瓷盘中，此时需将筛子倒扣在搪瓷盘上用少量的水并助以毛刷将细粉刷落入搪瓷盘中，并注意不要散失。

(7)在确保细粉不散失的前提下，小心泌去搪瓷盘中的积水，将搪瓷盘连同集料一起置于 105 ℃±5 ℃烘箱中烘干至恒重，称取干燥集料试样的总质量(m_4)，准确至 0.1%。以 m_3 与 m_4 之差作为 0.075 mm 的筛下部分。

(8)将回收的干燥集料按干筛方法筛分出 0.075 mm 筛以上各筛的筛余量，此时 0.075 mm 筛下部分应为 0，如果尚能筛出，则应将其并入水洗得到的 0.075 mm 的筛下部分，且表示水洗得不干净。

六、计算

1. 干筛法筛分结果的计算

(1)计算各筛分计筛余量及筛底存量的总和与筛分前试样的干燥总质量 m_0 之差，作为

筛分时的损耗，并计算损耗率，记入表 2-1-2 的第(1)栏，若损耗率大于 0.3%，应重新进行试验。

$$m_5 = m_0 - \left(\sum m_i + m_底\right) \tag{2-1-1}$$

式中　m_5——由于筛分造成的损耗(g)；
　　　m_0——用于干筛的干燥集料总质量(g)；
　　　m_i——各号筛上的分计筛余(g)；
　　　i——依次为 0.075 mm、0.15 mm……至集料最大粒径的排序；
　　　$m_底$——筛底(0.075 mm 以下部分)集料总质量(g)。

(2)干筛分计筛余百分率。干筛后各号筛上的分计筛余百分率按式(2-1-2)计算，记入表 2-1-2 的第(2)栏，精确至 0.1%。

$$p'_i = \frac{m_i}{m_0 - m_5} \times 100 \tag{2-1-2}$$

式中　p'_i——各号筛上的分计筛余百分率(%)；
　　　m_5——由于筛分造成的损耗(g)；
　　　m_0——用于干筛的干燥集料总质量(g)；
　　　m_i——各号筛上的分计筛余(g)；
　　　i——依次为 0.075 mm、0.15 mm……至集料最大粒径的排序。

(3)干筛累计筛余百分率。各号筛的累计筛余百分率为该号筛以上各号筛的分计筛余百分率之和，记入表 2-1-2 的第(3)栏，精确至 0.1%。

(4)干筛各号筛的质量通过百分率。各号筛的质量通过百分率 P_i 等于 100 减去该号筛累计筛余百分率，记入表 2-1-2 的第(4)栏，精确至 0.1%。

(5)由筛底存量除以扣除损耗后的干燥集料总质量，计算 0.075 mm 筛的通过率。

(6)试验结果以两次试验的平均值表示，记入表 2-1-2 的第(5)栏，精确至 0.1%。当两次试验结果 $P_{0.075}$ 的差值超过 1% 时，试验应重新进行。

表 2-1-2　粗集料干筛分记录

干燥试样总量 m_0/g	第 1 组				第 2 组				平均
	3 000				3 000				
筛孔尺寸 /mm	筛上重 m_i/g	分计筛余 /%	累计筛余 /%	通过百分率 /%	筛上重 m_i/g	分计筛余 /%	累计筛余 /%	通过百分率 /%	通过百分率 /%
	(1)	(2)	(3)	(4)	(1)	(2)	(3)	(4)	(5)

续表

干燥试样总量 m_0/g	第1组 3 000				第2组 3 000				平均
筛孔尺寸 /mm	筛上重 m_i/g	分计筛余 /%	累计筛余 /%	通过百分率 /%	筛上重 m_i/g	分计筛余 /%	累计筛余 /%	通过百分率 /%	通过百分率 /%
	(1)	(2)	(3)	(4)	(1)	(2)	(3)	(4)	(5)
筛底 $m_底$									
筛分后总量 $\sum m_i$/g									
损耗 m_5/g									
损耗率/%									

2. 水筛法筛分结果的计算

(1)计算粗集料中0.075 mm筛下部分质量 $m_{0.075}$ 和含量 $P_{0.075}$，记入表2-1-3中，精确至0.1%。当两次试验结果 $P_{0.075}$ 的差值超过1%时，试验应重新进行。

$$m_{0.075} = m_3 - m_4 \tag{2-1-3}$$

$$P_{0.075} = \frac{m_{0.075}}{m_3} = \frac{m_3 - m_4}{m_3} \times 100 \tag{2-1-4}$$

式中　$P_{0.075}$——粗集料中小于0.075 mm的含量(通过率)(%)；

　　　$m_{0.075}$——粗集料中水洗得到的小于0.075 mm部分的质量(g)；

　　　m_3——用于水洗的干燥粗集料总质量(g)；

　　　m_4——水洗后的干燥粗集料总质量(g)。

(2)计算各筛分计筛余量及筛底存量的总和与筛分前试样的干燥总质量 m_4 之差，作为筛分时的损耗，并计算损耗率记入表2-1-3的第(1)栏，若损耗率大于0.3%，应重新进行试验。

$$m_5 = m_3 - \left(\sum m_i + m_{0.075}\right) \tag{2-1-5}$$

式中　m_5——由于筛分造成的损耗(g)；

　　　m_3——用于水筛筛分的干燥集料总质量(g)；

　　　m_i——各号筛上的分计筛余(g)；

　　　i——依次为0.075 mm、0.15 mm……至集料最大粒径的排序；

　　　$m_{0.075}$——水洗后得到的0.075 mm以下部分质量(g)，即$(m_3 - m_4)$。

(3)计算其他各筛的分计筛余百分率、累计筛余百分率、质量通过百分率，计算方法与干筛法筛分结果的计算相同。当干筛时筛分有损耗时，应按干筛法筛分结果的计算的方法从总质量中扣除损耗部分(见报告示例),将计算结果分别记入表 2-1-3 的第(2)、(3)、(4)栏。

(4)试验结果以两次试验的平均值表示,记入表 2-1-3 的第(5)栏。

表 2-1-3 粗集料水筛法筛分记录

干燥试样总量 m_3/g	第1组				第2组				平均
	3 000				3 000				
水洗后筛上总量 m_4/g									
水洗后 0.075 mm 筛下量 $m_{0.075}/g$									
0.075 mm 通过率 $P_{0.075}/\%$									
筛孔尺寸/mm	筛上重 m_i/g	分计筛余 /%	累计筛余 /%	通过百分率 /%	筛上重 m_i/g	分计筛余 /%	累计筛余 /%	通过百分率 /%	通过百分率 /%
	(1)	(2)	(3)	(4)	(1)	(2)	(3)	(4)	(5)
水洗后干筛法筛分									
筛底 $m_底$ [注]									
干筛后总量 $\sum m_i/g$									
损耗 m_5/g									
损耗率/%									
扣除损耗后总量 /g									
注:如筛底 $m_底$ 的值不是 0,应将其并入 $m_{0.075}$ 中重新计算 $P_{0.075}$。									

实训二　粗集料密度及吸水率试验(容量瓶法)

一、目的与适用范围

(1)本方法适用于测定碎石、砾石等各种粗集料的表观相对密度、表干相对密度、毛体积相对密度、表观密度、表干密度、毛体积密度,以及粗集料的吸水率。

(2)本方法测定的结果不适用于仲裁及沥青混合料配合比设计、计算理论密度。

二、仪具与材料

(1)天平或浸水天平:可悬挂吊篮测定集料的水中质量,称量应满足试样数量称量要求,感量不大于最大称量的0.05%。

(2)容量瓶:1 000 mL,也可用磨口的广口玻璃瓶代替,并带玻璃片。

(3)烘箱:能控温在105 ℃±5 ℃。

(4)标准筛:4.75 mm、2.36 mm。

(5)其他:刷子、毛巾等。

粗集料表观密度试验

三、试验准备

(1)将取来样过筛,对水泥混凝土的集料采用4.75 mm筛,沥青混合料的集料用2.36 mm筛,分别筛去筛孔以下的颗粒。然后用四分法或分料器法缩分至表2-2-1要求的质量,分两份备用。

表2-2-1　测定密度所需要的试样最小质量

公称最大粒径/mm	4.75	9.5	16	19	26.5	31.5	37.5	63	75
每一份试样的最小质量/kg	0.8	1	1	1	1.5	1.5	2	3	3

(2)将每一份集料试样浸泡在水中,仔细洗去附在集料表面的尘土和石粉,经多次漂洗干净至水清澈为止。清洗过程中不得散失集料颗粒。

四、试验步骤

(1)取试样一份装入容量瓶(广口瓶)中,注入洁净的水(可滴入数滴洗涤灵),水面高出试样,轻轻摇动容量瓶,使附着在石料上的气泡逸出。盖上玻璃片,在室温下浸水24 h。

注:水温应在15 ℃~25 ℃范围内,浸水最后2 h内的水温相差不得超过2 ℃。

(2)向瓶中加水至水面凸出瓶口,然后盖上容量瓶塞,或用玻璃片沿广口瓶瓶口迅速滑行,使其紧贴瓶口水面。玻璃片与水面之间不得有空隙。

(3)确认瓶中没有气泡,擦干瓶外的水分后,称取集料试样、水、瓶及玻璃片的总质量(m_2)。

(4)将试样倒入浅塘瓷盘中,稍稍倾斜搪瓷盘,倒掉流动的水,再用毛巾吸干漏出的自由水,需要时可称取带表面水的试样质量(m_4)。

(5)用拧干的湿毛巾轻轻擦干颗粒的表面水,至表面看不到发亮的水迹,即为饱和面干状态。当粗集料尺寸较大时,可逐颗擦干。注意拧湿毛巾时不要太用劲,防止拧得太干。擦颗粒的表面水时,既要将表面水擦掉,又不能将颗粒内部的水吸出。整个过程中不得有集料丢失。

(6)立即称取饱和面干集料的表干质量(m_3)。

(7)将集料置于浅盘中,放入105 ℃±5 ℃的烘箱中烘干至恒重。取出浅盘,放在带盖的容器中冷却至室温,称取集料的烘干质量(m_0)。

注:恒重是指相邻两次称量间隔时间大于3 h的情况下,其前后两次称量之差小于该项试验所要求的精密度,即0.1%。一般在烘箱中烘烤的时间不得少于4~6 h。

(8)将瓶洗净,重新装入洁净水,盖上容量瓶塞,或用玻璃片紧贴广口瓶瓶口水面。玻璃片与水面之间不得有空隙。确认瓶中没有气泡,擦干瓶外水分后称取水、瓶及玻璃片的总质量(m_1)。

五、计算

(1)表观相对密度γ_a、表干相对密度γ_s、毛体积相对密度γ_b按式(2-2-1)、式(2-2-2)、式(2-2-3)计算至小数点后3位。

$$\gamma_a = \frac{m_0}{m_0 + m_1 - m_2} \qquad (2\text{-}2\text{-}1)$$

$$\gamma_s = \frac{m_3}{m_3 + m_1 - m_2} \qquad (2\text{-}2\text{-}2)$$

$$\gamma_b = \frac{m_0}{m_3 + m_1 - m_2} \qquad (2\text{-}2\text{-}3)$$

式中 γ_a——集料的表观相对密度,无量纲;

γ_s——集料的表干相对密度,无量纲;

γ_b——集料的毛体积相对密度,无量纲;

m_0——集料的烘干质量(g);

m_1——水、瓶及玻璃片的总质量(g);

m_2——集料试样、水、瓶及玻璃片的总质量(g);

m_3——集料的表干质量(g)。

(2)集料的吸水率w_x、含水率w以烘干试样为基准,按式(2-2-4)、式(2-2-5)计算,精确至0.1%。

$$w_x = \frac{m_3 - m_0}{m_0} \times 100 \qquad (2\text{-}2\text{-}4)$$

$$w = \frac{m_4 - m_0}{m_0} \times 100 \qquad (2\text{-}2\text{-}5)$$

式中 m_4——集料饱和状态下含表面水的湿质量(g);

w_x——集料的吸水率(%);

w——集料的含水率(%)。

(3)当水泥混凝土集料需要以饱和面干试样作为基准求取集料的吸水率 w_x 时,按式(2-2-6)计算,精确至0.1%,但需在报告中予以说明。

$$w_x = \frac{m_3 - m_0}{m_0} \times 100 \quad (2\text{-}2\text{-}6)$$

式中 w_x——集料的吸水率(%)。

(4)粗集料的表观密度 ρ_a、表干密度 ρ_s、毛体积密度 ρ_b 按式(2-2-7)、式(2-2-8)、式(2-2-9)计算至小数点后3位。

$$\rho_a = \gamma_a \times \rho_T \text{ 或 } \rho_a = (\gamma_a - \alpha_T)\rho_\Omega \quad (2\text{-}2\text{-}7)$$

$$\rho_s = \gamma_s \times \rho_T \text{ 或 } \rho_s = (\gamma_s - \alpha_T)\rho_\Omega \quad (2\text{-}2\text{-}8)$$

$$\rho_b = \gamma_b \times \rho_T \text{ 或 } \rho_b = (\gamma_b - \alpha_T)\rho_\Omega \quad (2\text{-}2\text{-}9)$$

式中 ρ_a——集料的表观密度(g/cm³);

ρ_s——集料的表干密度(g/cm³);

ρ_b——集料的毛体积密度(g/cm³);

ρ_T——试验温度 T 时水的密度(g/cm³);

α_T——试验温度 T 时的水温的修正系数;

ρ_Ω——水在4℃时的密度(1.000 g/cm³)。

六、精密度或允许差

重复试验的精密度,两次结果之差对相对密度不得超过0.02,对吸水率不得超过0.2%。将试验数据及计算结果填入表2-2-2中。

表2-2-2 粗集料密度及吸水率试验(容量瓶法)记录表

试验日期						时间				
试验条件						样品描述				
主要仪器										
试验数据及吸水率										
水温/℃	水密度/(g·cm⁻³)	集料水中质量/g		集料表观密度/g		集料烘干质量/g		吸水率单值/%		吸水率平均值/%
密度计算										
集料表观相对密度		集料表干相对密度		集料毛体积相对密度		集料表观密度/(g·cm⁻³)		集料表干密度/(g·cm⁻³)		集料毛体积密度/(g·cm⁻³)
单值	平均值	单值	平均值	单值	平均值	单值	平均值	单值	平均值	单值	平均值

实训三 粗集料堆积密度及空隙率试验

一、目的与适用范围

测定粗集料的堆积密度,包括自然堆积状态、振实状态、捣实状态下的堆积密度,以及堆积状态下的间隙率。

二、仪具与材料

(1)天平或台秤:感量不大于称量的0.1%。
(2)容量筒:适用于粗集料堆积密度测定的容量筒应符合表2-3-1的要求。
(3)平头铁锹。

粗集料的堆积、
振实、振捣密度试验

表 2-3-1　容量筒的规格要求

粗集料公称 最大粒径/mm	容量筒容积 /L	容量筒规格/mm			筒壁厚度/mm
		内径	净高	底厚	
≤4.75	3	155±2	160±2	5.0	2.5
9.5~26.5	10	205±2	305±2	5.0	2.5
31.5~37.5	15	255±5	295±5	5.0	3.0
≥53	20	355±5	305±5	5.0	3.0

(4)烘箱:能控温105 ℃±5 ℃。
(5)振动台:频率为3 000次/min±200次/min,负荷下的振幅为0.35 mm,空载时的振幅为0.5 mm。
(6)捣棒:直径为16 mm、长为600 mm、一端为圆头的钢棒。

三、试验准备

按"实训部分"的方法取样、缩分,质量应满足试验要求,在105 ℃±5 ℃的烘箱中烘干,也可以摊在清洁的地面上风干,拌匀后分成两份备用。

四、试验步骤

1. 自然堆积密度

取试样1份,置于平整干净的水泥地(或铁板)上,用平头铁锹铲起试样,使石子自由落入容量筒内。此时,从铁锹的齐口至容量筒上口的距离应保持为50 mm左右,装满容量筒并除去凸出筒口表面的颗粒,并以合适的颗粒填入凹陷空隙,使表面稍凸起部分和凹陷部分的体积大致相等，称取试样和容量筒总质量(m_2)。

2. 振实密度

按堆积密度试验步骤，将装满试样的容量筒放在振动台上，振动 3 min，或者将试样分三层装入容量筒：装完一层后，在筒底垫放一根直径为 25 mm 的圆钢筋，将筒按住，左右交替颠击地面各 25 下；然后装入第二层，用同样的方法颠实（但筒底所垫钢筋的方向应与第一层放置方向垂直）；然后再装入第三层，按上述方法颠实。待三层试样装填完毕后，加料填到试样超出容量筒口，用钢筋沿筒口边缘滚转，刮下高出筒口的颗粒，用合适的颗粒填平凹处，使表面稍凸起部分和凹陷部分的体积大致相等，称取试样和容量筒总质量(m_2)。

3. 捣实密度

根据沥青混合料的类型和公称最大粒径，确定起骨架作用的关键性筛孔（通常为 4.75 mm 或 2.36 mm 等）。将矿料混合料中此筛孔以上颗粒筛出，作为试样装入符合要求规格的容器中达 1/3 的高度，由边至中用捣棒均匀捣实 25 次。再向容器中装入 1/3 高度的试样，用捣棒均匀地捣实 25 次，捣实深度约至下层的表面。然后重复上一步骤，加最后一层，捣实 25 次，使集料与容器口齐平。用合适的集料填充表面的大空隙，用直尺大体刮平，目测估计表面凸起部分与凹陷部分的容积大致相等，称取容量筒与试样的总质量(m_2)。

4. 容量筒容积的标定

用水装满容量筒，测量水温，擦干筒外壁的水分，称取容量筒与水的总质量(m_w)，并按水的密度对容量筒的容积作校正。

五、计算

（1）容量筒的容积按式(2-3-1)计算。

$$V = \frac{m_w - m_1}{\rho_T} \times 100 \tag{2-3-1}$$

式中　V——容量筒的容积(L)；

　　　m_1——容量筒的质量(kg)；

　　　m_w——容量筒与水的总质量(kg)；

　　　ρ_T——试验温度 T 时水的密度(g/cm³)。

（2）堆积密度（包括自然堆积状态、振实状态、捣实状态下的堆积密度）按式(2-3-2)计算至小数点后两位。

$$\rho = \frac{m_2 - m_1}{V} \times 100 \tag{2-3-2}$$

式中　ρ——与各种状态相对应的堆积密度(t/m³)；

　　　m_1——容量筒的质量(kg)；

　　　m_2——容量筒与试样的总质量(kg)；

　　　V——容量筒的容积(L)。

（3）水泥混凝土用粗集料振实状态下的空隙率按式(2-3-3)计算。

$$V_c = \left(1 - \frac{\rho}{\rho_a}\right) \times 100 \tag{2-3-3}$$

式中 V_c——水泥混凝土用粗集料的空隙率(%);

ρ_a——粗集料的表观密度(t/m^3);

ρ——按振实法测定的粗集料的堆积密度(t/m^3)。

(4)沥青混合料用粗集料骨架捣实状态下的间隙率按式(2-3-4)计算。

$$VCA_{DRC} = \left(1 - \frac{\rho}{\rho_b}\right) \times 100 \qquad (2-3-4)$$

式中 VCA_{DRC}——捣实状态下粗集料骨架间隙率(%);

ρ_b——按 T0304 确定的粗集料的毛体积密度(t/m^3);

ρ——按捣实法测定的粗集料的自然堆积密度(t/m^3)。

六、报告

以两次平行试验结果的平均值作为测定值,将试验数据填入表 2-3-2 中。

表 2-3-2 粗集料堆积密度及空隙率试验记录表

	试验日期			时间		
	试验条件			样品描述		
	主要仪器					
堆积密度	试验次数	容量筒质量/kg	容量筒容积/L	筒和试样总质量/kg	堆积密度/(g·cm^{-3})	平均值/(g·cm^{-3})
	1					
	2					
真实密度	试验次数	容量筒质量/kg	容量筒容积/L	筒和试样总质量/kg	振实密度/(g·cm^{-3})	平均值/(g·cm^{-3})
	1					
	2					
空隙率	试验次数	表观密度/(g·cm^{-3})	堆积空隙率/%		振实空隙率/%	
			单值	平均值	单值	平均值
	1					
	2					

捣实密度及间隙率	试验次数	容量筒质量/kg	容量筒容积/L	筒和试样总质量/kg	振实密度/(g·cm^{-3})		骨架间隙率/%	
					单值	平均值	单值	平均值

实训四　粗集料针片状颗粒含量试验(规准仪法)

一、目的与适用范围

(1)本方法适用于测定水泥混凝土使用的 4.75 mm 以上的粗集料的针状及片状颗粒含量，以百分率计。

(2)本方法测定的针片状颗粒，是指使用专用规准仪测定的粗集料颗粒的最小厚度(或直径)方向与最大长度(或宽度)方向的尺寸之比小于一定比例的颗粒。

(3)本方法测定的粗集料中针片状颗粒的含量，可用于评价集料的形状及其在工程中的适用性。

二、仪具与材料

(1)水泥混凝土集料针状规准仪(图 2-4-1)和片状规准仪(图 2-4-2)，片状规准仪的钢板基板厚度为 3 mm，尺寸应符合表 2-4-1 的要求。

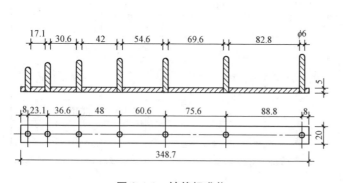

图 2-4-1　针状规准仪

(尺寸单位：mm)

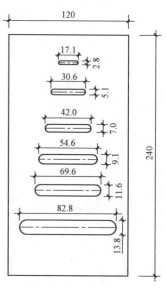

图 2-4-2　片状规准仪

(尺寸单位：mm)

表 2-4-1　水泥混凝土集料针片状颗粒试验的粒级划分及其相应的规准仪孔宽或间距

粒级(方孔筛)/mm	4.75～9.5	9.5～16	16～19	19～26.5	26.5～31.5	31.5～37.5
针状规准仪上相对应的立柱之间的间距宽/mm	17.1 (B1)	30.6 (B2)	42.0 (B3)	54.6 (B4)	69.6 (B5)	82.8 (B6)
片状规准仪上相时应的孔宽/mm	2.8 (A1)	5.1 (A2)	7.0 (A3)	9.1 (A4)	11.6 (A5)	13.8 (A6)

(2)天平或台秤：感量不大于称量值的 0.1%。

(3)标准筛：孔径分别为 4.75 mm、9.5 mm、16 mm、19 mm、26.5 mm、31.5 mm、37.5 mm，试验时根据需要选用。

三、试验准备

将试样在室内风干至表面干燥，并用四分法或分料器法缩分至满足表 2-4-2 规定的质量，称量(m)，然后筛分成表 2-4-2 所规定的粒级备用。

表 2-4-2　针片状颗粒试验所需的试样最小质量

公称最大粒径/mm	9.5	16	19	26.5	31.5	37.5	63	75
试样的最小质量/kg	0.3	1	2	3	5	10	10	10

四、试验步骤

(1)目测挑出接近立方体形状的规则颗粒，将目测有可能属于针片状颗粒的集料按表 2-4-1 所规定的粒级用规准仪逐粒对试样进行针状颗粒鉴定，颗粒长度大于针状规准仪上相应间距而不能通过者，为针状颗粒。

(2)将通过针状规准仪上相应间距的非针状颗粒逐粒对试样进行片状颗粒鉴定，厚度小于片状规准仪上相应孔宽能通过者，为片状颗粒。

(3)称量由各粒级挑出的针状颗粒和片状颗粒的质量，其总质量为 m_1。

五、计算

碎石或砾石中针片状颗粒含量按式(2-4-1)计算，精确至 0.1%。

$$Q_e = \frac{m_1}{m_0} \times 100 \tag{2-4-1}$$

式中　Q_e——试样的针片状颗粒含量(%)；

m_1——试样中所含针状颗粒与片状颗粒的总质量(g)；

m_0——试样总质量(g)。

六、试验数据及计算结果

粗集料针片状颗粒含量试验(规准仪法)记录见表 2-4-3。

表 2-4-3 粗集料针片状颗粒含量试验(规准仪法)记录表

试验日期				时间	
试验条件				样品描述	
主要仪器					
试样总质量/g	粒级/mm	各粒级质量	针片状颗粒质量/g	试样针片状颗粒总质量/g	试样针片状颗粒含量/%
实训总结					

实训五 粗集料针片状颗粒含量试验（游标卡尺法）

一、目的与适用范围

(1)本方法适用于测定粗集料的针状及片状颗粒含量，以百分率计。

(2)本方法测定的针片状颗粒，是指用游标卡尺测定的粗集料颗粒的最大长度(或宽度)方向与最小厚度(或直径)方向的尺寸之比大于 3 倍的颗粒。有特殊要求采用其他比例时，应在试验报告中注明。

(3)本方法测定的粗集料中针片状颗粒的含量，可用于评价集料的形状和抗压碎能力，以评定石料生产厂的生产水平及该材料在工程中的适用性。

二、仪具与材料

(1)标准筛：方孔筛 4.75 mm。

(2)游标卡尺：精密度为 0.1 mm。

(3)天平：感量不大于 1 g。

三、试验步骤

(1)按《公路工程集料试验规程》(JTG E42—2005)T 0301 方法，采集粗集料试样。

(2)按分料器法或四分法选取 1 kg 左右的试样。对每一种规格的粗集料，应按照不同的公称粒径，分别取样检验。

(3)用 4.75 mm 标准筛将试样过筛，取筛上部分供试验用，称取试样的总质量 m_0，准确至 1 g，试样数量应不少于 800 g，并不少于 100 颗。

注：对 2.36～4.75 mm 级粗集料，由于卡尺量取有困难，故一般不作测定。

(4)将试样平摊于桌面上，首先用目测挑出接近立方体的颗粒，剩下可能属于针状(细长)和片状(扁平)的颗粒。

(5)将欲测量的颗粒放在桌面上成一稳定的状态，颗粒平面方向的最大长度为 L，侧面厚度的最大尺寸为 t，颗粒最大宽度为 $\omega(t<\omega<L)$，用卡尺逐颗测量石料的 L 及 t，将 $L/t \geqslant 3$ 的颗粒(即最大长度方向与最大厚度方向的尺寸之比大于 3 的颗粒)分别挑出作为针片状颗粒。称取针片状颗粒的质量 m_1，准确至 1 g。

四、计算

按式(2-5-1)计算针片状颗粒含量。

$$Q_e = \frac{m_1}{m_0} \times 100 \qquad (2\text{-}5\text{-}1)$$

式中 Q_e——针片状颗粒含量(%)；

m_1——试验用的集料总质量(g)；

m_0——针片状颗粒的质量(g)。

五、报告

(1)试验要平行测定两次，计算两次结果的平均值，如两次结果之差小于平均值的20%，取平均值为试验值；如大于或等于20%，应追加测定一次，取三次结果的平均值为测定值。

(2)试验报告应报告集料的种类、产地、岩石名称和用途。

粗集料针片状颗粒含量试验(游标卡尺法)记录表见表2-5-1。

表2-5-1 粗集料针片状颗粒含量试验(游标卡尺法)记录表

试验日期							
试验条件					时间		
主要仪器					样品描述		
集料种类	试验用集料质量/g	扁平细长比例大于3的针片状颗粒质量/g	针片状颗粒含量/%	试验用集料质量/g	扁平细长比例大于3的针片状颗粒质量/g	针片状颗粒含量/%
实训总结						

实训六　粗集料压碎值试验

一、目的与适用范围

集料压碎值用于衡量石料在逐渐增加的荷载下抵抗压碎的能力，是衡量石料力学性质的指标，以评定其在公路工程中的适用性。

二、仪具与材料

(1)石料压碎值试验仪：由内径 150 mm、两端开口的钢制圆形试筒、压柱和底板组成，其形状和尺寸如图 2-6-1 所示，见表 2-6-1。

试筒内壁、压柱的底面及底板的上表面等与石料接触的表面都应进行热处理，使表面硬化，达到维氏硬度 65°并保持光滑状态。

水泥混凝土粗集料
压碎值试验

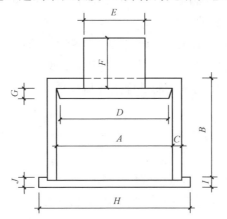

图 2-6-1　压碎指标值测定仪

（尺寸单位：mm）

表 2-6-1　试筒、压柱和底板尺寸

部位	符号	名称	尺寸/mm
试筒	A	内径	150±0.3
	B	高度	125～128
	C	壁厚	≥12
压柱	D	压头直径	149±0.2
	E	压杆直径	100～149
	F	压柱总长	100～110
	G	压头厚度	≥25

续表

部位	符号	名称	尺寸/mm
底板	H	直径	200～220
	I	厚度(中间部分)	6.4±0.2
	J	边缘厚度	10±0.2

(2)金属棒：直径 10 mm，长 450～600 mm，一端加工成半球形。

(3)天平：称量 2～3 kg，感量不大于 1 g。

(4)标准筛：筛孔尺寸 13.2 mm、9.5 mm、2.36 mm 方孔筛各一个。

(5)压力机：500 kN，应能在 10 min 内达到 400 kN。

(6)金属筒：圆柱形，内径为 112.0 mm，高为 179.4 mm，容积为 1 767 cm^3。

三、试验准备

(1)采用风干石料，用 13.2 mm 和 9.5 mm 标准筛过筛，取 9.5～13.2 mm 的试样 3 组各 3 000 g，供试验用。如过于潮湿需加热烘干时，烘箱温度不得超过 100 ℃，烘干时间不超过 4 h。试验前，石料应冷却至室温。

(2)每次试验的石料数量应满足按下述方法夯击后石料在试筒内的深度为 100 mm。

在金属筒中确定石料数量的方法如下：

将试样分 3 次(每次数量大体相同)均匀装入试模中，每次均将试样表面整平，用金属棒的半球面端从石料表面上均匀捣实 25 次。最后用金属棒作为直刮刀将表面仔细整平。称取量筒中试样质量(m_0)。以相同质量的试样进行压碎值的平行试验。

四、试验步骤

(1)将试筒安放在底板上。

(2)将要求质量的试样分 3 次(每次数量大体相同)均匀装入试模中，每次均将试样表面整平，用金属棒的半球面端从石料表面上均匀捣实 25 次。最后用金属棒作为直刮刀将表面仔细整平。

(3)将装有试样的试模放到压力机上，同时加压头放入试筒内石料面上，注意使压头摆平，勿楔挤试模侧壁。

(4)开动压力机，均匀地施加荷载，在 10 min 左右的时间内达到总荷载 400 kN，稳压 5 s，然后卸荷。

(5)将试模从压力机上取下，取出试样。

(6)用 2.36 mm 标准筛筛分经压碎的全部试样，可分几次筛分，均需筛到在 1 min 内无明显的筛出物为止。

(7)称取通过 2.36 mm 筛孔的全部细料质量(m_1)，准确至 1 g。

五、计算

石料压碎值按式(2-6-1)计算，精确至 0.1%。

$$Q'_a = \frac{m_1}{m_0} \times 100 \qquad (2\text{-}6\text{-}1)$$

式中　Q'_a——石料压碎值(%);

　　　m_1——试验前试样质量(g);

　　　m_0——试验后通过 2.36 mm 筛孔的细料质量(g)。

六、报告

以 3 个试样平行试验结果的算术平均值作为压碎值的测定值。

粗集料压碎值试验记录表见表 2-6-2。

表 2-6-2　粗集料压碎值试验记录表

试验日期				时间		
试验条件				样品描述		
主要仪器						
试验次数	试样质量/g	2.36 mm 筛孔筛余量	小于 2.36 mm 筛孔筛余量	压碎值/%	平均压碎值/%	规范规定值/%	规定使用范围
1							
2							
3							
实训总结							

实训七　粗集料磨耗试验(洛杉矶法)

一、目的与适用范围

(1)测定标准条件下粗集料抵抗摩擦、撞击的能力,以磨耗损失(%)表示。
(2)本方法适用于各种等级规格集料的磨耗试验。

二、仪具与材料

(1)洛杉矶磨耗试验机:圆筒内径710 mm±5 mm,内侧长510 mm±5 mm,两端封闭,投料口的钢盖通过紧固螺栓和橡胶垫与钢筒紧闭密封。钢筒的回转速率为30～33 r/min。
(2)钢球:直径约为46.8 mm,质量为390～445 g,大小稍有不同,以便按要求组合成符合要求的总质量。
(3)台秤:感量5 g。
(4)标准筛:符合要求的标准筛系列,以及筛孔为1.7 mm的方孔筛一个。
(5)烘箱:能使温度控制在105 ℃±5 ℃范围内。
(6)容器:搪瓷盘等。

三、试验步骤

(1)将不同规格的集料用水冲洗干净,置烘箱中烘干至恒重。
(2)对所使用的集料,根据实际情况按表2-7-1选择最接近的粒级类别,确定相应的试验条件,按规定的粒级组成备料、筛分。其中水泥混凝土用集料宜采用A级粒度;对沥青路面及各种基层、底基层的粗集料,表中的16 mm筛孔也可用13.2 mm筛孔代替。对非规格材料,应根据材料的实际粒度,从表2-7-1中选择最接近的粒级类别及试验条件。

表2-7-1　粗集料洛杉矶试验条件

粒度类别	粒级组成/mm	试样质量/g	试样总质量/g	钢球数量/个	钢球总质量/g	转动次数/转	适用的粗集料	
							规格	公称粒径/mm
A	26.5～37.5 19.0～26.5 16.0～19.0 9.5～16.0	1 250±25 1 250±25 1 250±10 1 250±10	5 000±10	12	5 000±25	500		
B	19.0～26.5 16.0～19.0	2 500±10 2 500±10	5 000±10	11	4 850±25	500	S6 S7 S8	15～30 10～30 10～25

续表

粒度类别	粒级组成/mm	试样质量/g	试样总质量/g	钢球数量/个	钢球总质量/g	转动次数/转	适用的粗集料 规格	公称粒径/mm
C	9.5～16.0 4.75～9.5	2 500±10 2 500±10	5 000±10	8	3 320±20	500	S9 S10 S11 S12	10～20 10～15 5～15 5～10
D	2.36～4.75	5 000±10	5 000±10	6	2 500±15	500	S13 S14	3～10 3～5
E	63～75 53～63 37.5～53	2 500±50 2 500±50 5 000±50	10 000±100	12	5 000±25	1 000	S1 S2	40～75 40～60
F	37.5～53 26.5～37.5	5 000±50 5 000±25	10 000±75	12	5 000±25	1 000	S3 S4	30～60 25～50
G	26.5～37.5 19～26.5	5 000±25 5 000±25	10 000±50	12	5 000±25	1 000	S5	20～40

注：①表中 16 mm 也可用 13.2 mm 代替。
②A 级适用于未筛碎石混合料及水泥混凝土用集料。
③C 级中 S12 可全部采用 4.75～9.5 mm 颗粒 5 000 g；S9 及 S10 可全部采用 9.5～16 mm 颗粒 5 000 g。
④E 级中 S2 中缺 63～75 mm 颗粒可用 53～63 mm 颗粒代替。

(3)分级称量(准确至 5 g)，称取总质量(m_1)，装入磨耗机圆筒中。

(4)选择钢球，使钢球的数量及总质量符合表 2-7-1 中规定，将钢球加入钢筒中，盖好筒盖，紧固密封。

(5)将计数器调整到零位，设定要求的回转次数，对水泥混凝土集料，回转次数为 500 转，对沥青混合料集料，回转次数应符合表 2-7-1 的要求。开动磨耗机，以 30～33 r/min 转速转动至要求的回转次数为止。

(6)取出钢球，将经过磨耗后的试样从投料口倒入接受容器(搪瓷盘)中。

(7)将试样用 1.7 mm 的方孔筛过筛，筛去试样中被撞击磨碎的细屑。

(8)用水冲干净留在筛上的碎石，置于 105 ℃±5 ℃烘箱中烘干至恒重(通常不少于 4 h)，准确称量(m_2)。

四、计算

按式(2-7-1)计算粗集料洛杉矶磨耗损失,精确至0.1%。

$$Q = \frac{m_1 - m_2}{m_1} \times 100 \tag{2-7-1}$$

式中　Q——洛杉矶磨耗损失(%);
　　　m_1——装入圆筒中试样质量(g);
　　　m_2——试验后在1.7 mm筛上洗净烘干的试样质量(g)。

五、报告

(1)试验报告应记录所使用的粒级类别和试验条件。

(2)粗集料的磨耗损失取两次平行试验结果的算术平均值为测定值,两次试验的差值应不大于2%,否则须重做试验。

粗集料磨耗试验(洛杉矶法)记录表见表2-7-2。

表2-7-2　粗集料磨耗试验(洛杉矶法)记录表

试验日期		时间	
试验条件		样品描述	
主要仪器			
粒度类别	粒级组成/mm	试样质量/g	试样总质量/g
试验次数	试验前试样质量/g	试验后试样质量/g	磨耗损失率/%	
			单值	平均值
实训总结				

实训八　细集料筛分试验

一、目的与适用范围

测定细集料(天然砂、人工砂、石屑)的颗粒级配及粗细程度。对水泥混凝土用细集料可采用干筛法,如果需要也可采用水洗法筛分;对沥青混合料及基层用细集料必须用水洗法筛分。

注:当细集料中含有粗集料时,可参照此方法用水洗法筛分,但需特别注意保护标准筛筛面不遭损坏。

二、仪具与材料

(1)标准筛。
(2)天平:称量1 000 g,感量不大于0.5 g。
(3)摇筛机。
(4)烘箱:能控温在105 ℃±5 ℃。
(5)其他:浅盘和硬、软毛刷等。

三、试验准备

根据样品中最大粒径的大小,选用适宜的标准筛,通常为9.5 mm筛(水泥混凝土用天然砂)或4.75 mm筛(沥青路面及基层用天然砂、石屑、机制砂等)筛除其中的超粒径材料,然后将样品在潮湿状态下充分拌匀,用分料器法或四分法缩分至每份小于550 g的试样两份,在105 ℃±5 ℃的烘箱中烘干至恒重,冷却至室温后备用。

注:恒重是指相邻两次称量间隔时间大于3 h(通常不少于6 h)的情况下,前后两次称量之差小于该项试验所要求的称量精密度,下同。

四、试验步骤

1. 干筛法试验步骤

(1)准确称取烘干试样约500 g(m_1),准确至0.5 g,置于套筛的最上面一只,即4.75 mm筛上,将套筛装入摇筛机,摇筛约10 min,然后取出套筛,再按筛孔大小顺序,从最大的筛号开始,在清洁的浅盘上逐个进行手筛,直到每分钟的筛出量不超过筛上剩余量的0.1%时为止,将筛出通过的颗粒并入下一号筛,和下一号筛中的试样一起过筛,以此顺序进行至各号筛全部筛完为止。

注:①试样如为特细砂时,试样质量可减少到100 g。

②如试样含泥量超过5%，不宜采用干筛法。

③无摇筛机时，可直接用手筛。

(2)称量各筛筛余试样的质量，精确至0.5 g。所有各筛的分计筛余量和底盘中剩余量的总量与筛分前的试样总量，相差不得超过后者的1%。

2. 水洗法试验步骤

(1)准确称取烘干试样约500 g(m_1)，准确至0.5 g。

(2)将试样置于洁净容器中，加入足够数量的洁净水，将集料全部淹没。

(3)用搅棒充分搅动集料，将集料表面洗涤干净，使细粉悬浮在水中，但不得有集料从水中溅出。

(4)用1.18 mm筛及0.075 mm筛组成套筛，仔细将容器中混有细粉的悬浮液徐徐倒出，经过套筛流入另一容器中，但不得将集料倒出。

注：不可直接倒至0.075 mm筛上，以免集料掉出损坏筛面。

(5)重复(2)~(4)步骤，直至倒出的水洁净且小于0.075 mm的颗粒全部倒出。

(6)将容器中的集料倒入搪瓷盘中，用少量水冲洗，使容器上黏附的集料颗粒全部进入搪瓷盘中，将筛子反扣过来，用少量的水将筛上集料冲入搪瓷盘中。操作过程中不得有集料散失。

(7)将搪瓷盘连同集料一起置于温度为105 ℃±5 ℃的烘箱中烘干至恒重，称取干燥集料试样的总质量(m_2)，准确至0.1%。m_1与m_2之差即为通过0.075 mm筛部分。

(8)将全部要求筛孔组成套筛(但不需0.075 mm筛)，将已经洗去小于0.075 mm部分的干燥集料置于套筛上(通常为4.75 mm筛)，将套筛装入摇筛机，摇筛约10 min，然后取出套筛，再按筛孔大小顺序，从最大的筛号开始，在清洁的浅盘上逐个进行手筛，直至每分钟的筛出量不超过筛上剩余量的0.1%时为止，将筛出通过的颗粒并入下一号筛，和下一号筛中的试样一起过筛，按这样的顺序进行，直至各号筛全部筛完为止。

注：如为含有粗集料的集料混合料，套筛筛孔根据需要选择。

(9)称量各筛筛余试样的质量，精确至0.5 g。所有各筛的分计筛余量和底盘中剩余量的总质量与筛分前后试样总量m_2的差值，不得超过后者的1%。

五、计算

(1)计算分计筛余百分率。各号筛的分计筛余百分率为各号筛上的筛余量，除以试样总量(m_1)的百分率，精确至0.1%。对沥青路面细集料而言，0.15 mm筛下部分即为0.075 mm的分计筛余，由上述(7)测得的m_1与m_2之差即为小于0.075 mm的筛底部分。

(2)计算累计筛余百分率。各号筛的累计筛余百分率为该号筛及大于该号筛的各号筛的分计筛余百分率之和，准确至0.1%。

(3)计算质量通过百分率。各号筛的质量通过百分率等于100减去该号筛的累计筛余百分率，准确至0.1%。

(4)根据各筛的累计筛余百分率或通过百分率，绘制级配曲线。

(5)天然砂的细度模数按式(2-8-1)计算，精确至0.01。

$$M_x = \frac{(A_{0.15} + A_{0.3} + A_{0.6} + A_{1.18} + A_{2.36}) - 5A_{4.75}}{100 - A_{4.75}} \qquad (2\text{-}8\text{-}1)$$

式中 M_x——砂的细度模数；

$A_{0.15}$，$A_{0.03}$，…，$A_{4.75}$——分别为 0.15 mm，0.3 mm，…，4.75 mm 各筛上的累计筛余百分率(%)。

(6)应进行两次平行试验，以试验结果的算术平均值作为测定值。如两次试验所得的细度模数之差大于 0.2，应重新进行试验。

细集料筛分试验记录表见表 2-8-1、表 2-8-2。

表 2-8-1 细集料筛分试验记录表(干筛法)

试验日期				时间				
试验条件				样品描述				
主要仪器								
干燥试样质量/g	第一组				第二组			
筛孔尺寸/mm	分计筛余质量/g		分计筛余/%		累计筛余/%		通过率/%	平均累计筛余/%
	1	2	1	2	1	2	1	2
合计质量	合计=				合计=			
细度模数	$M_{x1}=$		$M_{x2}=$		细度模数平均值=			
实训总结								

表 2-8-2 细集料筛分试验记录表(水洗法)

试验日期			时间		
试验条件			样品描述		
主要仪器					

试验次数	水洗前烘干试样总质量/g	水洗后烘干试样总质量/g	集料小于 0.075 mm 的颗粒含量/%		
			单值	平均值	
1					
2					

干燥试样质量/g		第一组	第二组		

筛孔尺寸 /mm	分计筛余质量 /g		分计筛余 /%		累计筛余 /%		通过率 /%		平均通过百分率/%
	1	2	1	2	1	2	1	2	
合计质量	合计=				合计=				
细度模数					细度模数平均值=				

实训总结

实训九 细集料表观密度试验(容量瓶法)

一、目的与适用范围

用容量瓶法测定细集料(天然砂、石屑、机制砂)在23 ℃时对水的表观相对密度和表观密度。本方法适用于含有少量大于2.36 mm部分的细集料。

二、仪具与材料

(1)天平:称量1 kg,感量不大于1 g。
(2)容量瓶:500 mL。
(3)烘箱:能控温在105 ℃±5 ℃。
(4)烧杯:500 mL。
(5)洁净水。
(6)其他:干燥器、浅盘、铝制料勺、温度计等。

三、试验准备

将缩分至650 g左右的试样在温度为105 ℃±5 ℃的烘箱中烘干至恒重,并在干燥器内冷却至室温,分成两份备用。

四、试验步骤

(1)称取烘干的试样约300 g(m_0),装入盛有半瓶洁净水的容量瓶中。
(2)摇转容量瓶,使试样在已保温至23 ℃±1.7 ℃的水中充分搅动以排除气泡,塞紧瓶塞,在恒温条件下静置24 h左右,然后用滴管添水,使水面与瓶颈刻度线平齐,再塞紧瓶塞,擦干瓶外水分,称其总质量(m_2)。
(3)倒出瓶中的水和试样,将瓶的内外表面洗净,再向瓶内注入同样温度的洁净水(温差不超过2 ℃)至瓶颈刻度线,塞紧瓶塞,擦干瓶外水分,称其总质量(m_1)。
注:在砂的表观密度试验过程中应测量并控制水的温度,试验期间的温差不得超过1 ℃。

五、计算

(1)细集料的表观相对密度按式(2-9-1)计算至小数点后3位。

$$\gamma_a = \frac{m_0}{m_0 + m_1 - m_2} \tag{2-9-1}$$

式中 γ_a——集料的表观相对密度,无量纲;

m_0——集料的烘干质量(g);

m_1——水及容量瓶的总质量(g);

m_2——试样、水、瓶及容量瓶的总质量(g)。

(2)表观密度 ρ_a 按式(2-9-2)计算，精确至小数点后 3 位。

$$\rho_a = \gamma_a \times \rho_T \text{ 或 } \rho_a = (\gamma_a - \alpha_T) \times \rho_\Omega \qquad (2\text{-}9\text{-}2)$$

式中　ρ_a——细集料的表观密度(g/cm³);

ρ_Ω——水在 4 ℃时的密度(g/cm³);

α_T——试验时的水温对水密度影响的修正系数;

ρ_T——试验温度 T 时水的密度(g/cm³)。

六、报告

以两次平行试验结果的算术平均值作为测定值，如两次结果之差值大于 0.01 g/cm³ 时，应重新取样进行试验。

实训十　细集料堆积密度及紧装密度试验

一、目的与适用范围

测定砂在自然状态下的堆积密度、紧装密度及空隙率。

二、仪具与材料

(1)台秤：称量 5 kg，感量 5 g。
(2)容量筒：金属制，圆筒形，内径为 108 mm，净高为 109 mm，筒壁厚为 2 mm，筒底厚为 5 mm，容积约为 1 L。
(3)标准漏斗(图 2-10-1)。
(4)烘箱：能控温在 105 ℃±5 ℃。
(5)其他：小勺、直尺、浅盘等。

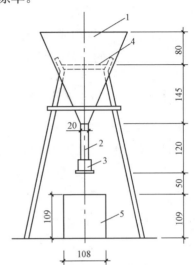

图 2-10-1　标准漏斗(尺寸单位：mm)

1—漏斗；2—φ20 mm 管子；3—活动门；
4—筛；5—金属量筒

三、试验准备

(1)试样制备：用浅盘装来样约 5 kg，在温度为 105 ℃±5 ℃的烘箱中烘干至恒重，取出并冷却至室温，分成大致相等的两份备用。

注：试样烘干后如有结块，应在试验前先捏碎。

(2)容量筒容积的校正方法：以温度为 20 ℃±5 ℃的洁净水装满容量筒，用玻璃板沿筒口滑移，使其紧贴水面，玻璃板与水面之间不得有空隙。擦干筒外壁水分，然后称量，用式(2-10-1)计算筒的容积 V。

$$V = m'_2 - m'_1 \tag{2-10-1}$$

式中　V——容量筒的容积(mL)；
　　　m'_1——容量筒和玻璃板总质量(g)；
　　　m'_2——容量筒、玻璃板和水总质量(g)。

四、试验步骤

(1)堆积密度：将试样装入漏斗中，打开底部的活动门，将砂流入容量筒中，也可直接用小勺向容量筒中装试样，但漏斗出料口或料勺距容量筒口均应为 50 mm 左右，试样装满并超出容量筒筒口后，用直尺将多余的试样沿筒口中心线向两个相反方向刮平，称取质量(m_1)。

(2)紧装密度：取试样 1 份，分两层装入容量筒。装完一层后，在筒底垫放一根直径为

10mm的钢筋,将筒按住,左右交替颠击地面各25下,然后再装入第二层。

第二层装满后用同样方法颠实(但筒底所垫钢筋的方向应与第一层放置方向垂直)。两层装完并颠实后,添加试样超出容量筒筒口,然后用直尺将多余的试样沿筒口中心线向两个相反方向刮平,称其质量(m_2)。

五、计算

砂的空隙率按式(2-10-2)计算,精确至0.1%。

$$n=\left(1-\frac{\rho}{\rho_a}\right)\times 100 \tag{2-10-2}$$

式中　n——砂的空隙率(%);
　　　ρ——砂的堆积或紧装密度(g/cm³);
　　　ρ_a——砂的表观密度(g/cm³)。

六、报告

以两次试验结果的算术平均值作为测定值。

细集料堆积密度及紧装密度试验记录表见表2-10-1。

表2-10-1　细集料堆积密度及紧装密度试验记录表

试验日期				时间			
试验条件				样品描述			
主要仪器							
表观密度			堆积密度			紧装密度	
试验次数	1	2	试验次数	1	2	试验次数	1	2
试样质量/g			筒体积/mL			筒体积/mL		
瓶+水+试样质量/g			筒质量/g			筒质量/g		
瓶+水质量/g			筒+湿试样质量/g			筒+湿试样质量/g		
试样体积/mL			含水率/%			含水率/%		
水密度/(g·cm⁻³)			试样质量/g			试样质量/g		
表观密度/(g·cm⁻³)			堆积密度/(g·cm⁻³)			堆积密度/(g·cm⁻³)		
平均值			平均值			平均值		
实训总结								

实训十一　细集料含水率试验

一、目的与适用范围

测定细集料的含水率。

二、仪具与材料

(1)烘箱：能控温在 105 ℃±5 ℃。
(2)天平：称量 2 kg，感量不大于 2 g。
(3)容器：浅盘等。

三、试验步骤

由来样中各取约 500 g 的代表性试样两份，分别放入已知质量(m_1)的干燥容器中称量，记下每盘试样与容器的总量(m_2)，将容器连同试样放入温度为 105 ℃±5 ℃的烘箱中烘干至恒重，称烘干后的试样与容器的总量(m_3)。

四、计算

按式(2-11-1)计算细集料的含水率，精确至 0.1%。

$$w=\frac{m_2-m_3}{m_3-m_1}\times 100 \tag{2-11-1}$$

式中　w——细集料的含水率(%)；
　　　m_1——容器质量(g)；
　　　m_2——未烘干的试样与容器总质量(g)；
　　　m_3——烘干后的试样与容器总质量(g)。

五、报告

以两次试验结果的算术平均值为测定值。

实训十二 水泥取样方法

一、目的、适用范围和引用标准

本方法规定了水泥取样的工具、部位、数量及步骤等。

本方法适用于硅酸盐水泥、普通硅酸盐水泥、矿渣硅酸盐水泥、粉煤灰硅酸盐水泥、火山灰质硅酸盐水泥、复合硅酸盐水泥、道路硅酸盐水泥及指定采用本方法的其他品种水泥。

二、仪器设备

(1) 袋装水泥取样器。

(2) 散装水泥取样器。

三、取样步骤

(1) 取样数量应符合各相应水泥标准的规定。

(2) 分割样。

1) 袋装水泥：每 1/10 编号从一袋中取至少 6 kg。

2) 散装水泥：每 1/10 编号在 5 min 内取至少 6 kg。

(3) 袋装水泥取样器：随机选择 20 个以上不同的部位，将取样管插入水泥适当深度，用大拇指按住气孔，小心抽出取样管。将所取样品放入洁净、干燥、不易受污染的容器中。

(4) 散装水泥取样器：通过转动取样内管控制开关，在适当位置插入水泥一定深度，关闭后小心抽出。将所取样品放入洁净、干燥、不易受污染的容器中。

四、样品制备

1. 样品缩分

样品缩分可采用二分器，一次或多次将样品缩分到标准要求的规定量。

2. 试验样及封存样

将每一编号所取水泥混合样通过 0.9 mm 方孔筛，均分为试验样和封存样。

3. 分割样

每一编号所取 10 个分割样应分别通过 0.9 mm 方孔筛，不得混杂。

五、样品的包装与贮存

(1) 样品取得后应存放在密封的金属容器中，加封条。容器应洁净、干燥、防潮、密闭、不易破损、不与水泥发生反应。

（2）封存样应密封保管3个月。试验样与分割样也应妥善保管。

（3）在交货与验收时，水泥厂和用户共同取实物试样，封存样由买卖双方共同签封。以抽取实物试样的检验结果为验收依据时，水泥厂封存样保存期为40 d；以同编号水泥的检验报告为验收依据时，水泥厂封存样保存期为3个月。

（4）存放样品的容器应至少在一处加盖清晰、不易擦掉的标有编号、取样时间、地点、人员的密封印，如只在一处标志应在器壁上。

（5）封存样应贮存于干燥、通风的环境中。

六、取样单

样品取得后，均应由负责取样操作人员填写取样单。

实训十三　水泥标准稠度用水量、凝结时间、安定性检验方法

一、目的与适用范围

本方法规定了水泥标准稠度用水量、凝结时间和体积安定性的测试方法。水泥的凝结时间和安定性测定等都与它们的用水量有关。为了便于检验，必须人为规定一个标准稠度，统一用标准稠度的水泥净浆进行检验。该试验的主要目的就是为凝结时间和安定性试验提供标准稠度的水泥净浆，也可用来检验水泥的需水性。

本方法适用于硅酸盐水泥、普通硅酸盐水泥、矿渣硅酸盐水泥、粉煤灰硅酸盐水泥、火山灰质硅酸盐水泥、复合硅酸盐水泥、道路硅酸盐水泥及指定采用本方法的其他品种水泥。

二、仪具与材料

(1) 水泥净浆搅拌机。由主机、搅拌叶和搅拌锅等组成，搅拌叶片能以双转速转动。

(2) 标准稠度测定仪。由机身、试杆和试模组成。标准稠度测定用试杆有效长度为 $50\ mm \pm 1\ mm$，由直径为 $10\ mm \pm 0.5\ mm$ 的圆柱形耐腐蚀金属制成。试模为深 $40\ mm \pm 0.2\ mm$、顶内径 $65\ mm \pm 0.5\ mm$、底内径 $75\ mm \pm 0.5\ mm$ 的截顶圆锥体。与试杆联结的滑动杆表面应光滑，能靠重力自由下落，不得有紧涩和旷动现象。

(3) 天平、铲子、小刀、量筒、玻璃板等。

(4) 沸煮箱。

(5) 雷氏夹膨胀仪。

(6) 量水器：分度值为 $0.1\ mL$，精度 1%。

(7) 天平：量程 $1\ 000\ g$，感量 $1\ g$。

(8) 湿气养护箱：应能使温度控制在 $20\ ℃ \pm 1\ ℃$，相对湿度大于 90%。

(9) 雷氏夹膨胀值测定仪：标尺最小刻度 $0.5\ mm$。

(10) 秒表：分度值 $1\ s$。

三、试验步骤

1. 标准稠度用水量测定步骤

(1) 试样及用水。

1) 水泥试样应充分拌匀，通过 $0.9\ mm$ 方孔筛并记录筛余物情况，但要防止过筛时混进其他水泥。

2)试验用水必须是洁净的淡水，如有争议时可用蒸馏水。

(2)实验室温度、相对湿度。

1)实验室的温度为 20 ℃±2 ℃，相对湿度大于 50%。

2)水泥试样、拌合水、仪器和用具的温度应与实验室内温度一致。

(3)标准稠度用水量测定(标准法)。

1)试验前必须做到：维卡仪的金属棒能够自由滑动；调整至试杆接触玻璃板时指针对准零点；水泥净浆搅拌机运行正常。

2)水泥净浆拌制。用水泥净浆搅拌机搅拌，搅拌锅和搅拌叶片先用布擦过，将拌合水倒入搅拌锅中，然后 5~10 s 内小心将称好的 500 g 水泥加入水中，防止水和水泥溅出；拌和时，先将锅放在搅拌机的锅座上，升至搅拌位置，启动搅拌机，低速搅拌 120 s，停 15 s，同时将叶片和锅壁上的水泥浆刮入锅中间，接着高速搅拌 120 s 停机。

3)拌和结束后，立即将拌制好的水泥净浆装入已放在玻璃板上的试模中，用小刀插捣，轻轻振动数次，刮去多余的净浆。

4)抹平后迅速将试模和底板移到维卡仪上，并将其中心定在试杆下，降低试杆直到与水泥净浆表面接触，拧紧螺丝 1~2 s 后，突然放松，使试杆垂直自由地沉入水泥净浆中。在试杆停止沉入或释放试杆 30 s 时记录试杆到底板的距离，升起试杆后，立即擦净。

5)整个操作应在搅拌后 1.5 min 内完成。以试杆沉入净浆并距底板 6 mm±1 mm 的水泥净浆为标准稠度净浆。其拌合水量为该水泥的标准稠度用水量(P)，按水泥质量的百分比计。

6)当试杆距玻璃板小于 5 mm 时，应适当减水，重复水泥浆的拌制和上述过程；若距离大于 7 mm 时，则应适当加水，并重复水泥浆的拌制和上述过程。

2. 凝结时间测定

(1)调整凝结时间测定仪的试针接触玻璃板，使指针对准零点。

(2)以标准稠度用水量制成标准稠度净浆(记录水泥全部加入水中的时间作为凝结时间的起始时间)一次装满试模，振动数次刮平，立即放入湿气养护箱中。

(3)初凝时间测定。

1)记录水泥全部加入水中至初凝状态的时间作为初凝时间，用 min 计。

2)试件在湿气养护箱中养护至加水后 30 min 时进行第一次测定。测定时，从湿气养护箱中取出试模放到试针下，降低试针与水泥净浆表面接触。拧紧螺丝 1~2 s 后，突然放松，使试杆垂直自由地沉入水泥净浆中。观察试针停止沉入或释放试针 30 s 时指针的读数。

3)临近初凝时，每隔 5 min 测定一次。当试针沉至距底板 4 mm±1 mm 时，为水泥达到初凝状态。

4)达到初凝时应立即重复测一次，当两次结论相同时才能定为达到初凝状态。

(4)终凝时间测定。

1)由水泥全部加入水中至终凝状态的时间为水泥的终凝时间，用 min 计。

2)为了准确观察试件沉入的状况，在终凝针上安装了一个环形附件。在完成初凝时间测定后，立即将试模连同浆体以平移的方式从玻璃板下翻转 180°，直径大端向上、小端向下放在玻璃板上,再放入湿气养护箱中继续养护。

3)临近终凝时间时每隔 15 min 测定一次,当试针沉入试件 0.5 min 时,即环形附件开始不能在试件上留下痕迹时,为水泥达到终凝状态。

4)达到终凝时应立即重复测一次,当两次结论相同时才能定为达到终凝状态。

5)测定时应注意,在最初测定的操作时应轻轻扶持金属柱,使其徐徐下降,以防止试针撞弯,但结果以自由下落为准;在整个测试过程中试针沉入的位置至少要距离试模内壁 10 mm。每次测定不能让试针落入原针孔,每次测试完毕须将试针擦净并将试模放回湿气养护箱内,整个测试过程要防止试模振动。

注:使用能得出与标准中规定方法结果的自动测试仪器时,不必翻转试件。

3. 标准稠度用水量测定(代用法)

(1)标准稠度用水量的测定可用调整水量法和不变水量法两种方法中的任一种,如发生争议时,以调整水量法为准。采用调整水量法测定标准稠度用水量时,拌合水量应按经验确定加水量;采用不变水量法测定时,拌合水量为 142.5 mL,水量精确到 0.5 mL。

(2)试验前须检查项目:仪器金属棒应能自由滑动;试锥降至锥模顶面位置时,指针应对准标尺零点;搅拌机运转应正常等。

(3)水泥净浆拌制同上。

(4)拌和结束后。立即将拌好的净浆装入锥模内,用小刀插捣,振动数次后,刮去多余净浆,抹平后迅速放到试锥下面固定位置上。将试锥降至净浆表面处,拧紧螺丝 1~2 s 后,突然放松,让试锥垂直自由沉入净浆中,到试锥停止下沉或释放试锥 30 s 时记录试锥下沉深度。整个操作应在搅拌后 1.5 min 内完成。

(5)用调整水量法测定时,以试锥下沉深度 28 mm±2 mm 时的净浆为标准稠度净浆。其拌合水量为该水泥的标准稠度用水量(P),按水泥质量的百分比计。如下沉深度超出范围,须另称试样,调整水量,重新试验,直至达到 28 mm±2 mm 时为止。

(6)用不变水量法测定时,根据测得的试锥下沉深度 S(mm),按式(2-13-1)(或仪器上对应标尺)计算得到标准稠度用水量 $P(\%)$:

$$P=33.4-0.185S \tag{2-13-1}$$

当试锥下沉深度小于 13 mm 时,应改用调整水量法测定。

4. 安定性测定(标准法)

(1)每个试样需要两个试件,每个雷氏夹需配备质量 75~80 g 的玻璃板两块。凡与水泥净浆接触的玻璃板和雷氏夹表面都要稍稍涂上一层油。

(2)雷氏夹试件的制备方法。将预先准备好的雷氏夹放在已稍擦油的玻璃板上,并立刻将已制好的标准稠度净浆装满雷氏夹。装浆时一只手轻轻扶持雷氏夹,另一只手用宽约 10 mm 的小刀插捣数次然后抹平,盖上稍涂油的玻璃板,接着立刻将雷氏夹移至湿气养护箱内养护 24 h±2 h。

(3)沸煮。调整好沸煮箱内的水位,使之在整个沸煮过程中都能没过试件,不需中途添补试验用水,同时保证在 30 min±5 min 内水能沸腾。

脱去玻璃板取下试件,先测量雷氏夹指针尖端间的距离 A,精确至 0.5 mm,接着将试件放入水中箅板上,指针朝上,试件之间互不交叉,然后在 30 min±5 min 内加热水至沸腾,并恒沸 3 h±5 min。

(4)结果判别。沸煮结束后,即放掉箱中的热水,打开箱盖,待箱体冷却至室温,取出试件进行判别。

测量雷氏夹指针尖端间的距离 C,精确至 0.5 mm,当两个试件煮后增加距离($C-A$)的平均值不大于 5.0 mm 时,即认为该水泥安定性合格;当两个试件的($C-A$)值相差超过 4.0 mm 时,应用同一样品立即重做一次试验。再如此,则认为该水泥为安定性不合格。

5. 安定性测定(代用法)

(1)测定前的准备工作。每个样品需准备两块约 100 mm×100 mm 的玻璃板。凡与水泥净浆接触的玻璃板都要稍稍涂上一层隔离剂。

(2)试饼的成型方法。将制好的净浆取出一部分分成两等份,使之呈球形,放在预先准备好的玻璃板上,轻轻振动玻璃板并用湿布擦净的小刀由边缘向中央抹动,做成直径 70~80 mm、中心厚约 10 mm、边缘渐薄、表面光滑的试饼,接着将试饼放入湿气养护箱内养护 24 h±2 h。

(3)沸煮。调整好沸煮箱内的水位,使之在整个沸煮过程中都能没过试件,不需中途添补试验用水,同时保证水在 30 min±5 min 内能沸腾。

脱去玻璃板取下试件,先检查试饼是否完整(如已开裂、翘曲,要检查原因,确定无外因时,该试饼已属不合格品,不必沸煮),在试饼无缺陷的情况下将试饼放在沸煮箱的水中箅板上,然后在 30 min±5 min 内加热至水沸腾,并恒沸 3 h±5 min。

(4)结果判别。沸煮结束后,即放掉箱中的热水,打开箱盖,待箱体冷却至室温,取出试件进行判别。目测试饼未发现裂缝,用钢直尺检查也没有弯曲(使钢直尺和试饼底部紧靠,以两者间不透光为不弯曲)的试饼为安定性合格;反之,为不合格。当两个试饼判别结果有矛盾时,该水泥的安定性为不合格。

水泥安定性(标准法)记录表见表 2-13-1。

表 2-13-1 水泥安定性(标准法)记录表

试验日期			试验环境		
水泥品种			强度等级		
一、细度试验					
试样质量/g	筛余物质量 RS/g	筛余百分数测值 F/%	修正系数 C	修正后筛余百分数 Fc/%	筛余百分数测值 $F'c$/%
二、标准稠度用水量					
试验次数	水泥试样质量/g	拌合用水量/mL	试杆距底板距离/mm	标准稠度用水量/%	结果/%

续表

三、凝结时间试验					
起始时间	初凝状态时间	初凝时间/min	终凝状态时间	终凝时间/min	

四、安定性试验					
沸煮前针尖间距 A/mm	沸煮后针尖间距 C/mm	C-A 测值/mm	C-A 测定值/mm		

实训总结

实训十四　水泥胶砂强度试验

一、目的、适用范围

本方法规定水泥胶砂强度检验基准方法的仪器、材料、胶砂组成、试验条件、操作步骤和结果计算。

本方法适用于硅酸盐水泥、普通硅酸盐水泥、矿渣硅酸盐水泥、粉煤灰硅酸盐水泥、复合硅酸盐水泥、道路硅酸盐水泥以及石灰石硅酸盐水泥的抗折与抗压强度检验。采用其他水泥时必须研究本方法的适用性。

二、仪器设备

1. 胶砂搅拌机

胶砂搅拌机属行星式，其搅拌叶片和搅拌锅作相反方向的转动。叶片和锅由耐磨的金属材料制成，叶片与锅底、锅壁之间的间隙为叶片与锅壁最近的距离。制造质量应符合《行星式水泥胶砂搅拌机》(JC/T 681—2005)的规定。

2. 振实台

振实台应符合《水泥胶砂式体成型振实台》(JC/T 682—2005)的规定。由装有两个对称偏心轮的电动机产生振动，使用时固定于混凝土基座上。基座高约 400 mm，混凝土的体积约 $0.25\ m^3$，重约 600 kg。为防止外部振动影响振实效果，可在整个混凝土基座下放一层厚约 5 mm 天然橡胶弹性衬垫。

将仪器用地脚螺丝固定在基座上，安装后设备成水平状态，仪器底座与基座之间要铺一层砂浆以确保它们完全接触。

3. 代用振动台

使用该设备最终得到的 28 d 抗压强度与按 ISO 679 规定方法得到的强度之差在 5% 内为合格。使用代用振动台，其频率为 2 800～3 000 次/min，振动台为全波振幅 0.75 mm±0.02 mm，代用胶砂振动台应符合《水泥胶砂振动台》(JC/T 723—2005)和《水泥胶砂强度检验方法(ISO 法)》(GB/T 17671—1999)的相关要求。

4. 试模及下料漏斗

(1)试模为可装卸的三联模，由隔板、端板、底座等部分组成，制造质量应符合《水泥胶砂试模》(JC/T 726—2005)的规定。可同时成型三条截面为 40 mm×40 mm×160 mm 的棱形试件。

(2)下料漏斗由漏斗和模套两部分组成。漏斗用厚为 0.5 mm 的白铁皮制作，下料口宽度一般为 4～5 mm。模套高度为 20 mm，用金属材料制作。套模壁与模型内壁应重叠，超出内壁不应大于 1 mm。

5. 抗折试验机和抗折夹具

抗折试验机应符合《水泥胶砂电动抗折试验机》(JC/T 724—2005)中的要求，一般采用双杆式，也可采用性能符合要求的其他试验机。加荷与支撑圆柱必须用硬质钢材制造。通过三根圆柱轴的三个竖向平面应该平行，并在试验时继续保持平行和等距离垂直试件的方向，其中一根支撑圆柱能轻微地倾斜使圆柱与试件完全接触，以便荷载沿试件宽度方向均匀分布，同时不产生任何扭转应力。

6. 抗压试验机和抗压夹具

(1)抗压试验机的吨位以 200~300 kN 为宜。抗压试验机，在较大的 4/5 量程范围内使用时，记录的荷载应有±1%的精度，并具有按 2 400 N/s±200 N/s 速率的加荷能力，应具有一个能指示试件破坏时荷载的指示器。

压力机的活塞竖向轴应与压力机的竖向轴重合，而且活塞作用的合力要通过试件中心。压力机的下压板表面应与该机的轴线垂直并在加荷过程中一直保持不变。

(2)当试验机没有球座，或球座已不灵活或直径大于 120 mm 时，应采用抗压夹具，由硬质钢材制成，受压面积为 40 mm×40 mm，并应符合《40 mm×40 mm 水泥抗压夹具》(JC/T 683—2005)的规定。

7. 天平

感量为 1 g。

三、试验准备

(1)水泥试样从取样到试验要保持 24 h 以上时，应将其储存在基本装满和气密的容器中，这个容器不能和水泥反应。

(2)ISO 标准砂。各国生产的 ISO 标准砂都可以按本方法测定水泥强度。中国 ISO 标准砂符合 ISO 679 中相关要求，其质量控制按《水泥胶砂强度检验方法(ISO 法)》(GB/T 17671—1999)的相关规定进行。

(3)试验用水为饮用水。仲裁试验时用蒸馏水。

(4)温度与相对湿度。

1)试件成型实验室应保持实验室温度为 20 ℃±2 ℃(包括强度实验室)，相对湿度大于 50%。水泥试样、ISO 砂、拌合水及试模等的温度应与室温相同。

2)养护箱或雾室温度 20 ℃±1 ℃，相对湿度大于 90%，养护水的温度 20 ℃±1 ℃。

3)试件成型实验室的空气温度和相对湿度在工作期间每天应至少记录一次。养护箱或雾室温度和相对湿度至少每 4 h 记一次。

四、试验步骤

1. 试件成型

(1)成型前将模擦净，四周的模板与底座的接触面上应涂黄油，紧密装配，防止漏浆，内壁均匀地刷一薄层机油。

(2)水泥与 ISO 砂的质量比为 1∶3，水胶比为 0.5。

(3)每成型三条试件需称量的材料及用量为：水泥 450 g±2 g；ISO 砂 1 350 g±5 g；水 225 mL±1 mL。

(4)将水加入锅中，在加入水泥，把锅放在固定架上并上升至固定位置。然后立即开动机器，低速搅拌 30 s 后，在第二个 30 s 开始的同时均匀将砂子加入。砂子分级装时，应从最粗粒级开始，依次加入，再高速搅拌 30 s。

(5)用振实台成型时，将空试模和模套固定在振实台上，用适当的勺子直接从搅拌锅中将胶砂分为两层装入试模，装第一层时，每个槽里约放 300 g 砂浆，用大播料器垂直架在模套顶部，沿每个模槽来回一次将料层播平，接着振实 60 次。再装入第二层胶砂，用小播料器播平，再振实 60 次。移走模套，从振实台上取下试模，并用刮尺以 90°的角度架在试模顶的一端，沿试模长度方向以横向锯割动作慢慢向另一端移动，一次将超出试模的胶砂刮去。并用同一直尺在近乎水平的情况下将试件表面抹平。

(6)当用代用振动台成型时，在搅拌胶砂的同时将试模及下料漏斗卡紧在振动台台面中心。将搅拌好的全部胶砂均匀地装于下料漏斗中，开动振动台 120 s±5 s 后停车。振动完毕，取下试模，用刮平尺按第(5)条的方法刮去多余胶砂并抹平试件。

(7)在试模上做标记或加字条标明试件的编号和试件相对于振实台的位置。两个龄期以上的试件，编号时应将同一试模中的三条试件分在两个以上的龄期内。

(8)试验前或更换水泥品种时，须将搅拌锅、叶片和下料漏斗等抹擦干净。

2. 养护

(1)编号后，将试模放入养护箱养护，养护箱内算板必须水平。水平放置时刮平面应朝上。对于 24 h 龄期的，应在破型试验前 20 min 内脱模。对于 24 h 以上龄期的，应在成型后 20～24 h 内脱模。脱模时要非常小心，应防止试件损伤。硬化较慢的水泥允许延期脱模，但须记录脱模时间。

(2)试件脱模后即放入水槽中养护，试件之间间隙和试件上表面的水深不得小于 5 mm。每个养护池中只能养护同类水泥试件，并应随时加水，保持恒定水位，不允许养护期间全部换水。

(3)除 24 h 龄期或延迟 48 h 脱模的试件外，任何到龄期的试件应在试验(破型)前 15 min 从水中取出。抹去试件表面沉淀物，并用湿布覆盖。

3. 抗折强度试验

(1)各龄期(试件龄期从水泥加水搅拌开始算起)的试件应在下列时间内进行强度试验：

龄期	试验时间
24 h	24 h±15 min；
48 h	48 h±30 min；
72 h	72 h±45 min；
7 d	7 d±2 h；
23 d	28 d±8 h。

(2)以中心加荷法测定抗折强度。

(3)采用杠杆式抗折试验机试验时,试件放入前,应使杠杆成水平状态,将试件成型侧面朝上放入抗折试验机内。试件放入后调整夹具,使杠杆在试件折断时尽可能地接近水平位置。

(4)抗折试验加荷速度为 50 N/s±10 N/s,直至折断,并保持两个半截棱柱试件处于潮湿状态直至抗压试验。

(5)抗折强度按式(2-14-1)计算:

$$R_f = \frac{1.5 F_f \cdot L}{b^3} \qquad (2\text{-}14\text{-}1)$$

式中　R_f——抗折强度(MPa);
　　　F_f——破坏荷载(N);
　　　L——支撑圆柱中心距(mm);
　　　b——试件断面正方形的边长,为 40 mm。

抗折强度计算精确至 0.1 MPa。

(6)抗折强度结果取三个试件平均值,精确至 0.1 MPa。当三个强度值中有超过平均值±10%的,应剔除后再平均,以平均值作为抗折强度试验结果。

4. 抗压强度试验

(1)抗折试验后的断块应立即进行抗压试验。抗压试验须用抗压夹具进行,试件受压面为试件成型时的两个侧面,面积为 40 mm×40 mm。试验前应清除试件受压面与加压板间的砂粒或杂物。试件的底面靠紧夹具定位销,断块试件应对准抗压夹具中心,并使夹具对准压力机压板中心,半截棱柱体中心与压力机压板中心差应在±0.5 mm内,棱柱体露在压板外的分约为 10 mm。

(2)压力机速度应控制在 2 400 N/s±200 N/s 速率范围内,在接近破坏时更应严格掌握。

(3)抗压强度按式(2-14-2)计算:

$$R_c = \frac{F_c}{A} \qquad (2\text{-}14\text{-}2)$$

式中　R_c——抗压强度(MPa);
　　　F_c——破坏荷载(N);
　　　A——受压面积,40 mm×40 mm=1 600 mm²。

抗压强度计算值精确至 0.1 MPa。

(4)压强度结果为一组 6 个断块试件抗压强度的算术平均值,精确至 0.1 MPa,如果 6 个强度值中有一个值超过平均值±10%的,应剔除后以剩下的 5 个值的算术平均值作为最后结果。如果 5 个值中再有超过平均值±10%的,则此组试件无效。

水泥胶沙强度试验记录表见表 2-14-1。

表 2-14-1　水泥胶砂强度试验记录表

试验日期					时间		
试验条件					样品描述		
主要仪器							
养护条件					成型日期		
抗折强度	龄期/d	试验日期	试件尺寸/mm	破坏荷载/kN		抗折强度/MPa	抗折强度/MPa
	3						
	28						
抗压强度	龄期/d	试验日期	受压面积/mm²	破坏荷载/kN		抗压强度/MPa	抗压强度/MPa
	3						
	28						

实训十五　水泥混凝土拌合物的拌合与现场取样方法

一、目的和适用范围

本方法规定了在常温环境中室内水泥混凝土拌合物的拌合与现场取样方法。

轻质水泥混凝土、防水水泥混凝土、碾压水泥混凝土等其他特种水泥混凝土的拌合与观场取样方法，可以参照本方法进行，但因其特殊所引起的对试验设备及方法的特殊要求，均应遵照对这些水泥混凝土的有关技术规定进行。

二、仪具与材料

(1)搅拌机：自由式或强制式。

(2)振动台：标准振动台，符合《混凝土试验用振动台》(JG/T 245—2009)的要求。

(3)磅秤：感量满足称量总量1%的磅。

(4)天平：感量满足称量总量0.5%的天平。

(5)其他：铁板、铁铲等。

(6)所有材料均应符合有关要求，拌合前材料应放置在温度为20 ℃±5 ℃的室内。

(7)为防止粗集料的离析，可将集料按不同粒径分开，使用时再按一定比例混合，试样从抽取至试验完毕的过程中，不要风吹日晒，必要时应采取保护措施。

三、拌和步骤

(1)拌和时室温保持在20 ℃±5 ℃。

(2)拌合物的总量至少应比所需量高20%以上。拌制混凝土的材料用量应以质量计，称量的精确度：集料为±1%，水、水泥、掺合料和外加剂为±0.5%。

(3)粗集料、细集料均以干燥状态为基准，计算用水量时应扣除粗集料、细集料的含水量。

注：干燥状态是指含水量小于0.5%的细集料和含水量小于0.2%的粗集料。

(4)外加剂的加入。对于不溶于水或难溶于水且不含潮解型盐类，应先和一部分水泥拌和，以保证其充分分散；对于不溶于水或难溶于水但含潮解型盐类，应先和细集料拌和；对于水溶性或液体，应先和水拌和；其他特殊外加剂应遵守有关规定。

(5)拌制混凝土所用各种用具，如铁板、铁铲、抹刀等，应预先用水润湿，使用后必须清洗干净。

(6)使用搅拌机前,应先用少量砂浆进行涮膛,再刮出涮膛砂浆,以避免正式拌和混凝土时水泥砂浆黏附筒壁的损失。涮膛砂浆的水胶比及砂灰比,应与正式的混凝土配合比相同。

(7)用搅拌机拌和时,拌合量宜为搅拌机公称容量的1/4~3/4。

(8)搅拌机搅拌。按规定称好原材料,按顺序向搅拌机内加入粗集料、细集料、水泥。开动搅拌机,将材料拌和均匀,在拌和过程中徐徐加水,全部加料时间不宜超过2 min。全部加入后,继续拌和约2 min,然后将拌合物倾出在铁板上,再经人工翻拌1~2 min,务必使拌合物均匀一致。

(9)人工拌和。采用人工拌和时,先用湿布将铁板、铁铲润湿,再将称好的砂和水泥在铁板上拌匀加入粗集料,再混合搅拌均匀。而后将该拌合物收集成长堆,中心扒成长槽,将称好的水倒入约一半,将其与拌合物仔细拌匀,再将材料堆成长堆,扒成长槽,倒入剩余的水,继续进行拌和,至少来回翻拌6遍。

从试样制备完毕到开始做各项性能试验不宜超过5 min(不包括成型试件)。

(10)现场取样。

1)新混凝土现场取样。凡由搅拌机、料斗、运输小车以及浇制的构件中采取新拌混凝土代表性样品时,均须从三处以上的不同部位抽取大致相同分量且有代表性的样品(不要抽取已经离析的混凝土),集中用铁铲翻拌均匀,而后立即进行拌合物的试验。拌合物取样量应多于试验所需数量的1.5倍,其体积不少于20 L。

2)为取样具有代表性,宜采用多次采样的方法,最后集中用铁铲翻拌均匀。

3)从第一次取样到最后一次取样不宜超过15 mm。取回的混凝土拌合物经过人工再次翻拌均匀,而后进行试验。

实训十六　水泥混凝土拌合物稠度试验（坍落度仪法）

一、目的、适用范围和引用标准

本方法规定了采用坍落度仪测定水泥混凝土拌合物稠度的方法和步骤。

本方法适用于坍落度大于 10 mm，集料公称最大粒径不大于 31.5 mm 的水泥混凝土的坍落度测定。

二、仪器设备

(1)坍落筒：符合《混凝土坍落度仪》(JG/T 248—2009)中有关技术要求。坍落筒为铁板制成的截头圆锥筒，厚度不小于 1.5 mm，内侧平滑，没有铆钉头之类的突出物，在筒上方约 2/3 高度处有两个把手，近下端两侧焊有两个踏脚板，保证坍落筒可以稳定操作。

(2)捣棒：符合《混凝土坍落度仪》(JG/T 248—2009)中有关技术要求，直径为 16 mm，长约 600 mm 并具有半球形端头的钢质圆棒。

(3)其他：小铲、木尺、小钢尺、馒刀和钢平板等。

三、试验步骤

(1)试验前将坍落筒内外洗净，放在经水润湿过的平板上(平板吸水时应垫以塑料布)，踏紧踏脚板。

(2)将代表样分三层装入筒内，每层装入高度稍大于筒高的 1/3，用捣棒在每一层的横截面上均匀插捣 25 次。插捣在全部面积上进行，沿螺旋线由边缘至中心，插捣底层时插至底部，插捣其他两层时，应插透本层并插入下层 20～30 mm，插捣须垂直压下(边缘部分除外)，不得冲击。在插捣顶层时，装入的混凝土应高出坍落筒口，随插捣过程随时添加拌合物。当顶层插捣完毕后，将捣棒用锯和滚的动作，清除掉多余的混凝土，用馒刀抹平筒口，刮净筒底周围的拌合物。而后立即垂直地提起坍落筒，提筒在 5～10 s 内完成，并使混凝土不受横向及扭力作用。从开始装料到提出坍落度筒整个过程应在 150 s 内完成。

(3)将坍落筒放在锥体混凝土试样一旁，筒顶平放木尺，用小钢尺量出木尺底面至试样顶面最高点的垂直距离，即为该混凝土拌合物的坍落度，精确至 1 mm。

(4)当混凝土试件的一侧发生崩坍或一边剪切破坏，则应重新取样另测。如果第二次仍发生上述情况，则表示该混凝土和易性不好，应做好记录。

(5)当混凝土拌合物的坍落度大于 220 mm 时，用钢尺测量混凝土扩展后最终的最大直径和最小直径，在这两个直径之差小于 50 mm 的条件下，用其算术平均值作为坍落扩展度值；否则，此次试验无效。

(6)坍落度试验的同时，可用目测方法评定混凝土拌合物的下列性质，并予记录：

1)棍度：按插捣混凝土拌合物时的难易程度评定，可分为"上""中""下"三级。

"上"：表示插捣容易；

"中"：表示插捣时稍有石子阻滞的感觉；

"下"：表示很难插捣。

2)含砂情况：按拌合物外观含砂多少而评定，可分为"多""中""少"三级。

"多"：表示用馒刀抹拌合物表面时，一两次即可使拌合物表面平整、无蜂窝；

"中"：表示抹五、六次才可使表面平整、无蜂窝；

"少"：表示抹面困难，不易抹平，有空隙及石子外露等现象。

3)黏聚性：观测拌合物各组分相互黏聚情况。评定方法是用捣棒在已坍落的混凝土锥体侧面轻打，如锥体在轻打后逐渐下沉，表示黏聚性良好；如锥体突然倒坍、部分崩裂或发生石子离析现象，即表示黏聚性不好。

4)保水性：指水分从拌合物中析出情况，可分为"多量""少量""无"三级评定。

"多量"：表示提起坍落筒后，有较多水分从底部析出；

"少量"：表示提起坍落筒后，有少量水分从底部析出；

"无"：表示提起坍落筒后，没有水分从底部析出。

四、试验结果

混凝土拌合物坍落度和坍落扩展度值以毫米(mm)为单位，测量精确至 1 mm，结果修约至最接近的 5 mm。

水泥混凝土拌合物坍塌落度试验检测记录表见表 2-16-1。

表 2-16-1　水泥混凝土拌合物坍落度试验检测记录表

试验日期				试件		
试验条件				搅拌方式		
主要仪器						
试 拌				调整后拌和		
试拌数量		m³		重拌数量		m³
水泥用量		kg		水泥用量		kg
砂用量		kg		砂用量		kg
石子用量		kg		石子用量		kg
计算用水量		kg		实际用水量		kg
实测坍落度		mm		重测坍落度		mm
和易性观察	含砂情况			和易性观察	含砂情况	
	粘聚性				粘聚性	
	保水性				保水性	
	棍度				棍度	
备注	砂率按多、中、少评定；粘聚性按良好、不好评定；保水性按多量、少量、无评定。					

实训十七　水泥混凝土立方体抗压强度试验

一、目的、适用范围和引用标准

本方法规定了测定水泥混凝土抗压极限强度的方法和步骤。本方法可用于确定水泥混凝土的强度等级,作为评定水泥混凝土品质的主要指标。

本方法适用于各类水泥混凝土立方体试件的极限抗压强度试验。

二、仪器设备

(1)压力机或万能试验机。

(2)球座。

(3)混凝土强度等级大于等于 C60 时,试验机上、下压板之间应各垫一钢垫板,平面尺寸应不小于试件的承压面,其厚度至少为 25 mm。钢垫板应机械加工,其平面度允许偏差±0.04 mm;表面硬度大于等于 55 HRC;硬化层厚度约为 5 mm。试件周围应设置防崩裂网罩。

三、试件制备和养护

(1)试件制备和养护应符合《公路工程水泥及水泥混凝土试验规程》(JTG E30—2005)中相关规定。

(2)混凝土抗压强度试件尺寸符合《公路工程水泥及水泥混凝土试验规程》(JTG E30—2005)中表 T 0551-1 规定。

(3)集料公称最大粒径符合《公路工程水泥及水泥混凝土试验规程》(JTG E30—2005)中表 T 0551-1 规定。

(4)混凝土抗压强度试件应同龄期者为一组,每组为 3 个同条件制作和养护的混凝土试块。

四、试验步骤

(1)至试验龄期时,自养护室取出试件,应尽快试验,避免其湿度变化。

(2)取出试件,检查其尺寸及形状,相对两面应平行。量出棱边长度,精确至 1 mm。试件受力截面面积按其与压力机上、下接触面的平均值计算。在破型前,保持试件原有湿度,在试验时擦干试件。

(3)以成型时侧面为上下受压面,试件中心应与压力机几何对中。

(4)强度等级小于 C30 的混凝土取 0.3~0.5 MPa/s 的加荷速度;强度等级大于 C30 小

于C60时，则取0.5～0.8 MPa/s的加荷速度；强度等级大迅速变形时，应停止调整试验机油门，直至试件破坏，记下破坏极限荷载F(N)。

五、试验结果

(1)混凝土立方体试件抗压强度按式(2-17-1)计算：

$$f_{cu} = \frac{F}{A} \tag{2-17-1}$$

式中　f_{cu}——混凝土立方体抗压强度(MPa)；
　　　F——极限荷载(N)；
　　　A——受压面积(mm^2)。

(2)以3个试件测值的算术平均值为测定值，计算精确至0.1 MPa。三个测值中的最大值或最小值中如有一个与中间值之差超过中间值的15%，则取中间值为测定值；如最大值和最小值与中间值之差均超过中间值的15%，则该组试验结果无效。

(3)混凝土强度等级小于C60时，非标准试件的抗压强度应乘以尺寸换算系数(表2-17-1)，并应在报告中注明。混凝土强度等级大于等于C60时，宜用标准试件。使用非标准试件时，换算系数由试验确定。

表2-17-1　立方体抗压强度尺寸换算系数

试件尺寸/(mm×mm×mm)	尺寸换算系数	试件尺寸/(mm×mm×mm)	尺寸换算系数
100×100×100	0.95	200×200×200	1.05

六、填写试验记录表

水泥混凝土抗压强度试验记录表见表2-17-2。

表2-17-2　水泥混凝土抗压强度试验记录表

试验日期		时间	
试验条件		搅拌方式	
主要仪器			
龄期/d	受压面积/cm^2	破坏荷载/kN	强度值/MPa
实训总结			

实训十八　沥青取样法

一、目的与适用范围

（1）本方法适用于在生产厂、储存或交货验收地点为检查沥青产品质量而采集各种沥青材料的样品。

（2）进行沥青性质常规检验的取样数量为：黏稠沥青或固体沥青不少于 4.0 kg；液体沥青不少于 1 L；沥青乳液不少于 4 L。

进行沥青性质非常规检验及沥青混合料性质试验所需的沥青数量，应根据实际需要确定。

二、仪具与材料

（1）盛样器：根据沥青的品种选择。液体或黏稠沥青采用广口、密封带盖的金属容器（如锅、桶等）；乳化沥青也可使用广口、带盖的聚氯乙烯塑料桶；固体沥青可用塑料袋，但需有外包装，以便携运。

（2）沥青取样器：金属制、带塞、塞上有金属长柄提手。

三、方法与步骤

1. 准备工作

检查取样和盛样器是否干净、干燥，盖子是否配合严密。使用过的取样器或金属桶等盛样容器必须洗净、干燥后才可使用。对供质量仲裁用的沥青试样，应采用未使用过的新容器存放，且由供需双方人员共同取样，取样后双方在密封条上签字盖章。

2. 试验步骤

（1）从储油罐中取样。

1）无搅拌设备的储罐。

①液体沥青或经加热已经变成流体的黏稠沥青取样时，应先关闭进油阀和出油阀，然后取样。

②用取样器按液面上、中、下位置（液面高各为 1/3 等分处，但距罐底不得低于总液面高度的 1/6）各取 1~4 L 样品。每层取样后，取样器应尽可能倒净。当储罐过深时，亦可在流出口按不同流出深度分 3 次取样。对静态存取的沥青，不得仅从罐顶用小桶取样，也不得仅从罐底阀门流出少量沥青取样。

③将取出的 3 个样品充分混合后取 4 kg 样品作为试样，样品也可分别进行检验。

2）有搅拌设备的储罐。将液体沥青或经加热已经变成流体的黏稠沥青充分搅拌后，用取样器从沥青层的中部取规定数量试样。

(2)从槽车、罐车、沥青洒布车中取样。

1)设有取样阀时,可旋开取样阀,待流出至少 4 kg 或 4 L 后再取样。

2)仅有放料阀时,待放出全部沥青的 1/2 时取样。

3)从顶盖处取样时,可用取样器从中部取样。

(3)在装料或卸料过程中取样。在装料或卸料过程中取样时,要按时间间隔均匀地取至少 3 个规定数量样品,然后将这些样品充分混合后取规定数量样品作为试样,样品也可分别进行检验。

(4)从沥青储存池中取样。沥青储存池中的沥青应待加热熔化后,经管道或沥青泵流至沥青加热锅之后取样。分间隔每锅至少取 3 个样品,然后将这些样品充分混匀后再取 4.0 kg 作为试样,样品也可分别进行检验。

(5)从沥青运输船中取样。沥青运输船到港后,应分别从每个沥青舱取样,每个舱从不同的部位取 3 个 4 kg 的样品,混合在一起,将这些样品充分混合后再从中取出 4 kg,作为一个舱的沥青样品供检验用。在卸油过程中取样时,应根据卸油量,大体均匀地分间隔 3 次从卸油口或管道途中的取样口取样,然后混合作为一个样品供检验用。

(6)从沥青桶中取样。

1)当能确认是同一批生产的产品时,可随机取样。当不能确认是同一批生产的产品时,应根据桶数按照表 2-18-1 规定或按总桶数的立方根数随机选取沥青桶数。

表 2-18-1 沥青桶取样数量

沥青桶总数	选取桶数	沥青桶总数	选取桶数
2～8	2	217～343	7
9～27	3	344～512	8
28～64	4	513～729	9
65～125	5	730～1 000	10
126～216	6	1 001～1 331	11

2)将沥青桶加热使桶中沥青全部熔化成流体后,按罐车取样方法取样。每个样品的数量,以充分混合后能满足供检验用样品的规定数量不少于 4.0 kg 要求为限。

3)当沥青桶不便加热熔化沥青时,可在桶高的中部将桶凿开取样,但样品应在距桶壁 5 cm 以上的内部凿取,并采取措施防止样品散落地面沾有尘土。

(7)固体沥青取样。从桶、袋、箱装或散装整块中取样时,应在表面以下及容器侧面以内至少 5 cm 处采取。如沥青能够打碎,可用一个干净的工具将沥青打碎后取中间部分试样;若沥青是软塑的,则用一个干净的热工具切割取样。

当能确认是同一批生产的样品时,应随机取出一件按本条的规定取 4 kg 供检验用。

(8)在验收地点取样。当沥青到达验收地点卸货时,应尽快取样。所取样品为两份:一份样品用于验收试验;另一份样品留存备查。

3. 样品的保护与存放

(1)除液体沥青、乳化沥青外，所有需加热的沥青试样必须存放在密封带盖的金属容器中，严禁灌入纸袋、塑料袋中存放。试样应存放在阴凉干净处，注意防止试样污染。装有试样的盛样器加盖、密封好并擦拭干净后，应在盛样器上(不得在盖上)标出识别标记，如试样来源、品种、取样日期、地点及取样人。

(2)冬季乳化沥青试样应注意采取妥善防冻措施。

(3)除试样的一部分用于检验外，其余试样应妥善保存备用。

(4)试样需加热采取时，应一次取够一批试验所需的数量装入另一盛样器，其余试样密封保存，应尽量减少重复加热取样。用于质量仲裁检验的样品，重复加热的次数不得超过两次。

实训十九　沥青试样准备方法

一、目的与适用范围

(1)本方法规定了按《公路工程沥青及沥青混合料试验规程》(JTG E20—2011)T 0601 取样的沥青试样在试验前的试样准备方法。

(2)本方法适用于黏稠道路石油沥青、煤沥青、聚合物改性沥青等需要加热后才能进行试验的沥青试样，按此法准备的沥青供立即在试验室进行的各项试验使用。

(3)本方法也适用于对乳化沥青试样进行各项性能测试。每个样品的数量根据需要决定，常规测定不宜少于 600 g。

二、仪具与材料

(1)烘箱：200 ℃，装有温度控制调节器。

(2)加热炉具：电炉或燃气炉(丙烷石油气、天然气)。

(3)石棉垫：不小于炉具上面积。

(4)滤筛：筛孔孔径 0.6 mm。

(5)沥青盛样器皿：金属锅或瓷坩埚。

(6)烧杯：1 000 mL。

(7)温度计：量程 0 ℃~100 ℃ 及 200 ℃，分度值 0.1 ℃。

(8)天平：称量 2 000 g，感量不大于 1 g；称量 100 g，感量不大于 0.1 g。

(9)其他：玻璃棒、溶剂、棉纱等。

三、方法与步骤

1. 热沥青试样制备

(1)将装有试样的盛样器带盖放入恒温烘箱中，当石油沥青试样中含有水分时，烘箱温度为 80 ℃ 左右，加热至沥青全部熔化后供脱水用。当石油沥青中无水分时，烘箱温度宜为软化点温度以上 90 ℃，通常为 135 ℃ 左右。对取来的沥青试样不得直接采用电炉或燃气炉明火加热。

(2)当石油沥青试样中含有水分时，将盛样器皿放在可控温的砂浴、油浴、电热套上加热脱水，不得已采用电炉、燃气炉加热脱水时必须加放石棉垫。加热时间不超过 30 min，并用玻璃棒轻轻搅拌，防止局部过热。在沥青温度不超过 100 ℃ 的条件下，仔细脱水至无泡沫为止，最后的加热温度不宜超过软化点以上 100 ℃(石油沥青)或 50 ℃(煤沥青)。

(3)将盛样器中的沥青通过 0.6 mm 的滤筛过滤，不等冷却立即一次灌入各项试验的模具中。当温度下降太多时,宜适当加热再灌模。根据需要也可将试样分装入擦拭干净并干燥的一个或数个沥青盛样器皿中,数量应满足一批试验项目所需的沥青样品。

(4)在沥青灌模过程中,如温度下降可放入烘箱中适当加热,试样冷却后反复加热的次数不得超过两次,以防沥青老化影响试验结果。为避免混进气泡,在沥青灌模时不得反复搅动沥青。

(5)灌模剩余的沥青应立即清洗干净,不得重复使用。

2. 乳化沥青试样制备

(1)将按《公路工程沥青及沥青混合料试验规程》(JTG E20—2011)取有乳化沥青的盛样器适当晃动,使试样上下均匀。试样数量较少时,宜将盛样器上下倒置数次,使上下均匀。

(2)将试样倒出要求数量,装入盛样器皿或烧杯中,供试验使用。

(3)当乳化沥青在试验室自行配制时,可按下列步骤进行:

1)按上述方法准备热沥青试样。

2)根据所需制备的沥青乳液质量及沥青、乳化剂、水的比例计算各种材料的数量。

①沥青用量按式(2-19-1)计算。

$$m_b = m_E \times P_b \tag{2-19-1}$$

式中 m_b——所需的沥青质量(g);

m_E——乳液总质量(g);

P_b——乳液中沥青含量(%)。

②乳化剂用量按式(2-19-2)计算。

$$m_e = m_E \times \frac{P_E}{P_e} \tag{2-19-2}$$

式中 m_e——乳化剂用量(g);

P_E——乳液中乳化剂的含量(g);

P_e——乳化剂浓度(乳化剂中有效成分含量)(%)。

③水的用量按式(2-19-3)计算。

$$m_W = m_E - m_E \times P_b \tag{2-19-3}$$

式中 m_W——配制乳液所需水的质量。

3)称取所需质量的乳化剂放入1 000 mL烧杯中。

4)向盛有乳化剂的烧杯中加入所需的水(扣除乳化剂中所含水的质量)。

5)将烧杯放到电炉上加热并不断搅拌,直到乳化剂完全溶解,当需调节pH值时可加入适量的外加剂,将溶液加热到40 ℃~60 ℃。

6)在容器中称取准备好的沥青并加热到120 ℃~150 ℃。

7)开动乳化机,用热水先把乳化机预热几分钟,然后将热水排净。

8)将预热的乳化剂倒入乳化机中,随即将预热的沥青徐徐倒入,待全部沥青乳液在机中循环1 min后放出,进行各项试验或密封保存。

注:在倒入乳化沥青过程中,需随时观察乳化情况。如出现异常,应立即停止倒入乳化沥青,并将乳化机中的沥青乳化剂混合液放出。

实训二十　沥青针入度试验

一、目的与适用范围

本方法适用于测定道路石油沥青、聚合物改性沥青针入度以及液体石油沥青蒸馏或乳化沥青蒸发后残留物的针入度，以 0.1 mm 计。其标准试验条件为 25 ℃，质量为 100 g，贯入时间为 5 s。

二、仪具与材料

(1)针入度仪：为提高测试精度，针入度试验宜采用能够自动计时的针入度仪进行测定，要求针和针连杆必须在无明显摩擦下垂直运动，针的贯入深度必须准确至 0.1 mm。针和针连杆组合件总质量为 50 g ± 0.05 g，另附 50 g ± 0.05 g 砝码一只，试验时总质量为 100 g ± 0.05 g。仪器应有放置平底玻璃保温皿的平台，并有调节水平的装置，针连杆应与平台相垂直。应有针连杆制动按钮，使针连杆可自由下落。针连杆应易于装拆，以便检查其质量。仪器还设有可自由转动与调节距离的悬臂，其端部有一面小镜或聚光灯泡，借以观察针尖与试样表面接触情况。且应对自动装置的准确性经常校验。当采用其他试验条件时，应在试验结果中注明。

沥青针入度

(2)标准针：由硬化回火的不锈钢制成，洛氏硬度 HRC54~60，表面粗糙度 $Ra0.2$~$0.3~\mu m$，针及针杆总质量 2.5 g ± 0.05 g。针杆上应打印有号码标志。针应设有固定用装置盒(筒)，以免碰撞针尖，每根针必须附有计量部门的检验单，并定期进行检验。

(3)盛样皿：金属制，圆柱形平底。小盛样皿的内径 55 mm，深 35 mm(适用于针入度小于 200 的试样)；大盛样皿内径 70 mm，深 45 mm(适用于针入度为 200~350 的试样)；对针入度大于 350 的试样需使用特殊盛样皿，其深度不小于 60 mm，容积不少于 125 mL。

(4)恒温水槽：容量不少于 10 L，控温的准确度为 0.1 ℃。水槽中应设有一带孔的搁架，位于水面下不得少于 100 mm，距离水槽底不得少于 50 mm 处。

(5)平底玻璃皿：容量不小于 1 L，深度不小于 80 mm。内设有一不锈钢三脚支架，能使盛样皿稳定。

(6)温度计或温度传感器：精度为 0.1 ℃。

(7)计时器：精度为 0.1 s。

(8)位移计或位移传感器：精度为 0.1 mm。

(9)盛样皿盖：平板玻璃，直径不小于盛样皿开口尺寸。

(10)溶剂：三氯乙烯等。

(11)其他:电炉或砂浴、石棉网、金属锅或瓷把坩埚等。

三、方法与步骤

1．准备工作

(1)按《公路工程沥青及沥青混合料试验规程》(JTG E20—2011)准备试样。

(2)按试验要求将恒温水槽调节到要求的试验温度,试验温度为25 ℃,或15 ℃、30 ℃ (5 ℃),并保持稳定。

(3)将试样注入盛样皿中,试样高度应超过预计针入度值10 mm,并盖上盛样皿,以防落入灰尘。盛有试样的盛样皿在15 ℃~30 ℃室温中冷却不少于1.5 h(小盛样皿)、2 h(大盛样皿)或3 h(特殊盛样皿)后,应移入保持规定试验温度±0.1 ℃的恒温水槽中,并应保温不少于1.5 h(小盛样皿)、2 h(大试样皿)或2.5 h(特殊盛样皿)。

(4)调整针入度仪使之水平。检查针连杆和导轨,以确认无水和其他外来物,无明显摩擦。用三氯乙烯或其他溶剂清洗标准针,并擦干。将标准针插入针连杆,用螺钉固紧。按试验条件加上附加砝码。

2. 试验步骤

(1)取出达到恒温的盛样皿,并移入水温控制在试验温度±0.1 ℃(可用恒温水槽中的水)的平底玻璃皿中的三脚支架上,试样表面以上的水层深度不小于10 mm。

(2)将盛有试样的平底玻璃皿置于针入度仪的平台上。慢慢放下针连杆,用适当位置的反光镜或灯光反射观察,使针尖恰好与试样表面接触,将位移计或刻度盘指针归零。

(3)开始试验,按下释放键,这时计时与标准针落下贯入试样同时开始,至5 s时自动停止。

(4)读取位移计或刻度盘指针的读数,准确至0.1 mm。

(5)同一试样平行试验至少3次,各测试点之间及与盛样皿边缘的距离不应小于10 mm。每次试验后应将盛有盛样皿的平底玻璃皿放入恒温水槽,使平底玻璃皿中水温保持试验温度。每次试验应换一根干净标准针或将标准针取下用蘸有三氯乙烯溶剂的棉花或布揩净,再用干棉花或布擦干。

(6)测定针入度大于200的沥青试样时,至少用3支标准针,每次试验后将针留在试样中,直至3次平行试验完成后,才能将标准针取出。

四、计算

同一试样3次平行试验结果的最大值和最小值之差在下列允许误差范围内时,计算3次试验结果的平均值,取整数作为针入度试验结果,以0.1 mm计。

针入度(0.1 mm)	允许误差(0.1 mm)
0~49	2
50~14	4
150~249	12
250~500	20

当试验值不符合要求时,应重新进行试验。

五、允许误差

(1) 当试验结果小于 50(0.1 mm)时,重复性试验的允许误差为 2(0.1 mm),再现性试验的允许误差为 4(0.1 mm)。

(2) 当试验结果大于或等于 50(0.1 mm)时,重复性试验的允许误差为平均值的 4%,再现性试验的允许误差为平均值的 8%。

实训二十一　沥青软化点试验

一、目的与适用范围

本方法适用于测定道路石油沥青、聚合物改性沥青的软化点，也适用于测定液体石油沥青、煤沥青蒸馏残留物或乳化沥青蒸发残留物的软化点。

二、仪具与材料技术要求

(1)软化点试验仪：由下列部件组成：

1)钢球：直径 9.53 mm，质量 3.5 g±0.05 g。

2)试样环：黄铜或不锈钢等制成。

3)钢球定位环：黄铜或不锈钢制成。

4)金属支架：由两个主杆和三层平行的金属板组成。上层为一圆盘，直径略大于烧杯直径，中间有一圆孔，用以插放温度计。板上有两个孔，分别放置金属环，中间有一小孔可支持温度计的测温端部。一侧立杆距环上面 51 mm 处刻有水高标记。环下面距下层底板为 25.4 mm，而下底板距烧杯底不小于 12.7 mm，也不得大于 19 mm。三层金属板和两个主杆由两螺母固定在一起。

5)耐热玻璃烧杯：容量 800～1 000 mL，直径不小于 86 mm，高不小于 120 mm。

6)温度计：量程 0 ℃～100 ℃，分度值 0.5 ℃。

(2)装有温度调节器的电炉或其他加热炉具(液化石油气、天然气等)。应采用带有振荡搅拌器的加热电炉，振荡子置于烧杯底部。

(3)当采用自动软化点仪时，各项要求应与上述(1)、(2)项相同，温度采用温度传感器测定。并能自动显示或记录，且应对自动装置的准确性经常校验。

(4)试样底板：金属板(表面粗糙度应达 $Ra0.8\ \mu m$)或玻璃板。

(5)恒温水槽：控温的准确度为±0.5 ℃。

(6)平直刮刀。

(7)甘油、滑石粉隔离剂(甘油与滑石粉的质量比为 2∶1)。

(8)蒸馏水或纯净水。

(9)其他：石棉网。

三、试验步骤

1. 准备工作

(1)将试样环置于涂有甘油滑石粉隔离剂的试样底板上。按《公路工程沥青及沥青混合料试验规程》(JTG E20—2011)T 0602 规定的方法将准备好的沥青试样徐徐注入试样环内，直至略高出环面为止。

如估计试样软化点高于120 ℃，则试样环和试样底板(不用玻璃板)均应预热至80 ℃~100 ℃。

(2)试样在室温冷却30 min 后，用热刮刀刮除环面上的试样，应使其与环面齐平。

2. 试验步骤

(1)试样软化点在80 ℃以下者：

1)将装有试样的试样环连同试样底板置于装有5 ℃±0.5 ℃水的恒温水槽中至少15 min；同时将金属支架、钢球、钢球定位环等也置于相同水槽中。

2)烧杯内注入新煮沸并冷却至5 ℃的蒸馏水或纯净水，水面略低于立杆上的深度标记。

3)从恒温水槽中取出盛有试样的试样环放置在支架中层板的圆孔中，套上定位环；然后将整个环架放入烧杯中，调整水面至深度标记，并保持水温为5 ℃±0.5 ℃。环架上任何部分不得附有气泡。将0 ℃~100 ℃的温度计由上层板中心孔垂直插入，使端部测温头底部与试样环下面齐平。

4)将盛有水和环架的烧杯移至放有石棉网的加热炉具上，然后将钢球放在定位环中间的试样中央，立即开动电磁振荡搅拌器，使水微微振荡，并开始加热，使杯中水温在3 min 内调节至维持每分钟上升5 ℃±0.5 ℃。在加热过程中，应记录每分钟上升的温度值，如温度上升速度超出此范围，则试验应重做。

5)试样受热软化逐渐下坠，至与下层底板表面接触时，立即读取温度，精确至0.5 ℃。

(2)试样软化点在80 ℃以上者：

1)将装有试样的试样环连同试样底板置于装有32 ℃±1 ℃甘油的恒温槽中至少15 min；同时将金属支架、钢球、钢球定位环等也置于甘油中。

2)在烧杯内注入预先加热至32 ℃的甘油，其液面略低于立杆上的深度标记。

3)从恒温槽中取出装有试样的试样环，按上述(1)的方法进行测定，精确至1 ℃。

四、报告

同一试样平行试验两次，当两次测定值的差值符合重复性试验允许误差要求时，取其平均值作为软化点试验结果，精确至0.5 ℃。

五、允许误差

(1)当试样软化点小于80 ℃时，重复性试验的允许误差为1 ℃，再现性试验的允许误差为4 ℃。

(2)当试样软化点大于或等于80 ℃时，重复性试验的允许误差为2 ℃，再现性试验的允许误差为8 ℃。

实训二十二 沥青延度试验

一、目的与适用范围

本方法适用于测定道路石油沥青、聚合物改性沥青、液体石油沥青蒸馏残留物和乳化沥青蒸发残留物等材料的延度。

沥青延度的试验温度与拉伸速率可根据要求采用,通常采用的试验温度为 25 ℃、15 ℃、10 ℃或 5 ℃,拉伸速度为 5 cm/min±0.25 cm/min。当低温采用 1 cm/min±0.5 cm/min拉伸速度时,应在报告中注明。

二、仪具与材料技术要求

(1)延度仪:延度仪的测量长度不宜大于 150 cm,仪器应有自动控温、控速系统。应满足试件浸没于水中,能保持规定的试验温度及规定的拉伸速度拉伸试件,且试验时应无明显振动。

(2)试模:黄铜制,由两个端模和两个侧模组成,试模内侧表面粗糙度 $Ra0.2~\mu m$。

(3)试模底板:玻璃板或磨光的铜板、不锈钢钢板(表面粗糙度 $Ra0.2~\mu m$)。

(4)恒温水槽:容量不少于 10 L,控制温度的准确度为 0.1 ℃。水槽中应设有带孔搁架,搁架距水槽底不得小于 50 mm。试件浸入水中深度不小于 100 mm。

(5)温度计:量程 0 ℃~50 ℃,分度值 0.1 ℃。

(6)砂浴或其他加热炉具。

(7)甘油滑石粉隔离剂(甘油与滑石粉的质量比 2∶1)。

(8)其他:平刮刀、石棉网、酒精、食盐等。

三、试验步骤

1. 准备工作

(1)将隔离剂拌和均匀,涂于清洁干燥的试模底板和两个侧模的内侧表面,并将试模在试模底板上装妥。

(2)按《公路工程沥青及沥青混合料试验规程》(JTG E20—2011)T0602 规定的方法准备试样,然后将试样仔细自试模的一端至另一端往返数次缓缓注入模中,最后略高出试模。灌模时不得使气泡混入。

(3)试件在室温中冷却不少于 1.5 h,然后用热刮刀刮除高出试模的沥青,使沥青面与试模面齐平。沥青的刮法应自试模的中间刮向两端,且表面应刮得平滑。将试模连同底板再放入规定试验温度的水槽中保温 1.5 h。

(4)检查延度仪延伸速度是否符合规定要求,然后移动滑板使其指针正对准标尺的零点。将延度仪注水,并保温达到试验温度±0.1 ℃。

2. 试验步骤

(1)将保温后的试件连同底板移入延度仪的水槽中,然后将盛有试样的试模自玻璃板或不锈钢钢板上取下,将试模两端的孔分别套在滑板及槽端固定板的金属柱上,并取下侧模。水面距试件表面应不小于25 mm。

(2)开动延度仪,并注意观察试样的延伸情况。此时应注意,在试验过程中,水温应始终保持在试验温度规定的范围内,且仪器不得有振动,水面不得有晃动,当水槽采用循环水时,应暂时中断循环,停止水流。在试验中,当发现沥青细丝浮于水面或沉入槽底时,应在水中加入酒精或食盐,调整水的密度至与试样相近后,重新试验。

(3)试件拉断时,读取指针所指标尺上的读数,以"cm"计。在正常情况下,试件延伸时应成锥尖状,拉断时实际断面接近于零。如不能得到这种结果,则应在报告中注明。

四、报告

同一样品,每次平行试验不少于3个,如3个测定结果均大于100 cm,试验结果记作">100 cm";特殊需要也可分别记录实测值。在3个测定结果中,当有一个以上的测定值小于100 cm时,若最大值或最小值与平均值之差满足重复性试验要求,则取3个测定结果的平均值的整数作为延度试验结果,若平均值大于100 cm,应记作">100 cm";若最大值或最小值与平均值之差不符合重复性试验要求时,应重新进行试验。

五、允许误差

当试验结果小于100 cm时,重复性试验的允许误差为平均值的20%,再现性试验的允许误差为平均值的30%。

沥青三大指标测定试验记录表,见表2-22-1。

表2-22-1 沥青三大指标测定记录表

试验日期								时间		
试验条件								搅拌方式		
主要仪器										
针入度试验	试验温度									
	试验次数									
	针入度值(0.1 mm)									
	平均针入度值(0.1 mm)									
延度试验	试验温度	延伸速度	延度值							
			1		2		3		平均值	

续表

软化点试验	试验温度	烧杯中液体温度上升记录																测值	平均值
		每分钟上升温度值	起始温度	1分钟	2分钟	3分钟	4分钟	5分钟	6分钟	7分钟	8分钟	9分钟	10分钟	11分钟	12分钟	13分钟	14分钟	15分钟		

实训二十三 沥青混合料试件制作

一、目的与适用范围

本方法适用于采用标准击实法或大型击实法制作沥青混合料试件，以供试验室进行沥青混合料物理力学性质试验使用。

标准击实法适用于标准马歇尔试验、间接抗拉试验（劈裂法）等所使用的 $\phi 101.6 \text{ mm} \times 63.5 \text{ mm}$ 圆柱体试件的成型。大型击实法适用于大型马歇尔试验和 $\phi 152.4 \text{ mm} \times 95.3 \text{ mm}$ 大型圆柱体试件的成型。

沥青混合料试件制作时的条件及试件数量应符合下列规定：

(1)当集料公称最大粒径小于或等于 26.5 mm 时，采用标准击实法。一组试件的数量不少于 4 个。

(2)当集料公称最大粒径大于 26.5 mm 时，宜采用大型击实法。一组试件数量不少于 6 个。

二、仪具与材料技术要求

(1)自动击实仪：击实仪应具有自动记数、控制仪表、按钮设置、复位及暂停等功能。按其用途分为以下两种：

1)标准击实仪：由击实锤、$\phi 98.5 \text{ mm} \pm 0.5 \text{ mm}$ 平圆形压实头及带手柄的导向棒组成。用机械将击实锤提升，至 457.2 mm±1.5 mm 高度沿导向棒自由落下连续击实，标准击实锤质量为 4 536 g±9 g。

2)大型击实仪：由击实锤、$\phi 149.4 \pm 0.1 \text{ mm}$ 平圆形压实头及带手柄的导向棒组成。用机械将击实锤提升，至 457.2 mm±2.5 mm 高度沿导向棒自由落下击实，大型击实锤质量为 10 210 g±10 g。

沥青混合料试件制作方法（击实法）

(2)试验室用沥青混合料拌合机：能够保证拌和温度并充分拌和均匀，可控制拌和时间，容量不小于 10 L，搅拌叶自转速度为 70~80 r/min，公转速度为 40~50 r/min。

(3)试模：由高碳钢或工具钢制成，几何尺寸如下：

1)标准击实仪试模的内径为 101.6 mm±0.2 mm，圆柱形金属筒高为 87 mm，底座直径约为 120.6 mm，套筒内径为 104.8 mm、高为 70 mm。

2)大型击实仪的试模与套筒尺寸：套筒外径为 165.1 mm，内径为 155.6 mm±0.3 mm，总高为 83 mm；试模内径为 152.4 mm±0.2 mm，总高为 115 mm；底座板厚为 12.7 mm，直径为 172 mm。

(4)脱模器：电动或手动，应能无破损地推出圆柱体试件，备有标准试件及大型试件尺寸的推出环。

(5)烘箱：大、中型各1台，应有温度调节器。

(6)天平或电子秤：用于称量沥青的，感量不大于0.1 g；用于称量矿料的，感量不大于0.5 g。

(7)布洛克菲尔德黏度计。

(8)插刀或大螺丝刀。

(9)温度计：分度值1 ℃。宜采用有金属插杆的插入式数显温度计，金属插杆的长度不小于150 mm。量程为0 ℃～300 ℃。

(10)其他：电炉或煤气炉、沥青熔化锅、拌和铲、标准筛、滤纸(或普通纸)、胶布、卡尺、秒表、粉笔、棉纱等。

三、准备工作

1. 确定制作沥青混合料试件的拌和温度与压实温度

(1)按《公路工程沥青及沥青混合料试验规程》(JTG E20—2011)测定沥青的黏度，绘制黏温曲线。按表2-23-1的要求确定适宜于沥青混合料拌和及压实的等黏温度。

(2)当缺乏沥青黏度测定条件时，试件的拌和与压实温度可按表2-23-2选用，并根据沥青品种和标号做适当调整。针入度小、稠度大的沥青取高限；针入度大、稠度小的沥青取低限；一般取中值。

(3)对改性沥青，应根据实践经验、改性剂的品种和用量，适当提高混合料的拌和和压实温度；对大部分聚合物改性沥青，通常在普通沥青的基础上提高10 ℃～20 ℃；掺加纤维时，尚需再提高10 ℃左右。

表2-23-1　沥青混合料拌和及压实的沥青等黏温度

沥青结合料种类	黏度与测定方法	适宜于拌和的沥青结合料黏度	适宜于压实的沥青结合料黏度
石油沥青	表观黏度，T0625	0.17 Pa·s±0.02 Pa·s	0.28 Pa·s±0.03 Pa·s

表2-23-2　沥青混合料拌和及压实温度参考表

沥青结合料种类	拌和温度/℃	压实温度/℃
石油沥青	140～160	120～150
改性沥青	160～175	140～170

(4)常温沥青混合料的拌和及压实在常温下进行。

2. 沥青混合料试件的制作条件

(1)在拌合厂或施工现场采取沥青混合料制作试样时，按《公路工程沥青及沥青混合料试验规程》(JTG E20—2011)T0701的规定方法取样，将试样置于烘箱中加热或保温，在混合料中插入温度计测量温度，待混合料温度符合要求后成型。需要拌和时可倒入已加热的室内沥青混合料拌合机中适当拌和，时间不超过1 min，不得在电炉或明火上加热炒拌。

(2)在试验室人工配制沥青混合料时，试件的制作按下列步骤进行：

1)将各种规格的矿料置于105 ℃±5 ℃的烘箱中烘干至恒重(一般不少于4～6 h)。

2)将烘干分级的粗、细集料,按每个试件设计级配要求称其质量,在一金属盘中混合均匀,将矿粉单独放入小盆里;然后置烘箱中加热至沥青拌和温度以上约15 ℃(采用石油沥青时通常为163 ℃;采用改性沥青时通常需180 ℃)备用。一般按一组试件(每组4～6个)备料,但进行配合比设计时宜对每个试件分别备料。常温沥青混合料的矿料不应加热。

3)将按《公路工程沥青及沥青混合料试验规程》(JTG E20－2011)T 0601采取的沥青试样,用烘箱加热至规定的沥青混合料拌和温度,但不得超过175 ℃。当采用燃气炉或电炉直接加热进行脱水时,必须使用石棉垫隔开。

四、拌制沥青混合料

1. 黏稠石油沥青混合料

(1)用蘸有少许黄油的棉纱擦净试模、套筒及击实座等,置100 ℃左右烘箱中加热1 h备用。常温沥青混合料用试模不加热。

(2)将沥青混合料拌合机提前预热至拌和温度10 ℃左右。

(3)将加热的粗、细集料置于拌合机中,用小铲子适当混合;然后加入一定数量的沥青(如沥青已称量在一专用容器内时,可在倒掉沥青后用一部分热矿粉将黏在容器壁上的沥青擦拭掉并一起倒入拌合锅中),开动拌合机一边搅拌一边使拌合叶片插入混合料中拌和1～1.5 min;暂停拌和,加入加热的矿粉,继续拌和至均匀为止,并使沥青混合料保持在要求的拌和温度范围内。标准的总拌和时间为3 min。

2. 液体石油沥青混合料

将每组(或每个)试件的矿料置已加热至55 ℃～100 ℃的沥青混合料拌合机中,注入要求数量的液体沥青,并将混合料边加热、边拌和,使液体沥青中的溶剂挥发至50%以下。拌和时间应事先试拌决定。

3. 乳化沥青混合料

将每个试件的粗细集料,置于沥青混合料拌合机(不加热,也可用人工炒拌)中;注入计算的用水量(阴离子乳化沥青不加水)后,拌和均匀并使矿料表面完全湿润;再注入设计的沥青乳液用量,在1 min内使混合料拌匀;然后加入矿粉后迅速拌和,使混合料拌成褐色为止。

五、成型方法

(1)击实法的成型步骤如下:

1)将拌好的沥青混合料,用小铲适当拌和均匀,称取一个试件所需的用量(标准马歇尔试件约1 200 g,大型马歇尔试件约4 050 g)。当已知沥青混合料的密度时,可根据试件的标准尺寸计算并乘以1.03得到要求的混合料数量。当一次性拌和几个试件时,宜将其倒入经预热的金属盘中,用小铲适当拌和均匀分成几份,分别取用。在试件制作过程中,为防止混合料温度下降,应连盘放在烘箱中保温。

2)从烘箱中取出预热的试模及套筒,用蘸有少许黄油的棉纱擦拭套筒、底座及击实锤底面。将试模装在底座上,放一张圆形的吸油性小的纸,用小铲将混合料铲入试模中,用插刀或大螺丝刀沿周边插捣 15 次,中间捣 10 次。插捣后将沥青混合料表面整平。对大型击实法的试件,混合料分两次加入,每次插捣次数同上。

3)插入温度计至混合料中心附近,检查混合料温度。

4)待混合料温度符合要求的压实温度后,将试模连同底座一起放在击实台上固定。在装好的混合料上面垫一张吸油性小的圆纸,再将装有击实锤及导向棒的压实头放入试模中。开启电机,使击实锤从 457 mm 的高度自由落下到击实规定的次数(75 次或 50 次)。对大型试件,击实次数为 75 次(相应于标准击实的 50 次)或 112 次(相应于标准击实 75 次)。

5)当试件的一面击实后,取下套筒,将试模翻面,装上套筒;然后以同样的方法和次数击实另一面。

乳化沥青混合料试件在两面击实后,将一组试件在室温下横向放置 24 h;另一组试件置温度为 105 ℃±5 ℃的烘箱中养生 24 h。将养生试件取出后再立即两面锤击各 25 次。

6)试件击实结束后,立即用镊子取掉上下面的纸,用卡尺量取试件离试模上口的高度并由此计算试件高度。当高度不符合要求时,试件应作废。按式(2-23-1)调整试件的混合料质量,以保证高度符合 63.5 mm±1.3 mm(标准试件)或 95.3 mm±2.5 mm(大型试件)的要求。

$$调整后混合料质量 = \frac{要求试件高度 \times 原用混合料质量}{所得试件的高度} \quad (2\text{-}23\text{-}1)$$

(2)卸去套筒和底座,将装有试件的试模横向放置冷却至室温后(不少于 12 h),置脱模机上脱出试件。用于《公路工程沥青及沥青混合料试验规程》(JTG E20—2011)T 0709 现场马歇尔指标检验的试件,在施工质量检验过程中如急需试验,允许采用电风扇吹冷 1 h 或浸水冷却 3 min 以上的方法脱模;但浸水脱模法不能用于测量密度、空隙率等各项物理指标。

(3)将试件仔细置于干燥洁净的平面上,供试验用。

实训二十四　沥青混合料马歇尔稳定度试验

一、目的与适用范围

本方法适用于马歇尔稳定度试验和浸水马歇尔稳定度试验，以进行沥青混合料的配合比设计或沥青路面施工质量检验。浸水马歇尔稳定度试验（根据需要，也可进行真空饱水马歇尔试验）供检验沥青混合料受水损害时抵抗剥落的能力时使用，通过测试其水稳定性检验配合比设计的可行性。

本方法适用于按《公路工程沥青及沥青混合料试验规程》(JTG E20—2011)T 0702 成型的标准马歇尔试件圆柱体和大型马歇尔试件圆柱体。

二、仪具与材料技术要求

(1)沥青混合料马歇尔试验仪：分为自动式和手动式。自动马歇尔试验仪应具备控制装置、记录荷载—位移曲线、自动测定荷载与试件的垂直变形，能自动显示和存储或打印试验结果等功能。手动式由人工操作，试验数据通过操作者目测后读取数据。

对用于高速公路和一级公路的沥青混合料宜采用自动马歇尔试验仪。

1)当集料公称最大粒径小于或等于 26.5 mm 时，宜采用 ϕ101.66 mm×63.5 mm 的标准马歇尔试件，试验仪最大荷载不得小于 25 kN，读数准确至 0.1 kN，加载速率应能保持 50 mm/min±5 mm/min。钢球直径 16 mm±0.05 mm，上下压头曲率半径为 50.8 mm±0.08 mm。

2)当集料公称最大粒径大于 26.5 mm 时，宜采用 ϕ152.4 mm×95.3 mm 大型马歇尔件，试验仪最大荷载不得小于 50 kN，读数准确至 0.1 kN。上下压头的曲率内径为 ϕ152.4 mm±0.2 mm，上、下压头间距 19.05 mm±0.1 mm。

(2)恒温水槽：控温精确至 1 ℃，深度不小于 150 mm。

(3)真空饱水容器：包括真空泵及真空干燥器。

(4)烘箱。

(5)天平：感量不大于 0.1 g。

(6)温度计：分度值 1 ℃。

(7)卡尺。

(8)其他：棉纱、黄油。

三、标准马歇尔试验方法

1．准备工作

(1)按 T 0702 标准击实法成型马歇尔试件，标准马歇尔试件尺寸应符合直径 101.6 mm±0.2 mm、高 63.5 mm±1.3 mm 的要求。对大型马歇尔试件，尺寸应符合直径 152.4 mm±0.2 mm、高 95.3 mm±2.5 mm 的要求。一组试件的数量不得少于 4 个，并应符合 T 0702 的规定。

(2)量测试件的直径及高度：用卡尺测量试件中部的直径，用马歇尔试件高度测定器或用卡尺在十字对称的 4 个方向量测离试件边缘 10 mm 处的高度，精确至 0.1 mm，并以其平均值作为试件的高度。若试件高度不符合 63.5 mm±1.3 mm 或 95.3 mm±2.5 mm 要求或两侧高度差大于 2 mm，此试件应作废。

(3)按《公路工程沥青及沥青混合料试验规程》(JTG E20—2011)规定的方法测定试件的密度，并计算空隙率、沥青体积百分率、沥青饱和度、矿料间隙率等体积指标。

(4)将恒温水槽调节至要求的试验温度，对黏稠石油沥青或烘箱养生过的乳化沥青混合料为 60 ℃±1 ℃，对煤沥青混合料为 33.8 ℃±1 ℃，对空气养生的乳化沥青或液体沥青混合料为 25 ℃±1 ℃。

2．试验步骤

(1)将试件置于已达规定温度的恒温水槽中保温，保温时间对标准马歇尔试件需 30～40 min，对大型马歇尔试件需 45～60 min。试件之间应有间隔，底下应垫起，距水槽底部不小于 5 cm。

(2)将马歇尔试验仪的上、下压头放入水槽或供箱中达到同样温度。将上、下压头从水槽或供箱中取出擦拭干净内面。为使上、下压头滑动自如，可在下压头的导棒上涂少量黄油。再将试件取出置于下压头上，盖上上压头，然后装在加载设备上。

(3)在上压头的球座上放妥钢球，并对准荷载测定装置的压头。

(4)当采用自动马歇尔试验仪时，将自动马歇尔试验仪的压力传感器、位移传感器与计算机或 X-Y 记录仪正确连接，调整好适宜的放大比例，压力和位移传感器调零。

(5)当采用压力环和流值计时，将流值计安装在导棒上，使导向套管轻轻地压住上压头，同时将流值计读数调零。调整压力环中百分表，并对零。

(6)启动加载设备，使试件承受荷载，加载速度为 50 mm/min±5 mm/min。计算机或 X-Y 记录仪自动记录传感器压力和试件变形曲线并将数据自动存入计算机。

(7)当试验荷载达到最大值的瞬间，取下流值计，同时读取压力环中百分表读数及流值计的流值读数。

(8)从恒温水槽中取出试件至测出最大荷载值的时间，不得超过 30 s。

四、浸水马歇尔试验方法

浸水马歇尔试验方法与标准马歇尔试验方法的不同之处在于，试件在已达规定温度恒温水槽中的保温时间为 48 h，其余步骤均与标准马歇尔试验方法相同。

五、真空饱水马歇尔试验方法

将试件放入真空干燥器中，关闭进水胶管，开动真空泵，使干燥器的真空度达到 97.3 kPa(730 mmHg)以上，维持 15 min；然后打开进水胶管，靠负压进入冷水流使试件全部浸入水中，浸水 15 min 后恢复常压，将取出试件放入已达规定温度的恒温水槽中保温 48 h。其余均与标准马歇尔试验方法相同。

六、计算

1. 试件的稳定度及流值

(1)当采用自动马歇尔试验仪时，将计算机采集的数据绘制成压力和试件变形曲线，或由 X-Y 记录仪自动记录的荷载—变形曲线，以"mm"计，准确至 0.1 mm。最大荷载即为稳定度(MS)，以"kN"计，准确至 0.01 kN。

(2)采用压力环和流值计测定时，根据压力环标定曲线，将压力环中百分表的读数换算为荷载值，或者由荷载测定装置读取的最大值即为试样的稳定度(MS)，以"kN"计，准确至 0.01 kN。由流值计及位移传感器测定装置读取的试件垂直变形，即为试件的流值(FL)，以"mm"计，准确至 0.1 mm。

2. 试件的马歇尔模数

$$T=\frac{MS}{FL} \tag{2-24-1}$$

式中　T——试件的马歇尔模数(kN/mm)；
　　　MS——试件的稳定度(kN)；
　　　FL——试件的流值(mm)。

3. 试件的浸水残留稳定度

$$MS_0=\frac{MS_1}{MS}\times 100 \tag{2-24-2}$$

式中　MS_0——试件的浸水残留稳定度(%)；
　　　MS_1——试件浸水 48 h 后的稳定度(kN)。

4. 试件的真空饱水残留稳定度

$$MS_0'=\frac{MS_2}{MS}\times 100 \tag{2-24-3}$$

式中　MS_0'——试件的真空饱水残留稳定度(%)；
　　　MS_2——试件真空饱水后浸水 48 h 后的稳定度(kN)。

七、报告

将试验数据填入表 2-24-1 中。

表 2-24-1 沥青混合料马歇尔稳定度试验记录表

试验日期	试验次数	龄期/d	受压面积/cm²	破坏荷载/kN	强度值/MPa 个别值	强度值/MPa 评定值	设计强度等级/MPa	达到设计强度等级/%
	1							
	2							
	3							
实训总结								

附录　术语

1. 集料(骨料)

在混合料中起骨架和填充作用的粒料，包括碎石、砾石、机制砂、石屑、砂等。

2. 粗集料

在沥青混合料中，粗集料是指粒径大于 2.36 mm 的碎石、破碎砾石、筛选砾石和矿渣等；在水泥混凝土中，粗集料是指粒径大于 4.75 mm 的碎石、砾石和破碎砾石。

3. 细集料

在沥青混合料中，细集料是指粒径小于 2.36 mm 的天然砂、人工砂(包括机制砂)及石屑；在水泥混凝土中，细集料是指粒径小于 4.75 mm 的天然砂、人工砂。

4. 天然砂

由自然风化、水流冲刷、堆积形成的，粒径小于 4.75 mm 的岩石颗粒，按生存环境分为河砂、海砂、山砂等。

5. 人工砂

经人为加工处理得到的符合规格要求的细集料，通常指石料加工过程中采取真空抽吸等方法除去大部分土和细粉，或将石屑水洗得到的洁净的细集料。从广义上分类，机制砂、矿渣砂和煅烧砂都属于人工砂。

6. 机制砂

由碎石及砾石经制砂机反复破碎加工至粒径小于 2.36 mm 的人工砂，也称破碎砂。

7. 石屑

采石场加工碎石时通过最小筛孔(通常为 2.36 mm 或 4.75 mm)的筛下部分，也称筛屑。

8. 混合砂

由天然砂、人工砂、机制砂或石屑等按一定比例混合形成的细集料的统称。

9. 填料

在沥青混合料中起填充作用的粒径小于 0.075 mm 的矿物质粉末。通常是石灰岩等碱性料加工磨细得到的矿粉，水泥、消石灰、粉煤灰等矿物质有时也可作为填料使用。

10. 矿粉

由石灰岩等碱性石料经磨细加工得到的，在沥青混合料中起填料作用的以碳酸钙为主要成分的矿物质粉末。

11. 堆积密度

单位体积(含物质颗粒固体及其闭口、开口孔隙体积及颗粒间空隙体积)物质颗粒的质量。有干堆积密度及湿堆积密度之分。

12. 表观密度(视密度)

单位体积(含材料的实体矿物成分及闭口孔隙体积)物质颗粒的干质量。

13. 表观相对密度(视比重)

表观密度与同温度水的密度之比值。

14. 表干密度(饱和面干毛体积密度)

单位体积(含材料的实体矿物成分及其闭口孔隙、开口孔隙等颗粒表面轮廓线所包围的全部毛体积)物质颗粒的饱和面干质量。

15. 表干相对密度(饱和面干毛体积相对密度)

表干密度与同温度水的密度之比值。

16. 毛体积密度

单位体积(含材料的实体矿物成分及其闭口孔隙、开口孔隙等颗粒表面轮廓线所包围的毛体积)物质颗粒的干质量。

17. 毛体积相对密度

毛体积密度与同温度水的密度之比值。

18. 石料磨光值

按规定试验方法测得的石料抵抗轮胎磨光作用的能力,即石料被磨光后用摆式仪测得的摩擦系数。

19. 石料冲击值

按规定方法测得的石料抵抗冲击荷载的能力,冲击试验后,小于规定粒径的石料的质量百分率。

20. 石料磨耗值

按规定方法测得的石料抵抗磨耗作用的能力,其测定方法分别有洛杉矶法、道瑞法和狄法尔法三种。

21. 石料压碎值

按规定方法测得的石料抵抗压碎的能力,以压碎试验后小于规定粒径的石料质量百分率表示。

22. 集料空隙率(间隙率)

集料的颗粒之间空隙体积占集料总体积的百分比。

23. 碱-集料反应

水泥混凝土中因水泥和外加剂中超量的碱与某些活性集料发生不良反应而损坏水泥混凝土的现象。

24. 砂率

水泥混凝土混合料中砂的质量与砂、石总质量之比,以百分率表示。

25. 针片状颗粒

指粗集料中细长的针状颗粒与扁平的片状颗粒。当颗粒形状的诸方向中的最小厚度(或直径)与最大长度(或宽度)的尺寸之比小于规定比例时,属于针片状颗粒。

26. 标准筛

对颗粒性材料进行筛分试验用的符合标准形状和尺寸规格要求的系列样品筛。标准筛筛孔为正方形(方孔筛),筛孔尺寸依次为 75 mm、63 mm、53 mm、37.5 mm、31.5 mm、26.5 mm、19 mm、16 mm、13.2 mm、9.5 mm、4.75 mm、2.36 mm、1.18 mm、0.6 mm、0.3 mm、0.15 mm、0.075 mm。各类标准筛的尺寸及技术要求应符合本规程附录 A 的要求。

27. 集料最大粒径

指集料的 100% 都要求通过的最小的标准筛筛孔尺寸。

28. 集料的公称最大粒径

指集料可能全部通过或允许有少量不通过(一般容许筛余不超过 10%)的最小标准筛筛孔尺寸。通常比集料最大粒径小一个粒级。

29. 细度模数

表征天然砂粒径的粗细程度及类别的指标。

30. 细度

描述水泥粗细程度的参数,用规定筛网所得筛余物的质量占试样原始质量的分数或用比表面积来表示水泥样品的细度。

31. 凝结时间

从加水开始,到水泥浆失去可塑性所需的时间。

32. 安定性

表征水泥硬化后体积变化均匀性的物理指标,雷氏法是观察由两个试针的相对位移所指示的水泥标准稠度净浆体积膨胀程度、而试饼法是观察水泥标准稠度净浆试饼体积膨胀程度。

33. 标准稠度用水量

标准稠度用水量简称稠度,是指水泥净浆达到规定稠度的加水量,以水泥质量百分率表示,用于测定水泥浆凝结时间和安定性的用水量。

34. 水泥胶砂

一定比例的水泥、砂和水的混合物。水泥可以是不同类型的;砂可以是标准砂或 ISO 砂;一般用水量会根据不同要求而改变。

35. 碾压混凝

一种振动碾压成型的干硬性水泥混凝土。

36. 坍落度

一定形状的新拌水泥混凝土拌合物在自重作用下的下沉量。

37. 坍落扩展度

当新拌水泥混凝土拌合物的坍落度大于 220 mm 时,拌合物最终扩展后的直径。

38. 含气量

按规定试验方法，所测得水泥混凝土拌合物单位体积所含气体的百分率。

39. 泌水

新拌水泥混凝土拌合物在静置状态下表面水分渗出现象。

40. 水泥混凝土拌合物表观密度

单位体积新拌水泥混凝土拌合物的质量。

41. 抗压强度

立方体试件或标准圆柱体试件单位面积上所能承受的最大压力。

42. 抗弯拉强度

按规定试验方法测得水泥混凝土小梁试件所能承受的最大弯拉应力。

43. 轴心抗压强度

棱柱体试件或圆柱体试件轴向单位面积所能承受的最大压力。

44. 抗压弹性模量

棱柱体试件或圆柱体试件轴向承受的一定压力时产生单位变形所需应力。

45. 抗弯拉弹性模量

棱柱体试件承受的一定弯拉应力时产生单位变形所需应力。

46. 抗冻性

水泥混凝土抵抗冻融循环的能力。

47. 干缩性

一定环境下水泥混凝土失水后尺寸的收缩性能。

48. 抗渗性

水泥混凝土抵抗一定水压力的能力。

59. 渗水高度

水泥混凝土在一定水压力下的渗水高度。

60. ISO 砂

特指符合《水泥胶砂强度检验方法(ISO 法)》(GB/T 17671—1999)要求的试验用砂，其多级粒径为 0.08~0.5 mm、0.5~1.0 mm、1.0~2.0 mm。

61. 集料的公称最大粒径

集料的公称最大粒径指集料可能全部通过或允许有少量不通过(一般容许筛余不超过 10%)的最小标准筛筛孔尺寸。通常公称最大粒径比集料最大粒径小一个粒级。

62. 沥青的密度

沥青在规定温度下单位体积所具有的质量，以 g/cm^3 计。

63. 沥青的相对密度

在同一温度下，沥青质量与同体积的水质量之比值，无量纲。

64. 针入度
在规定时间内，附加一定质量的标准针垂直贯入沥青的深度，以 0.1 mm 计。

65. 针入度指数
沥青结合料的温度感应性指标，反映针入度随温度而变化的程度，由不同温度的针入度按规定方法计算得到，无量纲。

66. 延度
规定形态的沥青试样，在规定温度下以一定速度受拉伸至断开时的长度，以 cm 计。

67. 软化点（环球法）
沥青试样在规定尺寸的金属环内，上置规定尺寸和质量的钢球，放于水或甘油中，以规定的速度加热，至钢球下沉达规定距离时的温度，以 ℃ 计。

68. 沥青的溶解度
沥青试样在规定溶剂中可溶物的含量，以质量百分率表示。

69. 蒸发损失
沥青试样在 163 ℃ 温度条件下加热并保持 5 h 后质量的损失，以百分率表示。

70. 闪点
沥青试样在规定的盛样器内按规定的升温速度受热时所蒸发的气体以规定的方法与试焰接触，初次发生一瞬即灭的火焰时的温度，以 ℃ 计。盛样器对黏稠沥青是克利夫兰开口杯（简称 COC），对液体沥青是泰格开口杯（简称 TOC）。

71. 弗拉斯脆点
涂于金属片上的沥青薄膜在规定条件下，因冷却和弯曲而出现裂纹时的温度，以 ℃ 计。

72. 沥青的组分分析
按规定方法将沥青试样分离成若干个组成成分的化学分析方法。

73. 沥青的黏度
沥青试样在规定条件下流动时形成的抵抗力或内部阻力的度量，也称黏滞度。

74. 沥青、混合料的密度
压实沥青混合料常温条件下单位体积的干燥质量，以 g/cm³ 计。

75. 沥青混合料的相对密度
同一温度条件下压实沥青混合料试件密度与水密度的比值，无量纲。

76. 沥青混合料的理论最大密度
假设压实沥青混合料试件全部为矿料（包括矿料自身内部的孔隙）及沥青所占有、空隙率为零的理想状态下的最大密度，以 g/cm³ 计。

77. 沥青混合料的理论最大相对密度
同一温度条件下沥青混合料理论最大密度与水密度的比值，无量纲。

78. 沥青混合料的表观密度
沥青混合料单位体积（含混合料实体体积与不吸收水分的内部闭口孔隙体积之和）的

干质量,又称视密度,由水中重法测定(仅适用于吸水率小于0.5%的沥青混合料试件),以 g/cm³ 计。

79. 沥青混合料的表观相对密度

沥青混合料表观密度与同温度水密度的比值,无量纲。

80. 沥青混合料的毛体积密度

压实沥青混合料单位体积(含混合料的实体矿物成分及不吸收水分的闭口孔隙、能吸收水分的开口孔隙等颗粒表面轮廓线所包围的全部毛体积)的干质量,以 g/cm³ 计。

81. 沥青混合料的毛体积相对密度

压实沥青混合料毛体积密度与同温度水密度的比值,无量纲。

82. 沥青混合料试件的空隙率

压实沥青混合料内矿料及沥青以外的空隙(不包括矿料自身内部已被沥青封闭的孔隙)的体积占混合料总体积的百分率,简称VV,以百分率表示。

83. 沥青混合料试件的沥青体积百分率

压实沥青混合料试件内沥青部分的体积占混合料总体积的百分率,简称VA,以百分率表示。

84. 沥青混合料试件的矿料间隙率

压实沥青混合料试件中矿料部分以外的体积占混合料总体积的百分率,简称VMA,以百分率表示。

85. 沥青混合料试件的沥青饱和度

沥青混合料试件内沥青部分的体积占矿料部分以外的体积(VMA)百分率,简称VFA,以百分率表示。沥青混合料内有效沥青部分(即扣除被集料吸收的沥青以外的沥青)的体积占矿料部分以外的体积(VMA)的百分率,称为有效沥青饱和度。

86. 粗集料松装间隙率

干燥粗集料(通常指 4.75 mm 以上的集料)在标准容量筒中经捣实形成的粗集料部分以外的体积占粗集料总体积的百分率,简称 VCA_{DRC},以百分率表示。

87. 沥青混合料试件的粗集料间隙率

沥青混合料试件内粗集料部分以外的体积占混合料试件总体积的百分率,简称 VCA_{mix},以百分率表示。

88. 马歇尔稳定度

按规定条件采用马歇尔试验仪测定的沥青混合料所能承受的最大荷载,以 kN 计。

89. 流值

沥青混合料在马歇尔试验时相应于最大荷载时试件的竖向变形,以 mm 计。

90. 动稳定度

按规定条件进行沥青混合料车辙试验时,混合料试件变形进入稳定期后,每产生 1 mm 轮辙变形试验轮所行走的次数,以次/mm 计。

91. 沥青材料的劲度模量

沥青或沥青混合料在温度和加载时间一定的条件下,应力与应变的比值,是温度和荷载作用时间的函数,以 MPa 计。

92. 沥青含量

沥青混合料中沥青结合料质量与沥青混合料总质量的比值,以百分率表示。

93. 油石比

沥青混合料中沥青结合料质量与矿料总质量的比值,以百分率表示。

参 考 文 献

[1] 中华人民共和国交通部.JTG E40—2007 公路土工试验规程[S].北京:人民交通出版社,2007.

[2] 中华人民共和国交通部.JTG E50—2006 公路工程土工合成材料试验规程[S].北京:人民交通出版社,2006.

[3] 中华人民共和国交通部.JTG E41—2005 公路工程岩石试验规程[S].北京:人民交通出版社,2005.

[4] 中华人民共和国住房和城乡建设部.JGJ/T 70—2009 建筑砂浆基本性能试验方法标准[S].北京:中国建筑工业出版社,2009.

[5] 中华人民共和国住房和城乡建设部.JGJ/T 98—2010 砌筑砂浆配合比设计规程[S].北京:中国建筑工业出版社,2011.

[6] 中华人民共和国交通部.JTG E30—2005 公路工程水泥及水泥混凝土试验规程[S].北京:人民交通出版社,2005.

[7] 中华人民共和国交通部.JTG E42—2005 公路工程集料试验规程[S].北京:人民交通出版社,2005.

[8] 中华人民共和国住房和城乡建设部.JGJ 55—2011 普通混凝土配合比设计规程[S].北京:中国建筑工业出版社,2011.

[9] 中华人民共和国交通运输部.JTG/T F50—2011 公路桥涵施工技术规范[S].北京:人民交通出版社.2011.

[10] 中华人民共和国交通运输部.JTJ E51—2009 公路工程无机结合料稳定材料试验规程[S].北京:人民交通出版社,2009.

[11] 中华人民共和国交通部.JTG F40—2004 公路沥青路面施工技术规范[S].北京:人民交通出版社,2004.

[12] 中华人民共和国交通运输部.JTG E20—2011 公路工程沥青及沥青混合料试验规程[S].北京:人民交通出版社,2011.

[13] 中华人民共和国交通运输部.JTG/T F30—2014 公路水泥混凝土路面施工技术细则[S].北京:人民交通出版社,2014.

[14] 尹萍,贾富贵.道路建筑材料[M].北京:人民交通出版社,2014.

[15] 黄维蓉.道路建筑材料[M].北京:人民交通出版社,2011.

[16] 张燕,郭秀芹.土质与道路建筑材料[M].成都:西南交通大学出版社,2017.

[17] 张俊红.道路建筑材料综合实训[M].北京:北京理工大学出版社,2017.